北京体育大学体育哲学与体育伦理创新型学科团队
中央高校基本科研业务费专项资金资助重点项目
"体育哲学经典文献整理与研究"阶段性成果

世界体育人文与社会经典译丛

Introduction to the Philosophy of Sport
体育哲学导论

［美］海瑟·里德　著
(Heather Lynne Reid)

蒋小杰　刘晓　田艳　译

社会科学文献出版社
SOCIAL SCIENCES ACADEMIC PRESS (CHINA)

Heather Lynne Reid

Introduction to the Philosophy of Sport

Copyright © 2012 by Rowman & Littlefield Publishers, Inc.

Published by agreement with the Rowman & Littlefield Publishing Group through the Chinese Connection Agency, a division of Beijing XinGuangCan-Lan ShuKan Distribution Company Ltd., a.k.a Sino-Star.

本书根据2012年英文版译出。

作者简介

海瑟·里德（Heather L. Reid），莫宁赛德学院（Morningside College）哲学教授，西西里岛锡拉库萨埃克塞德拉地中海中心驻院学者，2015年任罗马美国学院研究员，2018年任哈佛大学希腊研究中心研究员，2019年任那不勒斯费德里克二世大学富布莱特学者。作为丰特·阿瑞图萨（Fonte Aretusa）的创始人，她筹办了有关西希腊的会议并推动相关的研究。她还出版了古代哲学、体育哲学和奥林匹克研究方面的论著，包括《体育哲学导论》（*Introduction to the Philosophy of Sport*，2012）、《古代世界中的体育和哲学：美德的竞赛》（*Athletics and Philosophy in the Ancient World: Contests of Virtue*，2011）和《哲学运动员》（*The Philosophical Athlete*，2002，2nd ed. 2019）。

序 言

任 海[*]

苏格拉底有一句名言,"未经省察的生活是不值得人过的",[①] 如果将这句话套用于体育,则可以说,"未经省察的体育是不值得从事的"。尽管体育是人类社会最为古老也最为普遍的社会现象,却也是被人们误解最多的一个领域。要全面而深入地审视体育,认识体育的真面目,并非易事。体育看似简单,不过是身体活动而已。殊不知,体育中的身体活动,与生产和生活中的身体活动有着根本的区别。它志存高远,以人自身为对象,旨在促进人自身的发展和社会的进步,通过生物性的自然手段,探求社会性的文化意义。在体育中,物质性的身体与精神性的价值相互依托,融为一体,表象极为简单,蕴意却极为丰富。

在人类社会的各种文化现象中,体育独树一帜。它以身体活动为载体,探求生命多向度的价值,追问生活多层次的含义。体育独具匠心地编织了一张极具特色的意义之网,经纬交织,旨趣繁复,望之似浅,即之却深,既有内向的自我探究,也有外向的语境寻求。要把握体育的价值和意义,真正认识体育,不可不用哲思,于是体育哲学的重要性便得以凸显。

哲学,在许多人眼里是玄妙之学,其实道不远人,哲学就在我们身边。

---

[*] 任海,北京体育大学教授、博士生导师,中国体育科学学会理事理事、体育社会科学学会副主任委员、国家社会科学基金项目学科评议组成员。

[①] 〔古希腊〕柏拉图:《苏格拉底的申辩》(修订版),吴飞译/疏,华夏出版社,2017,第134~135页。

我很赞同一位哲学家说的，"哲学就是指导人们生活的艺术或智慧"，[①] 哲学就是为了让人不断地超越自己，让生活更幸福更有意义，体育也是如此。因此，体育与哲学有着天然的亲和关系。体育中有大量的哲学议题，诸如灵与肉，感觉与思维，限定与超越，自由与规范，效率与公平，知与行，善与恶，美与丑，等等。在某种意义上，人们参与体育的过程也是思考和处理哲学问题的过程，只不过我们用而不知、习焉不察罢了。不仅如此，体育以其特有的具身性，使许多抽象而不易理解的哲学议题变得可以体验。身体活动的实践性，又使体育哲学知不离行，行不离知，知行合一，切切实实地优化生命质量，改善生活品质，提升精神境界。

海瑟·里德是我的老朋友，她不仅是一位出色的学者，曾任国际体育哲学学会主席，还曾是一名高水平的自行车运动员。深厚的学养和独特的体育经历使她对体育哲学有自己独到的见解。这本书内容丰富，不仅论及体育哲学的本体、认知、价值、审美等核心内容，还从历史和社会的多种角度加以讨论，从而激发读者对体育进行多视角哲学思考的兴趣。这是一部出色的著作。更加难能可贵的是，作者试图将中国哲学思想纳入本书，尽管尚不够全面和深入，但已显示出作者跨文化研究的体育哲学视野，这在西方学者的论著中是罕见的。相信读者会像我一样，在这本书里获得的不仅是体育哲学的知识，更有体育哲思的启迪。

2022 年 4 月 22 日

[①] 胡军：《哲学是什么》，北京大学出版社，2002，第 4 页。

自 序

"你们美国人是怎样看我们的？"这名中国研究生谦逊有礼地问道，面带微笑。"我们觉得我们不了解你们。"我回答。那是 2008 年 3 月的北京，我第一次访问中国。春寒料峭，但阳光明媚，空气中弥漫着春天的气息，奥运会即将来临。中国正在扩大开放。人们普遍感受到更多的希望："我们会通过体育相互了解。"

我是受任海教授的邀请来中国的，到北京体育大学做一系列关于体育哲学和奥林匹克研究的讲座。2007 年在圣路易斯举办的"从雅典到北京"会议上我认识了任教授，此次会议是由这位中国学者和七项全能退役运动员苏珊·布劳内尔（Susan Brownell）组织的。当时我在公园散步，任教授走近我，询问我关于古希腊哲学的问题，并解释说他的伯父是一位哲学家。我最后向他请教了关于中国古代哲学的问题。他鼓励我阅读《道德经》："我们会通过哲学相互了解。"

不久之后，我开始阅读老子、孔子等人的著作。我开始对中国文化中"德"的概念着迷，它类似于希腊的"arete"（德性）的概念——古代体育的核心理念。[①] 尽管东西方体育的历史截然不同，但支撑它的哲学概念是相似的。[②] 我

[①] Heather L. Reid, "Athletic Virtue: Between East and West," *Sport Ethics and Philosophy* 4, no. 1 (2010): 16 – 26; Reprinted in Heather L. Reid, *Olympic Philosophy: The Ideas and Ideals behind the Ancient and Modern Olympic Games* (Sioux City, IA: Parnassos Press, 2020), 365 – 378.

[②] Heather L. Reid, "East to Olympia: Re-centering Olympic Philosophy between East and West," *Olympika: The International Journal of Olympic Studies* 19, no. 1 (2010): 59 – 79; Reprinted in Reid, *Olympic Philosophy*, 379 – 401.

开始从东西方比较的角度来撰写关于奥林匹克理念的文章。[①] 我从哲学的角度来描述我在 2008 年北京奥运会上的经历。我甚至写了一篇文章，把自行车比赛的赛道比作中国文化中的"道"[②]："我们可以通过体育哲学相互了解。"

我希望《体育哲学导论》这本书译介到中国后能更好地促进东西方相互了解。体育哲学可以做到这一点，因为东西方体育哲学的共同特点都是人性。我们共同分享着的事物如此之多——身体，当然，还有情感、思想和美德，等等。体育和哲学都是求知的活动，我们参与这些活动是为了更多地了解我们自己，了解我们的共同体，了解我们的世界。的确，体育可以被看作人类生活的缩影——我们共同分享着的生活的一部分。与此同时，我们在文化和意识形态上的差异只会让我们从对体育运动的有心体验中学到更多的东西。

阅读这本书的中国读者会发现，你们的传统哲学与西方的哲学一样，都有助于了解体育的全球化。中国读者可以此为动力，首先了解自己的哲学遗产教给我们的有关人类状况的知识，然后把这种了解贡献给全球对体育——特别是奥林匹克运动会的探讨。如果体育哲学真的被西方思想所主导，那很大程度上是因东方思想被东方学者和西方学者忽视所导致的。我相信，寻求东西方思想观点的平衡将促进体育哲学的研究，使体育这一具体实践对世界各地的人们更有意义。本书的译介或许是这一过程中重要的第一步。

海瑟·里德

[①] Heather L. Reid, "An American Philosopher at the Beijing Olympics," in Hardman and C. Jones, eds. *Philosophy of Sport: International Perspectives* (Newcastle upon Tyne: Cambridge Scholars, 2010), 218–226. Reprinted in Reid, *Olympic Philosophy*, 403–412.

[②] Heather L. Reid, "Sages, Heroes and the Battle for Cycling's Soul," *Journal of Chinese Philosophy* 43, no. 1–2 (2016): 51–66.

目 录

致 谢 ……………………………………………………………… 001

导言：为什么要研究体育哲学？ ………………………………… 001

第一编　历史与遗产

第1章　古代希腊文化遗产 ……………………………………… 009
　　1. 英雄和阶层 …………………………………………………… 010
　　2. 古代奥林匹克哲学 …………………………………………… 013
　　3. 从贵族制到民主制 …………………………………………… 015
　　4. 希腊教育中的竞技与哲学 …………………………………… 018
　　5. 阿卡德米体操馆 ……………………………………………… 021
　　6. 亚里士多德式的竞技运动员 ………………………………… 025
　　7. 讨论问题 ……………………………………………………… 027

第2章　现代奥林匹克的复兴 …………………………………… 028
　　1. 奥林匹克主义作为一种哲学 ………………………………… 030
　　2. 奥林匹克主义与形而上学 …………………………………… 032
　　3. 奥林匹克主义与伦理学 ……………………………………… 034

4. 奥林匹克主义与政治 ……………………………………… 037

5. 讨论问题 …………………………………………………… 040

第二编　体育中的形而上学问题

第3章　体育与玩耍 …………………………………………… 047

1. 玩耍的特性 ………………………………………………… 049

2. 自愿的 ……………………………………………………… 052

3. 超凡的 ……………………………………………………… 055

4. 自目的性的 ………………………………………………… 057

5. 有趣的 ……………………………………………………… 060

6. 引人入胜的 ………………………………………………… 062

7. 讨论问题 …………………………………………………… 065

第4章　体育与游戏 …………………………………………… 066

1. 休茨论游戏与规则 ………………………………………… 066

2. 从游戏到体育 ……………………………………………… 069

3. 形式主义及其限度 ………………………………………… 072

4. 成文规则与不成文规则 …………………………………… 074

5. 文字与精神 ………………………………………………… 076

6. 讨论问题 …………………………………………………… 079

第5章　体育与社会实践 ……………………………………… 081

1. 麦金太尔的理论 …………………………………………… 082

2. 内在之善与外在之善 ……………………………………… 083

3. 实践与机构 ………………………………………………… 088

4. 共同体与美德 ……………………………………………… 091

5. 目的与生活叙事 …………………………………………… 092

6. 讨论问题 …………………………………………………… 095

第6章　体育与艺术 …………………………………………… 096
1. 共同的世系 ………………………………………………… 097
2. 框架：旁观者的意见 ……………………………………… 099
3. 目的与手段 ………………………………………………… 103
4. 超越玩耍的艺术和体育 …………………………………… 107
5. 讨论问题 …………………………………………………… 110

第7章　心灵与身体 …………………………………………… 112
1. 西方二元论传统 …………………………………………… 113
2. 身体的挑战 ………………………………………………… 116
3. 唯心主义与物理主义 ……………………………………… 118
4. 动觉智力 …………………………………………………… 121
5. 整体主义与东方理想 ……………………………………… 122
6. 西方体育与现象学 ………………………………………… 124
7. 讨论问题 …………………………………………………… 127

第三编　体育中的伦理问题

第8章　效果论与玩耍 ………………………………………… 133
1. 自由还是强迫？ …………………………………………… 134
2. 超凡的严肃性 ……………………………………………… 138
3. 内在价值和外在价值 ……………………………………… 141
4. 讨论问题 …………………………………………………… 144

第9章　义务论与公平 ………………………………………… 145
1. 获胜的目标 ………………………………………………… 147
2. 低效的手段 ………………………………………………… 149

3. 规则：文本与精神 …………………………………… 152
　　4. 嬉玩的态度：尊重游戏 ……………………………… 155
　　5. 讨论问题 ……………………………………………… 158

第10章　美德与丑恶 ……………………………………… 159
　　1. 诚实与欺骗 …………………………………………… 162
　　2. 正义与利益 …………………………………………… 165
　　3. 勇敢与狂妄 …………………………………………… 169
　　4. 贯通与孤立 …………………………………………… 172
　　5. 讨论问题 ……………………………………………… 176

第11章　伦理盛演 ………………………………………… 177
　　1. 生成架构 ……………………………………………… 180
　　2. 自目的性 ……………………………………………… 183
　　3. 道德维度 ……………………………………………… 186
　　4. 讨论问题 ……………………………………………… 190

第四编　体育中的社会政治问题

第12章　体育与教育 ……………………………………… 195
　　1. 体育教育与身心分裂 ………………………………… 197
　　2. 道德教育与理论－实践的分裂 ……………………… 200
　　3. 大学体育与学术－竞技的分裂 ……………………… 203
　　4. 讨论问题 ……………………………………………… 207

第13章　体育与社会分层 ………………………………… 208
　　1. 体育与社会层级 ……………………………………… 209
　　2. 体育与种族 …………………………………………… 212
　　3. 体育与性别 …………………………………………… 214

  4. 体育与健全/残疾 ………………………………………………… 219
  5. 讨论问题 ………………………………………………………… 223

第14章 体育与政治理念 ……………………………………………… 224
  1. 体育与民主 ……………………………………………………… 226
  2. 体育与法西斯主义 ……………………………………………… 229
  3. 体育与共产主义 ………………………………………………… 233
  4. 体育与资本主义 ………………………………………………… 234
  5. 讨论问题 ………………………………………………………… 237

第15章 体育与全球化 ………………………………………………… 239
  1. 现实：全球化 …………………………………………………… 241
  2. 路径：多元文化主义 …………………………………………… 244
  3. 共同的目的：可持续发展 ……………………………………… 246
  4. 我们的目标：和平 ……………………………………………… 249
  5. 讨论问题 ………………………………………………………… 253

结论：体育的十大内在价值 ………………………………………………… 254

附录：作为学术议题的体育哲学 …………………………………………… 261

名词术语表 …………………………………………………………………… 268

参考文献 ……………………………………………………………………… 273

索 引 …………………………………………………………………… 284

译后记 ………………………………………………………………………… 288

致　谢

感谢莫宁赛德学院和弗·施泰格教师发展基金（the Ver Steeg Faculty Development Fund）提供了专门的时间和支持，没有这些，这本书不可能出版。还要感谢我的老师、学生和同事们给我的鼓励和启发，尤其是为这本书的写作提供过具体帮助的人：苏珊·布劳内尔（Susan Brownell）、丹尼尔·坎波斯（Daniel Campos）、克里斯托·埃万杰利欧（Christos Evangeliou）、沃伦·弗雷利（Warren Fraleigh）、约翰·格利夫斯（John Gleaves）、德鲁·海兰（Drew Hyland）、斯科特·克雷奇马尔（Scott Kretchmar）、比尔·摩根（Bill Morgan）、吉姆·帕里（Jim Parry）、格雷厄姆·普里斯特（Graham Priest）和拉里·西奥博尔德（Larry Theobald）。

我要特别感谢马克·霍洛切克（Mark Holowchak）和赫苏斯·伊隆达因（Jesús Ilundáin），他们对整个书稿提出了详细的评论和建议，大大提高了书稿的质量和表达的清晰度。还要感谢谢里·斯旺（Sherry Swan），感谢她不遗余力的行政支持，甚至她身在海外时也拳拳在念。

导言：为什么要研究体育哲学？

我必须从一开始就承认，我已经为体育①做了一些非同寻常的事情。我们可以把冒雨训练的无数时日搁在一边，可以把寄宿在陌生人家沙发（strangers' couches）里的无尽黑夜抛诸脑后，可以把洲际高速公路上飞驰的数千英里付之一笑，可以对自行车运动生涯中膝盖和手肘所留下的累累伤痕处之淡然——可以说，凡此种种举动唯有通过年轻人的热情活力和赢得奥运竞赛的醉人梦想才能解释。但作为一个成年人，作为一名接受过逻辑学和价值论训练的哲学教授，我所做的事情又如何呢？我把脚趾紧扣在粗糙的石质起跑线上，赤脚跑过希腊尼米亚运动会（Nemean Games）的古道。我骑着我的公路自行车登上一座陡峭的高山，然后在山间冷风中打着寒战，翘首以待；当环意大利公路自行车赛的骑手们拖着疲惫的身躯奋力骑行的时候，我为他们欢呼呐喊。更为疯狂的是，我骑着自行车下山，穿过那狂欢舞动着的人潮，薄轮胎在颠簸的土路上疾驰而过。这（种激情）是怎么来的？我为什么对此满腔热忱？我在意大利的时候为什么要凌晨4点爬起来观看奥运会开幕式？这些可能看起来很疯狂，但我并不疯狂，我对体育运动的热情并不形单影只。这些激情的背后是有原因的，它们不是小事，体育也不是。

体育是一项有着重大影响力的人类活动。它的起源可以追溯到历史的

[xi]

---

① 在本书中，我们一般把"sport"翻译为"体育"，个别之处考虑到语句情景的需要译为"竞技运动"，部分行文中根据中文表述的需要译为"体育运动"。我们把"physical education"翻译为"体育教育"或"身体教育"，而没有采用容易混淆的"体育"这一常用词。另外，把"athletics"译为"竞技"，把"gymnastics"译为"体操"，把"fitness"译为"健身"，把"leisure"译为"闲暇"，把"recreation"译为"消遣"，把"movements"译为"动作"或"运动"。特此说明。——译者注

纵深之处，它的当代实践可以穿越诸般文化，可以跨越五湖四海。不仅如此，体育运动还是一项意味深长的人类活动。有些人把他们生命的大部分奉献给它，许多人定期操练它，大多数人至少在电视上观看它，特别是当奥运会来临的时候。令人惊讶的是，较之于如此多的人对体育有着如此程度的重视，哲学家们对于将体育作为严肃研究主题则或多或少地有所忽视了。尽管体育和艺术跟玩耍（play）有着形而上学的关联，尽管体育和美德跟公正有着伦理上的关联，尽管体育和教育跟民主有着政治上的关联，甚至尽管苏格拉底把自己比作奥运赛事的运动员，[1] 但对体育进行严肃的哲学讨论直到 20 世纪后半叶才开展。对此可能有很好的解释，或者至少是有趣的解释。但这本书的目的并不是要发现为什么过去没有对体育进行哲学研究，相反，本书的目的是论证为什么现在和将来应该从哲学的角度去研究体育。

我们可以从对体育的哲学研究中学到很多——这不仅关系到体育，还关系到我们自己，关系到社会，关系到哲学。由于体育具有重要的形而上学、伦理学和社会政治的审视维度，因此，体育哲学家必须对这些学科有所了解，才能正确地研究体育。并且由于学生对体育运动是很熟悉的，也心存好奇，因此体育哲学是一个很好的平台，可以使学生从这里开始对哲学进行一般性的学习。学生作为运动员的经历，甚至仅仅是玩耍游戏的经历，为我们探究游戏与玩耍、心灵与身体，甚至体育与艺术之间的关系等形而上的问题提供了基础。体育运动也可以作为一个道德实验室，在这里，像义务论、效果论和德性伦理等理论可以在受控的环境中得到体验和检验。最后，体育运动是一种社会经验，通过它我们可以与诸如社会责任、社会分层和全球化挑战等政治问题相遇。

对体育运动做出一种合宜的哲学理解也可以帮助教师和学者针对艰深晦涩的哲学概念进行沟通。柏拉图、托马斯·霍布斯（Thomas Hobbes）和雅克·德里达（Jacques Derrida）等哲学家曾用运动隐喻来解释他们哲学思

---

[1] Plato, *Apology*, trans. G. M. A. Grube (Indianapolis: Hackett, 1980), 36d.

想中的重要内容。作为一名学识尚浅（年轻）的古代哲学研究者，我的运动经历正好与柏拉图对竞技实例和隐喻运用有些关联，这使我对他的道德教育理论有了深入的了解，也是我（早年撰写的）博士学位论文的主题。我是一名教授，体育哲学让我走出了学术领域的舒适区，并邀约我与来自不同哲学领域的学者进行交流——更不用说与考古学、历史学和人体运动学等其他相关学科领域的学者交流了。正如体育通过使运动员接受挑战来提升竞技水平一样，体育哲学通过使学者们认真思考这一丰富而复杂的人类实践形式来提高他们的研究水平。

在这本书中，我努力为体育哲学的研究提供一种导论性思考，不仅涵盖了已经成型的研究领域，而且展望了下一步的研究视野，并为这个非常年轻的学科领域提出了未来的研究方向。我试图创建一种结构，将（体育中的）那些哲学传统上分为形而上学、伦理和社会政治等方面问题反映出来，并尽可能把它们联系在一起。例如，第 3 章探讨体育与玩耍的形而上学的关联，这与第 8 章是相联系的，第 8 章将玩耍作为体育伦理中的效果论标准，第 12 章又将这些（和其他）讨论应用于教育中的体育问题。同样，第 4 章将体育与游戏联系起来，第 9 章在道义上将游戏与公平联系起来，第 13 章将公平的概念作为等级划分的社会分层应用于体育中。

［xiii］

我竭力回避围绕特定问题安排这本书的有关章节，比如作弊、兴奋剂、暴力、商业主义、大学体育、教育法修正案第九条（Title IX），等等。但是，这些特定问题和许多更具体的主题，以及许多不同的运动项目，在适当的哲学语境中贯穿全文。正如一个初级运动员应该多尝试几项运动以达到一般的健身水平一样，一个初研体育哲学的学者也应该多关注几个议题以便对体育哲学有一个一般性的了解。好的哲学分析也就像关于大学校际竞技运动比赛的业余规则，取决于对活动目的的深入理解，需要对所涉及的伦理问题保持敏感，这些伦理问题也是建立在实践形而上学的基础之上的。这本书从体育哲学的根源——包括它的古代历史和奥林匹克遗产——开始，然后就是形而上学、伦理学方面的议题，再次是政治学方面的议题，希望最终开出理解之花。

虽然我按照传统的哲学划分来构建体育哲学的论题，但我的目标是达至一个整体，而不是对各个部分的一般性加总。在这本书里，我们不仅概述了这门新兴学科，总结了它的许多开创性成果，而且邀请大家将这些问题与自己的竞技体验联系起来，从而加入这场对话。很显然，书中有些话题比另外的话题更让人感兴趣；另外，在有些情况下，我无法对有关某一主题的重要文献进行全面梳理。显而易见，我对体育哲学这个领域也有着自己的看法。我不可避免地忽略了一些论文、书籍，甚至有些是大家认为必不可少的整个主题。我只能说，我已经尽了最大努力为这门学科提供一个有组织的、可读性强的导论，既回顾了它的过去，也展望了它的未来，但最重要的是激发读者此时此地对体育运动进行哲学性的思考。体育运动是一项重要的人类活动，除了其内在价值外，它还具有巨大的教育潜能。只有加深对体育运动的理解，我们才能让它更好地造福于人类。

于西西里岛锡拉库萨

2012 年 4 月

第一编
历史与遗产

[1]　　我们之所以要从历史和遗产开始，不仅因为哲学研究应该以其学科的历史为依据，而且因为体育史和哲学史之间有着重要的联系。这一显而易见的联系是，二者有着古希腊这一共同的发源地，而且在某种意义上，哲学的求知精神特征最初也体现在奥林匹克式体育之中。在希腊人掌握它之前，竞技精神（athleticism）似乎主要是作为一种政治工具用来彰显一个统帅蒙神恩宠及配做领袖。我们在荷马那里也发现了这一功能，就像阿伽门农在标枪比赛中获胜，或者奥德修斯通过赢得射箭比赛和拉开皇家强弓夺回他的王国一样。但荷马也描述了奥林匹克式体育，在这类体育中，结果是不确定的，要留给比赛来决定——要冒着挑战既有社会等级制度的风险。

　　我把这种熟悉的体育风格称为"奥林匹克"，因为我相信，在古奥林匹亚的泛希腊圣地，不同部落之间相互竞争、相互尊重，促使人们使用竞走比赛这种公平公正的机制来挑选点燃祭祀圣火的人。正如早期的奥林匹克运动会通过公正的考验而不是预先存在的信仰来寻求答案一样，早期的哲学也通过对观念的考察而不是被动地接受神话或正统信仰来寻求关于世界的答案。正如体育在本质上是无视社会预设和差别一样，哲学也试图从文化传统中解放真理。此外，体育还揭示出卓越是可以训练

[2] 的，而不仅仅是一个血统的问题，这或许激发了像苏格拉底和柏拉图这样的哲学家通过激烈的辩论找到训练美德的方法。民主的现象也是从这些根源中涌现出来的，其价值观一直是根植在体育之中的。哲学、民主和奥林匹克运动会通常被认为是古希腊献给现代世界的礼物。体育的精神在它们身上可见一斑。

　　奥林匹克运动会在19世纪末作为一种深思熟虑的哲学表达得以复兴。这种被称为奥林匹克主义的哲学，与其说是以柏拉图和亚里士多德的思想为基础，不如说是以欧洲启蒙运动的信念为基础。此外，它不是专业哲学家的作品，而是由法国教育家皮埃尔·德·顾拜旦（Pierre de Coubertin）领导的一群理想主义狂热者的作品。由于缺乏分析的严密性

和精确性，所以它引发了"奥林匹克主义是否真的是一种哲学？"这一疑问，但它也可以解释奥林匹克主义为什么能够成功地作为奥林匹克运动这样一个复杂的、多文化组织的指导原则。

　　采取一种灵活的方式，我们可以在奥林匹克主义中辨识哲学的主要分支：形而上学、伦理学和政治学。奥林匹克主义的形而上学提出了一种理想型的人的观念，这种理想型的人像崇尚心灵一样崇尚身体，强调两者的平衡与和谐，但这一描述并没有明确到排除任何的性别或种族（差异）的程度。奥林匹克主义伦理是指普遍的但其所是未被道明的诸般基本原则——当面对多元文化主义的挑战时，这一劣势反而成为优势。体育运动为奥林匹克运动中不同的个体提供了共同的文化，体育运动这一结构体反映着机会平等、追求卓越等道德价值观。体育运动也是奥林匹克主义之和平政治目标的基础。通过要求人们把分歧放在一边，平等相待，容忍分歧，奥林匹克节创造了一种和平共处的模式，这种模式不是依赖文明的权威，而是依赖合作。诚然，奥林匹克主义是一种单薄的哲学，但它经受住了时间的考验，与体育运动密切相伴，携手共进。

第 1 章　古代希腊文化遗产

想象一下你在大学篮球赛的冠军赛上。体育馆里挤满了异常狂热的球迷，随着剪网仪式的开始，获胜的球员在球场地板上兴高采烈地舞动着身体，教练们相互握手并交换着庄严的誓词。现在想象一下，麦克风交给一位著名的体育评论员，他被要求就这一历史性的获胜讲几句话。他站在球场中央，看台上一片寂静。他仰望天空，然后开始他的演讲：[3]

朝生夕死者们！
夫其为何？夫其非何？
人乃影之梦耳！①

这些富有诗意的哲学诗句是古希腊运动员庆胜赞美诗的一部分，但在今天的体育运动中它们为什么会显得如此格格不入呢？竞技场可能坐落在大学校园里，大楼里可能挤满了学生，但哲人、诗人和其他知识分子通常被隔绝在爬满常春藤的石砌建筑里——他们不会漫步进入体育馆。然而，如果在古希腊，哲人会经营体操馆，诗人会在体育咨询处工作。竞技与哲学的关系在古希腊非常密切，以至于伟大的诗人品达不仅把人描述成"影之梦"，还给奥林匹亚起了个绰号——"真理的女主人"②。

哲学、民主和奥林匹克式的竞技运动分享着古希腊这一共同的发源地

---

① Pindar, "Pythian 8," in *Olympian Odes*, *Pythian Odes*, trans. William H. Race, 95–97 (Cambridge, MA: Harvard University Press, 1997).（中译转引自品达：《竞技赛会庆胜赞歌集》，刘皓明译，北京大学出版社，2021，第 237 页。——译者注）

② Pindar, "Olympian 8," in *The Complete Odes*, trans. Anthony Verity (Oxford: Oxford University Press, 2007), 1.

[4] 并非巧合。这三者在观念上有重要的相似之处,而且我们也不应该忘记,在这一家族成员中,年龄最大的实际上是竞技运动。传统上,奥林匹克运动会诞生于公元前 776 年,尽管第一次跑步比赛发生的时间要更早。哲学在 100 多年后才登台出场,即公元前 6 世纪的某个时间,而民主出现得更晚,接近那个世纪末。这三种实践的相似之处始于它们能够理清对美德、真理和治理的相互竞争的主张,而不屈服于现有的社会等级或不诉诸暴力的使用。的确,体育运动似乎帮助古希腊人质疑自然贵族的合法性和神话的真实价值。这些怀疑的种子部分是由奥林匹克运动会上不同部族和/与智性观念之间的跨文化交流以及通过海外贸易接触到外国文化而播下的。有证据表明,即使是低水平的运动员也可以通过训练获得卓越的成绩,这可能激发了苏格拉底、柏拉图和亚里士多德的教育活动。在古希腊,体育运动虽不是严肃的哲学思考的主题,但哲学本身却与体育运动有着密切的联系。

1. 英雄和阶层

当我们启程寻找我们现在所说的体育运动的起源时,我们不可避免地会抵达荷马的史诗那里。虽然《伊利亚特》和《奥德赛》在很多方面的描述很初步,但它们对竞技运动所做的、也是经常被忽视的记录,不仅为我们理解当今体育的本性提供了重要线索,也为了解自古以来体育变化的视角提供了重要线索。荷马或多或少地描述了他所在时代(大约公元前 8 世纪)存在的竞技运动,尽管他声称是在叙述更早(大约公元前 12 世纪)发生的事件。事实上,荷马[所描述]的比赛与早期文明的竞技实践有很多相似之处,比如美索不达米亚人、埃及人、米诺斯人和赫梯人。最重要的共性是竞技精神与人类美德之间的联系,尤其是竞技精神与配做领袖之间的联系。

早在公元前 3000 年,乌鲁克的吉尔伽美什(Gilgamesh)等古代领袖所拥有的竞技能力就被认为是他们蒙神恩宠的证据,或者至少是具有部分神性地位的证据。用古代的话说,英雄是半神半人。例如,希腊英雄赫拉克

第 1 章　古代希腊文化遗产

勒斯（Heracles，拉丁文：Hercules）是宙斯（Zeus）和凡人女子阿尔克墨涅（Alcmene）之子。美索不达米亚国王吉尔伽美什在史诗中被描述为三分之二的人和三分之一的神。[①] 埃及法老同样也被认为是神之子。事实上，神性和王权之间的联系经由罗马皇帝（他们经常有自己的狂热崇拜）一直延续到 17 世纪国王的神圣权利观念。相信统治者的神性无疑会给那些把大多数自然现象归因于神的反复无常之意志的社会带来极大的安慰。但即使是现代政治家也喜欢把自己与神联系在一起：他们宣扬自己的宗教信仰，在演讲中引用神圣的名字。竞技精神和神性之间的观念联系也一直存在于现代对运动员的描述中，他们被称为"英雄"，甚至被委婉地称为"神"。

[5]

古代领袖的超凡之处在于，他们用竞技精神来证明他们的神圣关联和皇权天赋，或者至少他们试图这样做。正如人们可能预期的那样，一个领袖的竞技精神的现实表现并不总是像宣传的那样好。我们今天对伟大运动员所期待的那种现场展示，至少是被精心操控的，而且经常是被完全规避的。人们更喜欢用间接的证据来证明领袖的伟大，比如苏美尔国王舒尔基（Shulgi）的故事（显然是经过美化的）。在一首歌中，舒尔基声称自己在一天之内跑了 100 英里（约 160.9 公里），"身后还下着冰雹"[②]。在其他一些例子中，古代国王的"竞技壮举"被证明是分级别的狩猎游戏、被操控的拳击比赛或难度不大的仪式。公元前 2600 年左右，在埃及举行的塞德节（Festival of Sed）上，法老们围绕着两根相距仅 55 米的柱子非竞赛地奔跑——这很难证明他们具有超人的运动天赋。[③] 也许这个仪式是再现类似舒尔基那样的祖先的壮举，但是很难相信它能使持怀疑态度的民众相信他们的领袖是神。然而，也许根本就没有多少人怀疑——或者根本没有必要怀疑——国王是否配做领袖。但是，到荷马史诗的时代，这种情况肯定已经改变了。

---

① *The Epic of Gilgamesh*, trans. N. K. Sandars (London: Penguin, 1960), 68.
② S. K. Kramer, "Hymn of Praise to Shulgi," in *History Begins at Sumer*, 285–88 (Philadelphia: University of Pennsylvania Press, 1981).
③ Donald G. Kyle, *Sport and Spectacle in the Ancient World* (Malden, MA: Blackwell, 2007), 68.

在荷马的《伊利亚特》第 23 卷中，为帕特洛克罗斯举行的葬礼竞技以一段令人匪夷所思的古代体育活动场景结束。国王阿伽门农被提名为标枪比赛的获胜者，而且他是在没有投出一枪的情况下获得这个奖项的。作为领袖，他拥有卓越的运动能力被认为是理所当然的，无须经过检视就能获得荣誉。然而，这一转变与整首诗的主题形成了鲜明的对比，这首史诗围绕着阿伽门农配做领袖和他拒绝让自己的权威受到任何挑战的争议展开。在《伊利亚特》中，许多国王——阿喀琉斯、奥德修斯和他们的同辈是各自部落的最高领导——从非正式的家园等级制度中脱离出来，被要求平等地联合起来，为共同的事业而战。这种情况引发了对 aretē（卓越或美德）或"价值的危机"的竞争性主张，其中每个人对社会荣誉的诉求必须重新商定。[1] 第 23 卷中的竞技游戏提供了一种模式：一个相对开放的过程，根据成绩来分配（再分配）荣誉。

在《伊利亚特》的游戏中，我们认识到体育运动那许多为人所熟悉的东西：（相对）公开的自愿参与的呼吁、对规则的共同理解、统一的起跑线、负责任的裁判、事关公正之争议的解决、获胜者的评选和奖品的颁发。还有一些重要的差异之处：只有上层社会的人才可以参加比赛，奖品并不总是根据比赛结果来颁发，众神会干预比赛，帮助他们喜爱的人，给竞争对手设置障碍。然而，好胜精神是显而易见的，正如今天一样，荷马社会的好胜性远远超出了娱乐性。荷马 aretē 概念，或者更准确地说，aristeia，本质上是一个好胜之所：这可以用经常被引用的一句话"做最好的那个人，胜过所有其他人"来巧妙地表达。[2] 然而，与早期的体育运动形式相比，在

---

[1] 依据本·布朗的说法，"《伊利亚特》中社会价值的危机是同伴关系的前货币经济之中的一场危机。《伊利亚特》关注的是一个由许多伟大的战士（basileis）组成的社会，他们发现自己置身于舒适的家庭等级制度之外。这个由战士同行组成的世界——homoioi——绝不是稳定的。平等的关系与应被承认的要求必须建立在每个人对他自己的生命、他的社会价值的综合体的日常关注之上"。见 Ben Brown, "Homer, Funeral Contests and the Origins of the Greek City," in *Sport and Festival in the Ancient Greek World*, ed. David J. Phillips and David Pritchard, 123 - 62 (Swansea: Classical Press of Wales, 2003), 129。

[2] "做最好的那个人，胜过所有其他人"（aien aristeuein kai upeirochon emmenai allōn）在《伊利亚特》中被提到过两次（6.208 和 11.784）。

比，在荷马那里，革命性意义是，一个人的 aretē 不是基于社会地位或血统世系而推定的；相反，它必须通过行动来公开证明——在战争中，在行政事务中，甚至在竞技比赛中。在这种背景下，体育运动在某种程度上开始具有类似于一种探究的形式而非宣传的形式，因此它开始获得我所称的"哲学的"或"求知的"那种本性。①

2. 古代奥林匹克哲学

就像哲学一样，体育运动应该始于惊奇和不确定。② 在荷马的《伊利亚特》中，当参赛者在起跑线上排队时，通常会有一个不确定因素——一个关于谁将获胜的现实问题。在《奥德赛》——那部描述奥德修斯在特洛伊战争后长达十年的返乡之旅的荷马史诗中，体育运动被用来证明德性（aretē）和配做领袖。这位身披戎装的英雄打消了人们对其高贵身份的疑虑，在费埃克斯人的岛国展现竞技壮举，并在一次射箭比赛中获胜，赢回了他的王后和他在伊萨卡的王国。③ 因此，在《奥德赛》一书中虽有疑问，但体育运动仍然肯定了贵族的地位，在某种程度上，它与早期埃及和美索不达米亚国王的"壮举"相差无几。随着古代奥林匹克运动会的到来，体

---

① 这一主题详尽的解释，参见 Heather L. Reid, "Sport, Philosophy, and the Quest for Knowledge," *Journal of the Philosophy of Sport* 36, no. 1 (2009): 40-49。
② Aristotle, "Metaphysics," in *Complete Works*, ed. Jonathan Barnes (Princeton, NJ: Princeton University Press, 1984), 1.2, 982b12-21: "不论现在，还是最初，人都是由于好奇而开始哲学思考，开始是对身边不懂的东西感到奇怪，继而逐步前进，从而对更大的事情产生疑问，例如关于月象的变化，关于太阳和星辰的变化，以及关于万物的生成。一个感到疑惑和好奇的人，便觉得自己无知（所以，在某种意义上，一个爱智慧的人也就是爱奥秘的人，奥秘由奇异构成）。如若人们为了摆脱无知而进行哲学思考，那么，很显然他们是为了知道而追求知识，并不以某种实用为目的。"（转引自亚里士多德《形而上学》苗力田中文译本，见《亚里士多德全集》第七卷，中国人民大学出版社，1993，第31页。——译者注）
③ 具体来说，在费埃克斯人的游戏中，奥德修斯对"你看起来不像一个运动员"嘲讽（8.164）的回应是投掷铁饼的落点远远超过当地男子投掷的落点。回到伊萨卡后，他干掉了一名低阶拳击手（18.96-7），并在一场射箭比赛中击败了王位的潜在继承人（21）。参阅 Homer, *Odyssey*, in *The Iliad and Odyssey*, trans. Robert Fagles (New York: Penguin, 1990)。

育运动才真正地摆脱人为的等级制度，展现出真正的哲学好奇和不确定性，将德性和价值的问题留给比赛本身。

  这种改变的动机归根结底是宗教方面的。早在运动员们开始其奥林匹亚竞技之前，这里就是泛希腊的圣地，供奉着所有的神，并服务于希腊所有的部族。就像荷马的《伊利亚特》一样，为了一个共同的原因——即便是宗教崇拜原因——把不同的部族聚集在一起也并非没有冲突。每个部落都把自己的社会等级带到官方中立的圣地，所以当要挑选一个人来点燃祭祀圣火的时候，这个挑选可不像简单地指认出他们的君王那么容易。此外，挑选一个讨神欢喜的人来担此殊荣对每个人来说都事关重大，因为人们相信，众神所赐的福祉——比如获取丰收和康复疾病——被认为取决于通过这样的仪式得到的神恩。这一过程可以看作人类与神祇之间通过祭祀仪式进行的一种礼物交换。① 奥林匹亚赛会上，第一个竞技项目似乎是从圣所边缘到祭坛的竞走，获胜者将被授予点燃圣火的殊荣。② 竞技获胜者成为一种象征性的敬奉给神的牺牲或献祭；授予奥运冠军的橄榄花环、棕榈枝条和丝带也与献祭的动物和祭司有关。③

  通过竞走项目挑选合适的领奖人，或者通过举办赛跑让神选择他最喜欢的领奖人——奥林匹亚既保留了竞技、美德和神恩之间的传统联系，又引入了新的方式，让比赛而不是现存的社会等级制度来决定结果。这一过程在许多方面反映了公元前6世纪希腊爱奥尼亚哲学的出现。所谓的前苏格拉底哲学家，如泰勒斯（Thales）、色诺芬尼（Xenophanes）和阿那克西米尼（Anaximenes），通过坚持运用一定数量的论据和证据来支持他们的主张，

---

① 更多关于古希腊宗教的"经济学"内容，参阅 J. Mikalson, *Ancient Greek Religion* (Malden, MA: Blackwell, 2005), 25。

② Philostratos, "Gymnastics," in Stephen G. Miller, *Arete: Greek Sports from Ancient Sources* (Berkeley: University of California Press, 1991), 38. 关于这篇文章的详细分析，请参阅 Panos Valavanis, "Thoughts on the Historical Origins of the Olympic Games and the Cult of Pelops in Olympia," *Nikephoros* 19 (2006): 141。

③ 更多关于竞技获胜者与宗教献祭之间的联系，请参阅 Walter Burkert, *Greek Religion*, trans. John Raffan (Cambridge, MA: Harvard University Press, 1985), 56; 以及 David Sansone, *Greek Athletics and the Genesis of Sport* (Berkeley: University of California Press, 1988)。

他们将自己与早期的以神话和诗意形式开展的求真活动区别开来。① 哲学是一个追求真理的过程，它承认现有信仰的不可靠性，并构建一个相对理性和无偏的程序，以找到一个普遍接受的答案，所有这一切都处于公众的监督下。事实上，我认为，奥林匹克运动会与和平的联系，与其说是源自意在保护远道而来参加竞技节的运动员和观众的所谓的"休战"（ekecheiria），不如说是源自将不同的人聚集在一起，参与公平且透明的决策过程，从而起到安抚和团结的作用。②

古代奥林匹克运动会有着无与伦比的声望和寿命（超过 1000 年），这在很大程度上取决于其结果的准确性和公正性。奥林匹亚从不允许对比赛项目进行主观评判，同时还对运动员和裁判员的诚信进行严格监督。在摔跤、拳击和搏击（类似混合武术）中，"重"项目的配对（之所以这么叫，是因为没有重量级别的规定，所以体格较大、体重较重的运动员占主导地位）是由抽签决定的，而且要小心避免不公平的优势。例如，拳击比赛在中午举行，以避免选手因阳光直射而晃着眼睛。一种叫作同步杆（hysplex）的起跑门被开发出来，以减少短跑比赛中"抢跑"的可能性。在赛马中，起跑线是错开的，以弥补从各个起跑门到中心转向柱之间的距离偏差。违犯规则被认为是对神的冒犯，而关于神对作弊者进行惩罚的故事被一排宙斯雕像所强化，这些雕像是用作弊者支付的罚金建造的，排放在体育场的入口处，提醒来往的诸人："奥林匹克运动会的胜利不是靠金钱，而是靠速度或力量。"③

[8]

3. 从贵族制到民主制

所有这些对公平关注的动机至少在一定程度上是出于宗教信仰——挑

---

① 在《形而上学》（1000a9 – 20）中，亚里士多德将哲学家和神学家区分开来，他说，前者提供论据（apodeixis）来支持他们的观点，而后者只讲述故事或言说神话（mythikōs）。
② 关于这些争论的完整解释，请参阅 Heather L. Reid，"Olympic Sport and Its Lessons for Peace," *Journal of the Philosophy of Sport* 33, no. 2 (2006)：205 – 13。
③ Pausanias, *Description of Greece*, trans. Peter Levi, 2 vols. (New York：Penguin, 1979), 1：5.21.2 – 4.

选一个不值得尊敬的获胜者可能会冒犯天神——但实际效果似乎是公众对结果的有效性充满信心。最终，这种信心变得足够强大，以至于使人们对现有社会等级制度的有效性产生怀疑，而在奥林匹克运动会之前，体育运动只是强化了这种怀疑。事实上，有些人声称，奥林匹克式的竞技运动为民主的诞生奠定了基础（更多内容见第 14 章）。[1] 古希腊的竞技运动最初被贵族们所接受，是作为证明他们享有政治特权地位的一种方式——证明德性是一个继承的东西，正如奈杰尔·尼科尔森（Nigel Nicholson）所解释的那样："如果品质不是被继承的，那么权力也就没有理由被继承。"[2] 然而，为了让上层社会继续主宰奥林匹克运动会，他们被迫越来越多地依赖财富所能提供的竞争优势：花时间去训练并参加巡回赛、私人运动馆、私人教练、顶级赛马和专业车夫。但即使这些优势有助于为富人赢得桂冠，它们也不可避免地削弱了"卓越"（aristeia）源自继承的观念，而这些胜利原本是要保护这种观念的。人们知道用汗水赢得的胜利和用财富赢得的胜利之间的区别。

与此同时，竞技游戏所提供的相对平等的机会和基于成绩的奖励，再加上与获胜相关的声望和神恩，促使城邦超越内部的阶层差异，寻找潜在的冠军。社会弱势群体的成功吸引着古代世界，这在今天似乎也一样。第一个官方奥运冠军产生于公元前 776 年，据说是一名厨师。[3] 亚里士多德说，随后的奥运冠军是一个鱼贩子。[4] 事实上，我们很难知道奥林匹克运动会获胜者的社会阶层，因为现存的大多数证据表明他们都来自富裕家庭，因为他们有能力树立纪念雕像，或者委托品达等著名诗人写庆胜赞歌。但

---

[1] 例如，可参阅 Stephen G. Miller, "Naked Democracy," in *Polis and Politics*, ed. P. Flensted-Jensen and T. H. Nielsen, 277 - 96（Copenhagen：Festschrift, 2000）。

[2] Nigel James Nicholson, *Aristocracy and Athletics in Archaic and Classical Greece*（Cambridge, UK：Cambridge University Press, 2005), 134.

[3] 奥运冠军的社会阶层在历史学家中一直存在争议。有关争议的详细讨论，请参阅 David Young, *The Olympic Myth of Greek Amateur Athletics*（Chicago：Ares, 1984）；以及 Mark Golden, *Greek Sport and Social Status*（Austin：University of Texas Press, 2008）。

[4] Aristotle, "Rhetoric," in *Complete Works*, 1.1364a20, 1367b18.

第 1 章　古代希腊文化遗产

是，即便在古代，非贵族的奥运冠军也不多见——就像今天［很难看到］来自贫穷国家的金牌得主一样——他们的存在也反映了体育运动结构中所内嵌的民主动力。

在奥林匹克运动会开始两个多世纪后，民主才在雅典出现。民主与体育至少有两个基本价值观是相同的：自由（liberty）和平等（equality）。① 希腊语的自由（Liberty）一词"eleutheria"首先且最为重要的表征是成为一个自由人而非一个奴隶的那种令人渴求的荣誉。后来，它与摆脱暴政的自由（freedom）更加紧密地联系在一起。与竞技相关的那部分自由来自竞技二人组哈尔莫迪乌斯（Harmodius）与阿利斯托吉顿（Aristogeiton），他们在公元前 514 年的泛雅典奥林匹克运动会上杀死了暴君希帕克斯（Hipparchus），成为雅典民主精神的象征。② 希腊语的民主一词"dēmokratia"意味着多数人统治，但民主城邦中真正的统治者是法律，全体人民心甘情愿地让他们自己服从法律。这也是体育运动的特点，运动员心甘情愿地让他们自己服从游戏的规则。在奥林匹亚，不同部族的人设法让自己服从于单一的体育规则，这一事实可能确实激发了一种民主思想，即不同阶层的公民可以在一套共有律法的权威下和平相处。

古代运动员不仅在奥林匹亚遵守共同的规则，而且他们也知道，无论他们在本邦内的社会地位如何，在这些规则下他们都被认为是平等的。斯蒂芬·米勒（Stephen Mille）认为，古代竞技运动的这一事实激发了希腊人 isonomia 的概念，即法律面前人人平等③——这一概念与民主紧密相连，希

［9］

---

① 关于民主和体育的类似比较，尤其是与现代民主国家的教育相关的比较，请参阅 Peter Arnold, "Democracy, Education and Sport," *Journal of the Philosophy of Sport* 16 (1989): 100 - 110。
② 这个故事是用不同的版本来讲述的，见 Thucydides, *History of the Peloponnesian War*, trans. B. Jowett (Oxford, UK: Clarendon, 1900), 6.56 - 59; 以及 Aristotle, *The Athenian Constitution*, trans. Sir Frederic G. Kenyon (Washington, DC: Merchant Books, 2009), 18。
③ 米勒说，"在距离、速度和力量的绝对标准之前的这种平等由在场的其他竞争对手来衡量，不受任何人的解释，这是基本的平等"（"Naked Democracy," 279）。

罗多德（Herodotus）用"isonomia"这一术语表示"多数人的统治"。① 第二个民主概念"isēgoria"，意味着自由公民有平等参与公共辩论的机会，这也与体育运动有关，虽然具体关联不甚清楚。妇女、奴隶和外邦人被明确地排除在奥林匹克运动会之外，穷人比富人更难参加奥林匹克运动会。同样，希腊民主将完全参与限制在符合条件的部分男性中。即便如此，如此之举在当时也是革命性的，因为它缩小了富人和穷人、贵族和平民之间的鸿沟。②

4. 希腊教育中的竞技与哲学

也许，在古希腊由体育运动所激发的社会变革，留下的最伟大遗产就是对教育的关注，即便是柏拉图这样顽固的贵族也不例外。既然与竞技成功相关的德性被揭示是通过训练培养出来的，而不是源于与生俱来的权利或反复无常的神恩，那么与公民身份相关的德性也可以通过拼搏来获得的观念也就产生了。的确，鉴于公元前6世纪体操（gymnasia）的蓬勃发展，承认古希腊是身体教育的鼻祖是很有诱惑力的。

当然，希腊人绝不会使这个词，因为他们对人的形而上学的理解与我们今人截然不同。③ 大多数古希腊人把人认作一个身体（sōma）和灵魂（psychē）的结合体，psychē通常被译成"soul"，也包括我们现代生活中诸如心灵（mind）、精神（spirit）、情感（emotion）等种种观念。④ 灵魂不仅被认作人类思维和创造力的来源，也被认作身体动作甚至生命本身的来源。

---

① Herodotus, *Histories*, trans. A. D. Godley (Cambridge, MA: Harvard University Press, 1920), 3.80–82.
② Ian Morris, "Equality and the Origins of Greek Democracy," in *Ancient Greek Democracy*, ed. Eric W. Robinson, 45–73 (Malden, MA: Blackwell, 2004), 63.
③ "身体教育"（physical education）一词经常被现代翻译者用来翻译希腊语gymnastikē，它确实指的是训练性操练（training exercises），这与我们现在所说的身体教育并没有什么不同，但这个希腊术语并不意味着只是身体而非灵魂在接受教育；或者更准确地说，这个术语意味着是那个整全的人（the whole person）在接受教育。
④ 例如，参阅 Aristotle, "De Anima," in *Complete Works*, 415b.

第 1 章 古代希腊文化遗产

至少在荷马那里，没有灵魂的身体只不过是一具尸体。① 所以，身体的意向动作源自灵魂，体操（gymnastikē）是与体操馆（gymnasium）相关的训练和操练，它被理解为对整全之人的教育，而不仅仅是对身体的教育。在柏拉图的《理想国》里，苏格拉底甚至说过，体操甚至为身体提供了更多的灵魂，认为其目的是使"灵魂自身中的激情部分与爱智部分"张弛得宜，"使两者能够达到彼此和谐"。②

苏格拉底似乎已经使跟竞技相关的好胜精神和方法与培育灵魂这一明确的教育目的相适应，他把教育的目的认定为智慧而非奥林匹克获胜。他更喜欢的教育环境是体操馆或摔跤学校（palaestra）③，可能因为这是一个能找到他喜欢与之角力的年轻人的好地方——偶尔是在竞技运动的意义上角力，但更重要的是在智力论辩的意义上角力。苏格拉底经常流连忘返于体操馆，以至于当他的朋友游叙弗伦（Eulhyphro）在柏拉图的同名对话录中发现苏格拉底在王宫前庭时，游叙弗伦首先问的一件事就是为什么这位哲学家不在他常去的地方——吕克昂（Lyceum）体操馆。④ 哲学家们出现在体操馆可以追溯到苏格拉底之前的一个世纪，直至毕达哥拉斯那里。据说，毕达哥拉斯招募了一名年轻的运动员学习哲学，先是花钱让他学习，最终诱使他为自己的课程付费。⑤ 但苏格拉底显然不是在追求金钱；他将

---

① 关于这些术语和思想的精彩讨论，请参阅 Bruno Snell, *The Discovery of the Mind in Greek Philosophy and Literature* (New York: Dover, 1982), 8-22。
② Plato, *Republic*, trans. G. M. A. Grube (Indianapolis: Hackett, 1992), 410b-411e。
③ 柏拉图将《卡尔米德篇》（*Charmides*）安排在陶瑞阿斯格斗场（153b），在《欧绪德谟篇》（*Euthydemus*）中，我们发现苏格拉底是在吕克昂跟两名搏击手对话的，而在《吕西斯篇》（*Lysis*）中，苏格拉底在从一个体操馆（the Academy）到另一个体操馆（the Lyceum）的路上，被拉到一个新的摔跤学校（203-204a）。《泰阿泰德篇》（*Theatetus*）也被安排在一个体操馆里，因为泰阿泰德和他的朋友们在对话前给他们自己涂油（144c）表明了这一点，而且《智者篇》（*Sophist*）和《政治家篇》（*Politicus*）很可能具有相同的场景——尽管从文本中看不出来。
④ Plato, "Euthyphro," in *Complete Works*, ed. John M. Cooper (Indianapolis: Hackett, 1997), 2a. 这就是后来亚里士多德学校的所在地，但在戏剧时代（可能在写对话的时候），它只是个体操馆。
⑤ Iamblichus, *The Pythagorean Life*, trans. Thomas Taylor (London: Watkins, 1818), 6-7。

其作为他为雅典城和太阳神阿波罗服务的一部分，以赢得年轻人对哲学的热爱——把他们对获胜的那些自然之爱和好胜之爱（philonikia，爱胜）转化为对智慧的爱（philosophia，爱智）。①

在苏格拉底的时代，对于雅典的年轻人来说，并没有公立高等教育。相反，富裕的家庭会雇佣被称为 Sophist 的"智者"（wise men）来私下教育他们的儿子，让其掌握成为自由人所需的成功技能——比如修辞术和有效的辩论技巧。智者之间的竞争可想而知是激烈的。他们会通过举办博学多才的讲座、回答任何主题的问题，有时还会通过相互辩论来吸引客户。最终出现了一种叫作"论辩术"（eristic）的语言竞赛，提问者会试图迫使他的对手陷入自相矛盾。在公开辩论中获胜毫无疑问有利于一个智者的教学业务，尽管苏格拉底否认自己是智者（或根本上是一个教师），因为他从不收学费。② 柏拉图在几段对话中对苏格拉底做了描述，他甚至在与有名的智者自己的游戏中挑战并驳倒了他们。③

[11] 毫无疑问，这样的失败对智者的事业是不利的，而且很可能至少是公元前 399 年苏格拉底受审的动机之一。苏格拉底为自己辩护说，他让这些智者和所有雅典人变得更好，因为他让他们知道，他们所知道的并不像他们所认为的那么多。④ 他说，与其相信自己是智者，不如做回自己本来的样子。⑤ 他还说，作为对他奉献的报酬，他从城邦那里应该得到的类似奥林匹亚赛会上获胜者的那种奖赏，因为"奥林匹亚赛会的获胜者好像在为你们造福，而我就是在为你们造福"。⑥ 这种对给予运动员公民奖励的批评让人想起早期哲学家色诺芬尼的话，他说，"宁要力量，也不要我出众的智慧，

---

① 详情请参阅 Heather L. Reid, "Wrestling with Socrates," *Sport, Ethics and Philosophy* 4, no. 2 (2010): 157–69, 转载于 *Athletics and Philosophy in the Ancient World: Contests of Virtue* (London: Routledge, 2011), chap. 4。
② Plato, *Apology*, trans. G. M. A. Grube (Indianapolis: Hackett, 1980), 19d。
③ 尤其是参阅 *Protagoras*, *Euthydemus*, 以及 *Gorgias*。
④ Plato, *Apology*, 23b。
⑤ Plato, *Apology*, 22d–23b。
⑥ Plato, *Apology*, 36de。

是不对的",因为获胜的运动员并不会"使城邦的藏品变得丰厚"。① 但是苏格拉底的观点并不是说哲学会给城邦带来财富甚至声望;相反,他劝告雅典人,不去关心"你们灵魂的最佳状态"的德性(aretē)而去关心财富、声望这些事物,是令人羞耻的。②

因此,苏格拉底对智者的驳倒和羞辱,目的在于揭露他们的无知,从而诱导他们,更重要的是,诱导他们未来的学生去学习哲学。苏格拉底的哲学教诲仍然包括激烈的辩论,甚至是一些温和的羞辱,以揭露智者们错误的自负。但是苏格拉底把这种智性上的角力看作一种友爱———一种合作的比赛,在其中,一个对手的挑战可以提高另一个对手的能力。这正是开明的运动员所拥护的对待竞争的态度,他们把竞技运动作为一种手段,不仅是为了赢得比赛、声望甚至是奖品,而且通过这种经历使自己成为更好的人。③ 苏格拉底对他的谈话者普罗塔库(Protarchus)说:"我们在这里进行辩论,目的不是出于对胜利的热爱,让我的建议或你的建议获胜。我们应当作为同盟者采取共同行动,支持最真实的那个建议。"④

通过提高参与者对诸如虔诚、勇敢或自制等美德的相互理解,苏格拉底的对话有助于培养德性。获取德性的智慧特征是参加一场赛会(agōn),因此以竞赛(agōnes)为蓝本的体操馆对话似乎是实现它的一种好办法。

5. 阿卡德米体操馆

今天,当我们回顾苏格拉底所做的事情时,我们可能会说他把学术带进体育之中,或者把竞技方法应用于学术之中,但我们会否认他的方法是

---

① Xenophanes, quoted in Athenaeus, "The Deipnosophists," in *The Smell of Sweat: Greek Athletics, Olympics and Culture*, ed. W. B. Tyrell (Wauconda, IL: Bolchazy-Carducci, 2004), 413c – f.
② Plato, *Apology*, 30b.
③ 对运动此种理解的解释请参阅 Drew A. Hyland in "Competition and Friendship," *Journal of the Philosophy of Sport* 5 (1978): 27 – 37。
④ Plato, "Philebus," in *Complete Works*, 14b.

"体育教育"。然而,说到这里,我们会忘记,"学术"(academics)这一特有的术语正是源自苏格拉底最喜欢的一个体操馆:位于雅典郊区的阿卡德米(Academy),苏格拉底的学生柏拉图就是在那里建立了他那所著名的学园(school)。

[12] 重要的是,当我们想象古代体操馆时,我们不会想到带有看台和篮球场的建筑。古代的体操馆更像现代的公园:露天的空地,很容易获得可用于跑步、摔跤和其他操练所需的饮用水和空间。有时还包括有遮挡的柱廊,以保护运动员不受日晒雨淋。可能还有更衣和涂油的设施,以及储藏室和沐浴设施。除了哲学家毕达哥拉斯和苏格拉底所开创的在体操馆进行营生的传统之外,柏拉图可能还把他的学园建在其中,因为他认为体操——诸如赛跑、跳跃和摔跤等操练——是同样重要的教育哲学辩论的一部分。事实上,柏拉图似乎已经接受了习俗性的体操价值,比如军事备战、竞技之美,甚至是性爱伴侣——虽然这有点别扭。柏拉图试图将这些传统从身体和世界转向灵魂和抽象的理念。① 在柏拉图的体操馆内,尽善尽美(kalokagathia)教育理念——既美且善——得到了重新界定。

有学者从军事备战和模拟战斗的角度来解释希腊体操运动(gymnastics)和竞技运动(athletics)的全貌。② 柏拉图对话固然有这些意思,但仅做如此理解就太过于局限了。作为斯巴达——一个几乎完全致力于军事卓越的国家——体操教育的崇拜者,柏拉图清楚地认识到,竞技训练和体操训练的诸多效益在战争中是有好处的。他不仅认识到力量等身体素质的价值,还认识到勇气等道德美德的价值。事实上,在柏拉图的对话《拉凯斯篇》中,两位将军就与士兵相称的训练进行了辩论,并发现苏格拉底式的哲学美德——从他在伯罗奔尼撒战争中的表现就可以证明——胜过武装

---

① 更多细节,参见 Heather L. Reid, "Plato's Gymnasium," *Sport, Ethics and Philosophy* 4, no. 2 (2010): 170–82. Reprinted in *Athletics and Philosophy*, chap. 5. 44。
② 例如,参阅 Nigel Spivey, *The Ancient Olympics: A History* (Oxford: Oxford University Press, 2004)。

训练甚至是军事经验。① 苏格拉底的军事英勇原来不过是一种智慧——正如柏拉图对话中所探讨的所有其他美德一样。② 所以柏拉图的体操馆不会取消军事训练或身体操练，但是它会寻找一种方法最终让它们服务于智慧，进而服务于德性。

在柏拉图的《理想国》中，这正是体育训练和竞技训练所提供的功能。它们被用来教育和挑选具有自律能力、心理承受能力和公民奉献精神的人，以作为共同体的护卫者，最终成为坚韧的哲学王（和女哲学王）。③ 柏拉图认为，促成竞技上成功的那些相同的美德——例如勇敢、坚韧和对财富和名望的漠视——也会促成哲学上的成功，因为正如赫西俄德（Hesiod）所说，通往智慧和美德的道路既阻且长。那些为肤浅目标而训练的运动员，比如漂亮的外表、招引崇拜者甚至在比赛中赢得名望和财富，实际上是在浪费他们的灵魂。晚些时候，柏拉图在政治性对话《法律篇》中指出，只有旨在德性的教育才是名副其实的。"如果训练的目的是获得金钱或强健体魄，或者甚至是获得不受理性和正义指导的某种智性才能，我们应该认为这种训练是庸俗的和狭隘的，甚至可以说，它没有任何资格被称为教育。"④ 将柏拉图以美德为基础的体操跟更为肤浅的旨在"身体教育"活动区分开来，与其说是手段，不如说是目的。⑤

[13]

在柏拉图看来，就连希腊雕塑中如此颂扬的传统竞技之美，如迈伦（Myron）的掷铁饼者，也被这种特有德性的精神之美所超越。在《会饮篇》中，貌不惊人的苏格拉底受到玉树临风的阿尔喀比亚德（Alcibiades）的称赞，后者说苏格拉底的灵魂"如此的明艳、如此的曼妙，如此五体投地地

---

① Plato, "Laches," in *Complete Works*, 181b.
② 阿尔喀比亚德在《会饮篇》中证明了苏格拉底的军事英勇。参见 Plato, *Symposium*, trans. Alexander Nehamas and Paul Woodruff (Indianapolis: Hackett, 1989), 220de。
③ 这是海瑟·里德《柏拉图〈理想国〉中的运动与道德教育》（"Sport and Moral Education in Plato's Republic"）一文的核心论点。参见 Heather L. Reid, "Sport and Moral Education in Plato's Republic," *Journal of the Philosophy of Sport* 34, no. 2 (2007): 160–75。
④ Plato, *Laws*, trans. Trevor Saunders (London: Penguin, 1970), 643e.
⑤ 关于这方面的更多细节，请参阅 Reid, "Plato's Gymnasium" 及 "Sport and Moral Education"。

令人惊叹",以至于这个年轻人发现他神魂颠倒、不能抵抗。① 在这个场景中,我们所看到的是一个竞技运动的世家子弟(他也赢得了奥林匹克桂冠,尽管只是作为战车的所有者),他挑战了传统的预设——德性是一个基因遗传的东西,而爱上了一个来自较低阶层、因其凸眼睛和狮子鼻而招致嘲笑的老人。从表面上看,柏拉图的观点颠覆了古希腊许多地区早在公元前 7 世纪就已作为教育手段而被制度化的成年男子和青春美少年之间的传统情爱关系,② 但不包括肉体性爱——苏格拉底拒绝阿尔喀比亚德的求爱——而是专注于灵魂的德性,这种伴侣关系复苏了这些关系的教育目的,并让我们对现在所说的"柏拉图式的爱情"有了更深的认识。于是,美貌和情爱虽然被存留于柏拉图的体操馆内,但它们却被赋予了与德性更加空灵的联系,这就将物质方面的患得患失弃置一旁了。

在柏拉图的体操馆里,另一个明显非传统的东西是女性的存在。在《理想国》和《法律篇》中,女孩和妇女不但参加体操训练和竞技游戏,而且有着比当时那个时代更为健全的公民身份。也有记录称,在柏拉图现实的学园里至少有两名女学生:菲利乌斯的阿西奥忒亚(Axiothea of Philius)和曼蒂尼娅的拉斯忒尼亚(Lasthenia of Mantinea)。③ 斯巴达对女孩进行体操——甚至裸体(gymnai)操练意义上的体操教育。④ 柏拉图有可能是从斯巴达那里得到启示的,但是支撑他把女性纳入体育的形而上学理论基础跟他所有的教育创新都是一样的:对灵魂的一种关注,他把灵魂看作是在两性之间不偏不倚的。⑤ 德性,作为灵魂的卓越,在柏拉图的观点中对于男性和女性来说都同样适用。

---

① Plato, *Symposium*, 217a.
② 关于这些关系的更多详情,请参阅 William A. Percy, *Pederasty and Pedagogy in Archaic Greece* (Urbana: University of Illinois Press, 1996)。
③ Diogenes Laertius, *Lives of Eminent Philosophers*, trans. R. D. Hicks, vol. 1 (Cambridge, MA: Harvard University Press, 1972), 3.46.
④ 关于斯巴达的教育规划,请参阅 Nigel M. Kennell, *The Gymnasium of Virtue: Education and Culture in Ancient Sparta* (Chapel Hill: University of North Carolina Press, 1995)。
⑤ 要获知完整的分析,请参阅 Nicholas D. Smith, "Plato and Aristotle on the Nature of Women," *Journal of the History of Philosophy* 21, no. 4 (1983): 467–78。

6. 亚里士多德式的竞技运动员

亚里士多德认为女性只不过是残缺的男性，她们不适合统治自己，因为她们的理性能力天生不如男性。[①] 虽然亚里士多德并没有明确指出要将女性排除在体操馆和军队之外，但是这种说法确实暗示着一般而言要把她们排除在公民生活之外，而将她们羁留在家庭生活之中的含义。

然而，仔细研究一下体育与亚里士多德的美德教育理念之间的关系，就会发现体操训练可能是女性的理想选择。像柏拉图一样，亚里士多德把灵魂划分为理性和非理性两部分。正是非理性的部分将理性的命令转化为实际的行为，因此亚里士多德赋予它们不同于理性部分的特殊美德以及不同类型的训练。具体地说，他认为灵魂的下半部分是通过训练来接受教育的：通过反复的有意行为（hexis）使自己习惯于进入适宜的状态。正如他在《尼各马可伦理学》（Nicomachean Ethics）中说："道德（ēthos）的德性起因于习惯（ethos），因此，它的名字'ethical'与'ethos'只是略有不同。"[②] 亚里士多德接着指出，为竞技比赛而训练就是一个习惯的例子。[③] 尽管他没有像柏拉图所做的那样把体操描述为一种道德训练，但在他看来，由于女性比男性更难按照自己灵魂的理性部分行事，体操习惯似乎对她们大有裨益。也许这能帮助她们获得亚里士多德认为她们所缺乏的那种自制能力。

亚里士多德非常明确，必须在活动——灵魂的具体活动中表达德性。[④] 这削弱了对作为被动继承状态之德性所做的贵族式理解的最后一个线索——被动继承是不需要被检验或被证明的。他举了一个竞技运动的例子来强化

[14]

---

① Aristotle, "On the Generation of Animals," 737a, and *Politics*, 1260a, both in *Complete Works*.
② Aristotle, *Nicomachean Ethics*, trans. Terence Irwin, 2nd ed. (Indianapolis: Hackett, 1999), 1103a17–18.
③ Aristotle, *Nicomachean Ethics*, 1114a8–10.
④ Aristotle, *Nicomachean Ethics*, 1120a16–17.

他的观点:"就像奥林匹克的奖项不是颁给那些最强健、最强壮的人,而是颁给竞技者,因为竞技者才是获胜者,在生命中同样如此;在体健心善的人们之中,只有行为正确的人才能赢得奖项。"① 另一方面,亚里士多德认为过多的竞技活动是有害的,尤其是对年轻人。他谴责"那些被认为最关心儿童的城邦把儿童变成了运动员,从而扭曲了他们身体的形态,影响了他们身体的发育",并指责斯巴达"残酷地对待"他们的青少年,让他们"在没有必要训练的情况下"遭受严酷的训练。②

"什么是必要的"似乎主要是一种辨别高尚(kalon,或译高贵)目标的能力,并在目标是行善举时确定"中庸之道"(golden mean)——过度与不足之间的中点。③ 乍一看,根据亚里士多德对那些让孩子接受过多训练的人的批评,竞技运动似乎并不是一种与高尚和节制有关的活动,④ 但是避免训练过度和训练不足是体育运动中经常学到的一课;在体育运动中,训练不足和训练过度都会影响成绩。亚里士多德以竞技运动中的适当膳食和射箭(或投标枪)为例来说明平衡和瞄准的必要性。⑤ 事实上,亚里士多德认为竞技训练是一门特别发达的科学,它与医学和伦理学一样,需要对目标的高尚性做出理解和对手段的适宜性进行思考。⑥ 虽然亚里士多德没有明确地提倡竞技训练,但竞技训练在许多方面与其伦理学的基本原则是一致的。

情况很可能是,公元前 4 世纪亚里士多德所倡导的竞技运动,其特点更多的是盲目、不节制以及对诸如财富和名誉不光彩目标的追求,而

---

① Aristotle, *Nicomachean Ethics*, 1099a3 – 6.
② Aristotle, *Politics*, trans. C. D. C. Reeve (Indianapolis: Hackett, 1998), 1138b – 1139b.
③ Aristotle, *Nicomachean Ethics*, 1106a27 – 34.
④ 这也许就是为什么大卫·杨(David Young)说亚里士多德把身体训练和心理训练视为彼此的敌人。参见 "Mens Sana in Corpore Sano? Body and Mind in Greek Literature," *Proceedings of the North American Society for Sport History* (1998): 61。然而,适度的身体活动并没有被嘲笑为是与智力发展相反。
⑤ Aristotle, *Nicomachean Ethics*, 1106b.
⑥ Aristotle, *Nicomachean Ethics*, 1112b. 要了解亚里士多德对体育运动的看法,请参阅 Heather L. Reid, "Aristotle's Pentathlete," *Sport, Ethics and Philosophy* 4, no. 2 (2010): 183 – 94。

不是被亚里士多德、柏拉图和他们主要灵感来源苏格拉底视为美德的那种训练。大多数现代体育哲学家和体育教育家会对体育运动及其在当今教育中的作用提出同样的批评。但是，仅仅因为体育运动通常不能发挥其作为美德教育的潜力，我们就判定努力去理解这种潜力是在浪费时间，这是成问题的。更重要的是，考虑到希腊黄金时代哲学与竞技之间的密切联系，当代学术和竞技之间的分离——这是身体和心灵分离的结果（第7章讨论了这一点）——值得我们重新审视。出于同样的原因，当我们继续与特权、阶层、种族和性别问题做斗争时，古代奥林匹克运动中所蕴含着的挑战社会等级制度的那种潜力同样值得我们铭记。古希腊遗产表明了竞技与美德之间的真正联系，但它也提供了体育运动发挥教育潜力和政治潜力的一个鼓舞人心的例子——如果它与哲学的联系得以保留的话。

7. 讨论问题

（1）在古代，竞技精神被用来表明统治者配做领导。在现代世界中，竞技运动还与领导地位有关系吗？

（2）古代奥林匹克运动会的宗教情境激发了人们对体育运动的求真态度，强调公正的裁定和结果的准确。在现代奥林匹克运动会中，倘若有更多的宗教卷入，将会产生什么影响？

（3）据说，古代的体育运动通过展示较低阶层人民的价值诉求，在一定程度上激发了民主。今天的体育运动是在为穷人还是更倾向于为富人提供一个类似的机会来展示他们的价值诉求？

（4）柏拉图提倡女性参加竞技运动，因为他认为竞技运动是道德教育的一种形式。他会对当今女性参与学校体育以及平等机会法（美国教育法修正案第九条）产生何种看法？

（5）亚里士多德的伦理学强调活动和训练。你认为旨在体育的训练也是一种道德训练吗？

第 2 章　现代奥林匹克的复兴

[17]　　屡获殊荣的电影《火战车》(Chariots of Fire) 让我们得以窥视 19 世纪末在欧洲得以复兴的奥林匹克运动。故事围绕两名英国短跑运动员展开，一名运动员是犹太人哈罗德·亚伯拉罕斯 (Harold Abrahams)，另一名是基督徒埃里克·里德尔 (Eric Liddell)，他们都面临来自阶级和多样性问题的挑战。剑桥大学的学生亚伯拉罕斯聘请了一位专业教练来提高他的技术，这一举动被该大学的教师们认为是不道德的，因为它违背了业余体育爱好者的那种绅士精神，业余体育爱好者应该依靠自己的竞技天赋，而不能把体育运动看得太重。与此同时，埃里克·里德尔发现他在对信仰的坚定承诺与对体育运动的实际诉求之间左右为难。当他最为擅长的奥运项目决赛是在安息日举行时，他选择不参加，尽管威尔士亲王以个人名义呼吁他发扬爱国主义精神。最终，亚伯拉罕斯赢得了比赛，这预示着业余主义体育的终结。在美国选手杰克逊·肖尔兹 (Jackson Scholz) 的斡旋下，里德尔在他较不擅长的 400 米比赛中意外获胜，这也算是对其毫不动摇地献身于信仰的一个令人满意的奖赏。

　　一方面，这些场景似乎与古希腊奥林匹克运动会相去甚远；另一方面，我们可以从第 1 章对古希腊体育运动的研究中认识到宗教献祭、贵族权利、社会阶级的超越和竞争激励等问题。但是奥林匹克运动与哲学的紧密联系又是怎样的呢？它在教育中是如何发挥作用的呢？事实上，在现代英国和美国，体育运动确实发现了它进入中小学以及大学的途径。哲学在课程中也占有一席之地，但现在它与体育运动分开了。大学的竞技运动 (athletics) 逐渐被视为与学术知识 (academics) 无关的东西，哲学家们普遍回避体育运动，认为它是一门不值得认真研究的学科。直到 20 世纪 70 年代，体育哲

[18]

第 2 章　现代奥林匹克的复兴

学研究才被公认为是一个具有合法性的学术研究领域。（附录中提供了关于体育哲学在学术界进展情况的全面讨论，包括关键人物、方法和资源。）

然而，我认为可以公平地说，随着1896年现代奥林匹克运动会的举行，诞生于古希腊的哲学与体育之间的那种古老联系"复活"了。的确，现代奥林匹克运动会可能是历史上第一次由哲学自觉驱动的体育赛事。奥林匹克运动会的主要创办人皮埃尔·德·顾拜旦和他的同事们不仅对推动一项体育赛事感兴趣，而且对传播一套他们认为将改善世界的哲学理念感兴趣。顾拜旦借鉴了古希腊的思想以及当代欧洲启蒙运动和英国的教育思想，创造了"奥林匹克主义"一词来描述这种哲学。顾拜旦不是一位专业的哲学家，奥林匹克主义也可以说不是一个哲学体系，但它确实为体育的实践提供了明确的哲学指南。更重要的是，虽然这一现代节日已历经百年的沧桑，而且在全球范围内产生的影响也是前所未有的，但这些指导方针依然为世人持守。我相信，现代奥林匹克主义的持续吸引力是我们在古希腊所发现的那种体育和哲学之间存在深度关联的确证。

把奥林匹克主义作为一种体育哲学来研究，或者把奥林匹克运动会作为一种体育哲学的表现来研究，引发一个有趣的问题：在实践中采用一种体育哲学意味着什么？更具体地说，一场跨越如此久远的时代和如此多元文化的运动如何能被一种哲学指导？哲学和体育一样，通常被认为是特定文化、特定时代甚至特定生活的产物。我们所说的儒家或康德主义，指的就是特定的民族（people）。即使哲学有更一般的名称，如道教或功利主义，也很容易与特定的时间、地点、思想家或思想家群体联系在一起。在某种程度上，奥林匹克主义是与古代奥林匹克运动会的举办时空相关的，但它并不是要把古希腊文化和价值观强加给现代世界。相反，它是一种基于世界上每个人的共同价值观的普遍哲学的尝试。就像全世界的人都可以踢足球一样，全世界的人都应该能够拥抱奥林匹克主义。但即便如此，这样的尝试是可能的吗？

1. 奥林匹克主义作为一种哲学

[19] 首先，我们必须问"哲学"本身是不是普遍的？在回答这个问题之前，我们必须追问这个术语是什么意思。奥林匹克主义的首要宗旨，自 1914 年第一部《奥林匹克宪章》发表以来就一直存在，它以哲学的术语清楚地标明："奥林匹克主义是增强体质、意志和精神，并使之全面均衡发展的一种生活哲学。奥林匹克主义把体育运动与文化和教育相融合，谋求创造一种以努力奋斗为快乐、发挥良好榜样的教育作用并尊重基本公德原则为基础的生活方式。"[1]

自我宣言并不能使某种东西成为严格意义上的哲学，奥林匹克主义因缺乏体系化的命题招致批评。[2] 哲学——至少在奥林匹克创始人所熟悉的欧洲启蒙运动的背景下——应该包含一系列通过理性和知识构建起来的明确命题。

顾拜旦的同胞勒内·笛卡尔就是这种哲学构想的一个很好的例子。笛卡尔开拓了一种哲学方法，其基础是拒绝所有以前的传统或观点，然后从一个逻辑上无可辩驳的真理的基石出发，以完全理性的方式重建知识。[3] 对哲学的这种理解会吸引奥林匹克创始人对国际主义的兴趣，因为国际主义认为自己具有文化上的超越性。笛卡尔认为自己是一个"世界公民"[4]，并

---

[1] International Olympic Committee, "Fundamental Principles of Olympism," in *The Olympic Charter* (Lausanne, Switzerland: Author, 2010), 11.

[2] 关于奥林匹克主义作为一种哲学的合法性的完整讨论，请参阅 Lamartine DaCosta, "A Never-ending Story: The Philosophical Controversy over Olympism," *Journal of the Philosophy of Sport* 33, no. 2 (2006): 157–73。

[3] 详细解释请参阅 René Descartes, "Discourse on Method," in *The Philosophical Writings of Descartes*, ed. J. Cottingham, R. Stoothoff, and D. Murdoch, 1: 111–51 (Cambridge, UK: Cambridge University Press, 1985)。

[4] 在他的早期作品中，笛卡尔至少有一篇作品使用了"波利比乌斯，世界公民"的笔名。参阅 René Descartes, "Preliminaries," in *Philosophical Writings of Descartes*, 1: 2n1。

相信理性的力量"在所有人的身上天生都是平等的"。① 根据这种思维方式,基于理性的哲学命题通过逻辑论证就是普遍有效的,并且适用于不同的文化。然而,问题是,并非所有的文化和思想体系都把这种明确的命题当作哲学的目标。例如,中国的经典《道德经》试图理解"道",但开篇就断言,这种理解是无法用言语来解释,甚至来"命名"的。②

如果说现代奥林匹克运动会的创始人在起草"奥林匹克主义基本原则"时没有考虑到道家哲学似乎是公平的,但如果否认道家哲学确实是一种哲学就不公平了。毕竟,在宣称自己是一种哲学之后,奥林匹克主义立马把它的目标定义为创造一种特定的"生活方式"。事实上,如果我们根据哲学在古希腊的含义将其定义为爱(philia)智慧(sophia),把它描述为毕达哥拉斯(据说他创造了"哲学"这个词)之后的一种学习和沉思的品性③,那么我们的理解不仅符合欧洲的理性主义,也符合中国的道家哲学,最重要的是对奥林匹克主义本身的一种活泛诠释。④ 奥林匹克主义可能会因时间的推移而招致批评,但是其他形式的哲学(例如过程哲学)主张持续的磋商。⑤ 奥林匹克主义可能是兼收并蓄的,但兼收并蓄主义本身就是19世纪着意于寻求巩固和调和各种体系的一种欧洲哲学。要成为一种哲学,奥林匹克主义不必与理性主义或经验主义是同一种哲学。事实上,如果用一些严格的哲学定义来检验奥林匹克主义,那些使其显得软弱无力的特质反倒可以解释奥林匹克运动会在全球范围内为什么具有影响力和长效性。这些自相矛盾的优势之一来自奥林匹克主义缺乏详细和明确的文本——没有任

[20]

---

① Descartes, "Discourse on Method," 111.
② Lao-Tzu, *Tao Te Ching*, trans. S. Addiss and S. Lombardo (Indianapolis: Hackett, 2003), 1.1.
③ 这个故事在西塞罗(Marcus Tullius Cicero)的《图斯库路姆论辩集》(*Tusculan Disputations*)中有记载。参见 Marcus Tullius Cicero, *Tusculan Disputations*, trans. J. King (Cambridge, MA: Loeb, 1927), 5.8s。
④ 关于奥林匹克主义与东西方哲学关系更详细的描述,请参阅 Heather L. Reid, "East to Olympia: Recentering Olympic Philosophy between East and West," *Olympika: The International Journal of Olympic Studies* 19 (2010): 59 – 79。
⑤ DaCosta, "ANever-Ending Story," 166.

何一种语言的著作能详细阐述奥林匹克哲学。① 如果说奥林匹克主义有一个文本的话,那就是《奥林匹克宪章》,或者更具体地说,是《奥林匹克宪章》中列出"奥林匹克主义的基本原则"的那一页。奥林匹克主义的原则有时是模糊的,并且总是可以有多种解释。然而,人们可以从奥林匹克主义中发现形而上学、伦理学和政治学等哲学传统分支的元素。每一个分支都将在本书后面的章节中得到更为全面的讨论,但是从它们的角度对奥林匹克主义进行一个简短的讨论将有助于我们了解哲学和体育之间的关系。

2. 奥林匹克主义与形而上学

形而上学是研究事物根本本性的哲学分支。什么是奥林匹克主义的形而上学?在将奥林匹克主义描述为一种"在一个平衡的整体中"提升和兼顾"身体、意志和心灵的品质"的哲学,我们认识到一种人文主义的观点,它假定了一种理想化的人类形而上学。正是在这方面激发了专业哲学家、奥林匹克运动会金牌得主汉斯·伦克(Hans Lenk)将奥林匹克主义解释为一种哲学人类学,即一种关注人类本性和地位的哲学。② 然而,对于这个理想型的奥林匹克人究竟是什么,缺乏任何明确的定义,这似乎会使奥林匹克主义的哲学人类学没有多少的规范性力量——也就是说,在道德上使一个人负有这个理想人之义务的能力。当理想型的奥林匹克人是什么还不清楚的时候,我们又怎么能把他当成道德楷模呢?

毫无疑问,顾拜旦的灵感来自古希腊德性的理念,以及古希腊诗歌和神话中的英雄形象,如赫拉克勒斯(Heracles)、阿喀琉斯(Achilles)、奥

---

① 然而,有一本皮埃尔·德·顾拜旦的文集,题为《奥林匹克主义:作品选集》(*Olympism: Selected Writings*, ed. Norbert Müller, Lausanne, Switzerland: International Olympic Committee, 2000);以及一本关于奥林匹克运动会的哲学论文集《奥林匹克与哲学》(*The Olympics and Philosophy*, Heather L. Reid and Mike W. Austin, eds. Lexington: University Press of Kentucky, 2012)。

② Hans Lenk, "Towards a Philosophical Anthropology of the Olympic Athletes and the Achieving Being," in *International Olympic Academy Report*, 163 – 77 (Ancient Olympia, Greece: 1982).

第 2 章 现代奥林匹克的复兴

德修斯（Odysseus）等。但是，任何试图对理想的奥林匹克人进行肖像描绘或者范例列举，都将跟贯穿在现代奥运史中体现着奥林匹克理念的诸多个体的那种巨大多样性相冲突。顾拜旦的理想型可能是身材魁梧的欧洲男性，但是身材娇小的女子体操运动员和身材消瘦的非洲马拉松运动员，以及体态轻盈的男子花样滑冰运动员和身材魁梧的女子铅球运动员，也都是奥林匹克理想型的代表。这里的要点是，由于缺乏严格的定义，对理想型可以有各种各样的解释，而不会使它失去意义。同样，在足球中，一个简单的进球定义可以适应不同的比赛风格和比赛策略，但并不会牺牲卓越的观念。

[21]

另一方面，平衡的"身体、意志和心灵"的语言似乎唤起了一种特定的西方人类形而上学，这种形而上学源于中世纪的基督教哲学和维多利亚时代英格兰的强身派基督教。事实上，"健全心灵寓于健全身体"的"古希腊"格言只有在通过现代英国教育思想视角的重新解读、并作为奥林匹克主义的宗旨时才有意义，在亨利·菲尔丁（Henry Fielding）的热门小说《弃儿汤姆·琼斯的历史》（*The History of Tom Jones*）中，它在健身房中作为标语出现。拉丁语中的"健全的心灵寓于健全的身体"（mens sana in corpore sano）来自罗马讽刺作家尤维纳利斯（Juvenal）关于祈祷的谈话——最初与体育甚至锻炼都没有关系。① 然而，奥林匹克主义将尤维纳利斯的话重新诠释为如同心灵那样的一种身体上的积极生活方式的座右铭，这进一步证明了哲学活泛运用的重要性。我们可以明确地肯定，通常而言奥林匹克主义是一种重视人性的哲学，毕竟，它把"人类和谐发展"确定为一个目标②，虽然它并没有明确阐明它所提倡的那种人性的确切型相。

的确，奥林匹克主义未能明确其对人类的愿景，这可能激发了它对不歧视的承诺。在当前的"奥林匹克主义基本原则"中有这样一项声明："基于种族、宗教、政治、性别或其他原因对一个国家或个人施以任何形式的

---

① David C. Young, "*Mens Sana in Corpore Sano? Body and Mind in Greek Literature*," *Proceedings of the North American Society for Sport History* (1998): 60-61.

② International Olympic Committee, "Fundamental Principles," 11.

歧视都是与奥林匹克运动不相容的。"[1] 这一宣言公然挑战了现代奥林匹克运动会的历史。就连顾拜旦本人都希望禁止女性参加奥林匹克运动会，更不用说奥林匹克历史上随时可见的各种歧视和排斥现象。但是，哲学理想不应来自有缺陷的人类实践；相反，它们应作为一种指南和灵感，随着时间的推移改进这些实践。今天，参加奥林匹克运动会的运动员日益多样化，这显示了一种模糊的和粗略的哲学理念的力量，这种理念不仅能容纳各种解释，而且能扩大我们对理想型人类的集体构想。如果奥林匹克主义要成为一种与全球相关的哲学，那么它所代表的理想型人类的形象最好保持足够的模糊性，这样才能适应不同文化和不同时段多样性的解释。

3. 奥林匹克主义与伦理学

[22]　关于奥林匹克主义作为一种哲学的下一个论题是，其软质的形而上学是否能够支持任何一种有意义的伦理学。伦理学是哲学的一个分支，研究的是正确与错误的行为。例如，伊曼努尔·康德（Immanuel Kant）对"就其本质而言人是目的"的形而上学理解使他断言，在道德上有必要始终把人性，待人如待己当作目的，而不仅仅是达到某种目的的手段。[2] 有人可能会说，奥林匹克主义没有表现出一种哲学人类学，或者它所表现的理想型人类的形象过于模糊，缺乏伦理力量。然而康德对人作为目的本身的描述同样也是模糊的，并且对任何解读开放。奥林匹克主义提倡包容性的和整体性的人类理想，即重视和谐、平衡和卓越，这足以支持体育逻辑中所包含的各种伦理原则，如平等和公平。

奥林匹克主义的第一项基本原则要求"尊重普遍的基本伦理原则"，虽然它从未阐明这些原则是什么。有人会说，伦理原则始终是特定文化的产

---

[1]　International Olympic Committee, "Fundamental Principles," 11.
[2]　Immanuel Kant, *Groundwork for the Metaphysic of Morals*, trans. H. J. Paton (New York: Harper and Row, 1948), 96.

物,因此,不可能存在普遍的伦理原则,就像不可能存在普遍的文化一样。即使是非常普遍的道德准则,如黄金法则或康德的定言命令(在第9章中讨论过),也无法摄取奥林匹克保护伞之下每一种文化的道德信仰。然而,奥林匹克这场运动的所有成员都有一种共同的东西——对体育的真诚价值。因此,与体育有关的道德原则,例如机会均等和按绩奖励的原则,可以被认为是奥林匹克大家庭的普遍原则。这些原则在体育规则中的表现是显而易见的。例如,在100米短跑中,运动员必须在同一时间从同一条起跑线出发(机会均等);在决赛中,金牌被授予第一个冲过终点线的运动员(按绩奖励)。

然而,对奥林匹克主义来说,试图将这些普遍的道德原则编入体育以外的规章制度中是危险的。正如奥林匹克业余精神的悲惨历史所表明的那样,一些崇高的理想一旦变成书面规定,很快就会失去其道德力量。业余运动员是冲着对体育的那份热爱而非冲着任何外在的奖励——尤其是金钱——而去参与竞争的。然而,通过以收入来源而非以参与动机来定义业余运动员,奥林匹克这场运动鼓动了一种利欲熏心地"玩弄制度"的文化,而不是把体育本身视为一种值得欣赏的目的。个体运动员和整个国家对业余运动员规定的反应是:找到了支付运动员工资的聪明办法——例如,为他们提供特定的体制工作。对那些严格把体育作为业余爱好的运动员来说,他们发现在这种情形下投身比赛是很困难的。很快,旨在消除金钱对奥林匹克运动会影响的规定[最终反倒]让金钱成为运动员和教练员的核心关切。

[23]

东方哲学本可以预言业余主义的消亡。老子的《道德经》警告说,"法令滋彰,盗贼多有";孔子观察到,"道之以政,齐之以刑,民免而无耻"。① 虽然体育的存在依赖于规则,但奥林匹克主义的"普遍伦理原则"最好被看作一般性的理念,而不是被编纂成一套具体的规则。这使得人们普遍同意伦理的重要性,甚至认同诸如平等和公平等一般原则的价值,而不会对任何特定文化的特定解释赋予特权。关于穆斯林女性参加运动会的长期辩

---

① Lao-Tzu, *Tao Te Ching*, 57; Confucius, *Analects*, trans. E. Slingerland (Indianapolis: Hackett, 2003), 4.11.(根据文意,更改《论语》的引用为2.3。——译者注)

论表明了此类问题的复杂性。奥林匹克主义宣称体育是一项人权，并要求人们"不带任何歧视，本着奥林匹克主义"从事体育活动。奥林匹克主义要求人们以友谊、团结和公平竞争的精神相互理解。① 但是，强迫像沙特阿拉伯这样的国家派遣一定数量的女性参加奥林匹克运动会，是否表明了友谊和理解呢？

自20世纪哲学的后现代转向以来，美德伦理的古老传统已经回归，这是一种关注人而不是信念（如康德主义）或效果（如功利主义）的道德思想形式。美德伦理给奥林匹克主义带来的一个重要益处是，它既植根于古希腊苏格拉底、柏拉图和亚里士多德的传统，也植根于中国古代老子和孔子的传统，它甚至在当代女性主义关怀伦理中发挥着重要作用。也许更重要的是，强调美德而不是立法更能反映奥林匹克的价值观，尤其是因为它着眼于个人的完善，而不是外在的对他人的纠偏和控制。② 美德被理解为一种"道德力量"，与物理力量（尤其是肢体暴力）形成鲜明对比。美德不被看作一种社会建构，而是一种与生俱来的品质，就像运动员一样，通过有意为之的训练和鼓舞人心的榜样来培养——这一模式很好地反映了奥林匹克主义宣扬的"良好榜样的教育价值"。

当然，特定的观念和美德清单不可避免地会因历史和文化的不同而有所不同。尽管奥林匹克运动所要求的特殊美德——例如勇气和自制——受到普遍重视，但这些价值观的表达方式可能会因文化不同而有差异。因此，在美德的问题上，跨文化共识空间比最初出现的要大得多。③ 奥林匹克主义可以肯定某些美德是普遍的，同时允许在不同的活动中有不同的表现。例如，柔道运动员在面对对手冲撞时的勇气与体操运动员在面对双杠时的勇气是不同的，但它们都是勇气的一种形式，在东西方体育中都同样受到重

---

① International Olympic Committee, "Fundamental Principles," 11.
② 应用于体育运动的东西方美德观念的有关比较；参见 Heather L. Reid, "Athleic Virtue: Between East and West," *Sport Ethucs and Philosophy* 4, no. 1 (2010): 16–26。
③ Mike McNamee, "Olympism, Eurocentricity, and Transcultural Virtues," *Journal of the Philosophy of Sport* 33, no. 2 (2006): 174–87.

视。美德伦理——我们将在第 10 章中看到——可以帮助奥林匹克主义适应西方对哲学严谨性的要求，同时又尊重了东方哲学（以及后现代哲学）对硬性规则的怀疑主义。

4. 奥林匹克主义与政治

最后，我们必须承认，除了形而上学和伦理学之外，奥林匹克主义还具有明确的政治层面的含义——尽管奥林匹克运动经常试图摆脱政治。国际奥委会成员宣誓不受任何政治影响,[①] 各国奥委会奉命抵制政治压力,[②] 政治示威被禁止进入奥运会场地。[③] 在"国际奥委会的使命和作用"中，一部分内容是"反对任何对体育和竞技进行政治或商业上的滥用"。[④] 然而，另一部分是"安排体育以服务于人类，从而促进和平"。[⑤] 这是一个明确的政治目标，它反映了奥林匹克主义的基本原则，即"促进一个维护人的尊严的和平社会的发展"。[⑥] 奥林匹克主义政治的独特之处与它的伦理无异，都在于它与体育的联系。国际奥委会希望利用体育手段而不是传统的统治手段来实现和平的政治目标。

这种方法可能是独特的，但我并不会称其为原创的。实际上，我认为它源于古代奥林匹克运动会。古代奥林匹克运动会与和平的联系似乎并非源于政治法令，而是源于多元文化竞争需要统一和安抚的效应——特别是能够搁置差异，平等待人，容忍差异。[⑦] 当然，与现代奥林匹克运动会形成鲜明对比的是，古代奥林匹克运动会最初只对希腊人开放，更确切地说，

[①] International Olympic Committee, *Olympic Charter*, 31.
[②] International Olympic Committee, *Olympic Charter*, 62.
[③] International Olympic Committee, *Olympic Charter*, 2007, 98.
[④] International Olympic Committee, *Olympic Charter*, 15.
[⑤] International Olympic Committee, *Olympic Charter*, 14.
[⑥] International Olympic Committee, "Fundamental Principles of Olympism," 11.
[⑦] Heather L. Reid, "Olympic Sport and Its Lessons for Peace," *Journal of the Philosophy of Sport* 33, no. 2 (2006): 205–13.

是对有足够财富和闲暇时间训练及出行参加比赛的希腊自由男性开放。但是，组织松散的希腊部族和城邦之间确实存在着文化差异——经常被引用的雅典与斯巴达之间的对比只是一个例子。更重要的是，这些部族持续不断地争夺资源，没有休止地相互为战。

奥林匹克节所做的就是给予他们以宗教上的理由，把他们的分歧放在一边，宣布暂时休战，然后在中立的土地上把大家聚集在一起敬拜一个共同的神。正如我们在第 1 章中看到的，第一次竞走是在奥林匹亚举行的，目的是挑选出一名获胜者来点燃祭神的圣火。[1] 显然，每个部族都有自己的最佳候选人；我认为，在不诉诸既定的社会等级制度或暴力的情况下，这种竞走可以作为一种双方都能接受的遴选方式而发挥职能。要想使由竞走决定的选择有效（借此去取悦全知的神），每个参赛者都需要有一个公平的机会——为实现比赛的目的，他们需要被平等对待，无论他们在奥林匹克运动会这一避难所之外是多么地相互怨恨。此外，他们还必须容忍彼此之间的差异，以便在节日期间能够在一块儿生活和就餐。毫无疑问，他们友好地分享了从家乡带来的音乐、故事、食物和葡萄酒，很可能他们中的一些人开始重视彼此之间的差异。通过这种方式，奥林匹克运动会给古代希腊人上了一堂关于和平的政治课，尽管其原初的目的是宗教。

因为从事体育运动要求我们把冲突放在一边，在一套共同的规则下平等对待他人，即使不理解，至少也要容忍我们之间的差异，这为和平共处奠定了基础。而且，由于现代奥林匹克运动会是在全世界的注视下于全球范围内举办的，它们也可以把体育运动作为"奥林匹克主义的基本原则"来为和平服务。这种政治哲学在某种程度上与传统的政治相冲突，因为它不依赖于文明化的暴力的权威，而依赖于在没有单一权威的情况下进行合作决策的需要。像托马斯·霍布斯这样的西方哲学家把法律理解为一种由

---

[1] Philostratos, "Gymnastics," in *Arete: Greek Sports from Ancient Sources*, ed. Stephen G. Miller (Berkeley: University of California Press, 1991), 38. 对于该文的详细分析，请参阅 Panos Valavanis, "Thoughts on the Historical Origins of the Olympic Games and the Cult of Pelops in Olympia," *Nikephoros* 19 (2006): 141。

第 2 章　现代奥林匹克的复兴

权威强加给我们的东西，以克服我们不文明和暴力的自然状态。与此同时，东方思想倾向于将暴力与法律和权威联系起来，通过"追溯"儒学那遥远而理想化的上古时代或道家纯洁的自然状态来寻求和平。[①] 对于奥林匹克主义来说，重要的不是通过权威的力量，甚至是国际奥委会自身的权威来促进和平，而是把重点放在举办奥林匹克运动会和促进全民体育运动上，因为体育运动的功能是作为促进和平的一种手段，其方式就是把不同的群体聚集在一起，在一个开放的、公开的、可察看的公共平台上平等对待他们。

与奥林匹克运动会混乱的历史相比，体育的形而上结构为奥林匹克主义的政治目标提供了一个更好的模式。东道国、参赛国甚至恐怖组织对奥运盛会的民族主义滥用，妨碍了奥运会实现更大的政治目标。莫斯科和洛杉矶的抗议活动使抵制奥林匹克运动会的行动在 20 世纪 80 年代达到顶峰，这阻碍了不同运动员之间的交流，进而阻碍了奥林匹克运动会发挥促进和平的潜能。目前在奥运村外安置运动员以避免可能造成对成绩干扰的做法就具有类似的效果。奥林匹克运动会的其他政治用途，如汤米·史密斯（Tommie Smith）和约翰·卡洛斯（John Carlos）1968 年抗议美国侵犯公民权利的活动——他们抓拍到著名的赤脚运动员在奥运奖牌站台上举起戴手套拳头的形象——可以被解读为奥林匹克运动会促进和平的重要组成部分。联合国现在宣布现代奥林匹克运动会举办期间休战，但这一原则遭到放眼可见的违反，比如美国在举办盐湖城奥林匹克运动会的同时煽动伊拉克战争。

[26]

尽管存在着这些挫折，但奥林匹克主义所要求的是一种非暴力的、非独裁的和平哲学，拒绝霸权主义，接受不同的解释。它要求顾拜旦的"真诚的国际主义"理念，即求同存异，包容文化差异，而不是霸权主义的世界主义范式，即把单一的"优越"文化强加给所有人。[②] 这个理想很好地体

[①] 很显然，这些都是非常笼统的观察，在东西方那里都有例外。关键是，奥林匹克主义需要考虑不同的理解。
[②] 威廉·摩根（William J. Morgan）解释了这一区别。参见 "Cosmopolitanism, Olympism, and Nationalism: A Critical Interpretation of Coubertin's Ideal of International Sporting Life," *Olympika* 4 (1995): 88。

现在当代多元文化主义的概念中,但是奥林匹克主义的政治层面也许应该比那些局限于国家话语的概念有更多的解释力。最近,国际奥委会致力于全球环境可持续性的原则——这一承诺很容易被解释为奥林匹克主义促进和平哲学的产物。我们将在第 15 章进一步讨论这些问题。

奥林匹克运动会的政治哲学依赖于"奥林匹克主义基本原则"所界定的相互理解、友谊、团结和公平竞争的"奥林匹克主义"。[①] 这些术语和奥林匹克主义的其他语言一样必须开放,以接受数百种语言的翻译以及跨历史和跨文化的解释。这种灵活性和模糊性可能会使奥林匹克主义失去学术意义上的合法哲学地位,但事实证明,像奥林匹克运动这样持久的国际性现象需要足够活泛的哲学原则来表达共同的价值观,这些价值观可以用不同的方式解释而且不会失去其意义。正如来自不同文化背景的奥林匹克运动员可以在同一个竞技场竞技一样,对奥林匹克主义的不同理解也可以找到共同之处。将奥林匹克主义理解为一种源于体育并通过体育表达的哲学,这需要多元文化的方法。从这个意义上说,它可以告诉我们一些关于全球化时代的哲学问题,以及它与体育的关系。

5. 讨论问题

(1) 有人指责说,奥林匹克主义并不是一种真正的哲学,因为它没有体系化的命题,只是提供了一个简短而模糊的书面文本。你认为奥林匹克主义应该发展成一种更具传统特征的哲学,还是应该像现在这样才能行之有效?

(2) 据说奥林匹克主义促进一种特定的人类理想。试着说出一些反映这种理想的人。他们必须是某个种族、性别或民族吗?他们有什么共同点?

(3) 奥林匹克主义认为体育运动促进"普遍的基本伦理原则"的一个

---

① International Olympic Committee, *Olympic Charter*, 14.

常见例子是公平。你能想到另一个普遍的基本伦理原则（例如，跨文化之间相通）吗？你能想出一个针对特定文化、非跨文化的伦理原则吗？

（4）奥林匹克主义的政治目标是促进和平，部分方法是让不同的运动员在友好的氛围中相聚在一起。你认为这种氛围在今天的奥林匹克运动会中表现出来了吗？奥林匹克运动会的某些方面是否与和平的目标背道而驰？

第二编
体育中的形而上学问题

[29] 苏格拉底通常以"X是什么?"这一问题开始哲学讨论——这是对对象进行概念化甚至定义的一种原初尝试。形而上学的问题所追问的是事物的根本性质,所以在体育形而上学讨论中提出的第一个苏格拉底问题就是"体育是什么?"当我问我的学生这个问题时,他们常常会通过列举实例来回答:足球、篮球、网球、跳高,等等,但这种方法很快就遇到了障碍。首先,关于某些活动,如钓鱼、啦啦队、保龄球和登山是否属于体育,人们就存在争议。其次,为了回答这个问题,我们需要就我们认为对体育至关重要的特征达成一致。我们需要一个定义,它能列出某些事物成为体育的必要且充分的条件。所以,也许我们回到我们都同意的体育清单上,开始寻找它们的共同点。所有的体育都有成文规则吗?它们都存在竞争吗?它们都需要超凡的身手和体能吗?

这个问题和我们用来回答这个问题的过程很重要,因为我们对"体育是什么?"的形而上理解直接影响着我们对体育的规范性概念,也就是说,我们对"体育应该是什么?"的描述。在我们声称违反规则、服用兴奋剂或在与实力较弱的对手比赛中得分是错误的之前,我们需要了解主要活动的性质和目的。同时,在对体育的形而上理解进行追问之时,我们必须始终保持开放的心态。对每一个认真尝试给体育下一个确切的定义的人来说,都面临着需要严肃待之的一个争议,那就是体育就其本性来说是否能够被定义。

[30] 人们或许会说,尝试对体育进行准确定义不仅是不可能的也是不可取的,首先因为我们可以在不下定义的情况下就能对事情做出理解(的确,我们需要一个预先存在的理解来检验定义),其次因为我们所下的定义可能会导致这样的结论:我们已经了解了"体育是什么?",因此也就不需要对体育再做进一步思考了。这里的教训是,更重要的是提出并探究"体育是什么?"而不是去寻找一个明确的答案。就像运球、投篮和传球构成篮球的"基本面"一样,关于一项体育是什么或不是什么的争论、对体育本性特征的商谈以及对体育本性理论的比较构成体育哲学的"基本面"。

将苏格拉底著名的"是什么"问题应用到体育和运动员身上，会得到各种各样的答案。在这一部分中，我们将探讨体育与玩耍、游戏、艺术和以美德为内核的社会实践之间的关系。体育与这些事物有着重要的形而上的联系，但与此同时，体育又与任何事物都不相同；为了从形而上的层面来理解体育，我们需要考虑的是，这些不同的方面是如何结合在一起，以至于最终成就了我们今天所体验到的体育的。我们还将考虑运动员的形而上学本性，并观察东西方传统中截然不同的观点是如何影响我们对体育的实践和理解的。我们将从这一部分所建立的形而上学基础出发，从伦理的角度评价体育的实践。从试图对"体育是什么"做本质性理解这一基本活动开始，我们可以转向体育应该如何被践行的问题。

第 3 章　体育与玩耍

对于"体育是什么?"这一形而上学问题的第一个也是最有影响力的答案之一便是：体育是一种玩耍的形式。在某种程度上，这种联系似乎是不可否认的。不同的文化或个人无论如何严肃认真地看待他们的体育运动，我们似乎永远无法完全将它们从玩耍这一渊源中剥离出去。我们玩游戏（play games），竞争者被称为玩家（players），甚至把最复杂和最精巧的体育运动称为一场大戏（a great play）。当像塞雷娜·威廉姆斯（Serena Williams）这样严肃的职业选手从事她的职业时，我们说她在玩耍网球游戏（playing the game of tennis）。与此同时，威廉姆斯所做的似乎与儿童无忧无虑的玩耍模式相去甚远。当我还是个孩子的时候，我经常和模型马玩耍，用纸箱给它们建谷仓，"喂"它们吃早餐麦片，用绝缘胶带给它们包扎断裂的"腿"。"玩"（playing）模型马和在职业橄榄球大联盟（NFL）中"踢"（playing）中卫之间，除了有玩耍"play"这一语言联系之外，我们很难看到其他任何东西。但是哲学家们为体育和玩耍之间的形而上学联系提供了很好的理由，即便他们对这种联系是什么以及是否应该保留这种联系存在分歧。很显然，我们不能否认也不应该忽视体育与玩耍的联系。体育可能与玩耍不同，甚至不是玩耍的一个特定子集，但为了理解体育是什么，我们必须尝试先去理解玩耍。

[31]

人们对体育是一种玩耍形式的看法通常有两种反应。首先，有些人认为这一定义是对体育的贬低或轻视。他们说，今天的体育无论在心理上还是经济上都是一项严肃的事业。人们可以通过在后院抛球或在沙滩上举行非正式的足球比赛来参与体育运动，但是竞技运动需要运筹、奉献、拼搏和坚持。我们所联想到的与玩耍相联系的那种自发的、轻松愉快的嬉戏，与

[32] 通过多年训练和实操获得最高成就的竞技运动形成了鲜明的对比。在真正的竞技运动中，最重要的是获胜，而不是快乐。真正的运动员不会以"这只是一场游戏！"来安慰自己！人们看重体育是正确的，因为它产生了重要的教育效益和经济收益。学生运动员参加体育是为了助力于他们的教育。职业运动员献身于体育，就像医生和律师献身于医学和法律一样。他们做出牺牲，追求卓越，谋取生计，有时甚至发家致富。这可不是小孩子的嬉玩！从这个角度看，把体育与玩耍联系起来贬低了严肃运动员的拼搏，忽视了体育的社会重要性。因此，现代体育似乎与玩耍几乎是对立的。

另一方面，也有一些人认为，将体育作为玩耍实际上是在提升或抬高体育。事实上，柏拉图和亚里士多德都把玩耍视为比实务劳作更高、更好的东西。亚里士多德将那些因自身之故而做的行为定义为最高尚的行为。① 人类的大部分活动是为了满足自己的需要，而神没有这样的需要，所以祂们有充裕的时间去做任何看起来令人愉快的或本性上有价值的事情。既然应该赋予人类以神性的特权，而不是兽性的冲动，那么他们就应该努力从事本性上有价值的活动。柏拉图宣称："人是神的玩物，这是他最好的部分。"在《法律篇》中，最好的生活就是玩耍：

> 因此，每个男人和女人都应该过与之相应的生活，都应该去耍玩最高尚的游戏，都应该从他们当下劳作中萌生新思……因为他们认为战争是一件很严肃的事情，在战争中，没有游戏，也没有值得称道的文化——这是我们认为最严肃的事情。所以，所有人都必须尽可能和平地生活。那么，什么才是正确的生活方式呢？人生必须过得像玩耍一样，玩玩特定的游戏，做些敬神的献祭，唱唱跳跳，这样一个人才能博得众神的欢心，并能在竞赛中获胜。②

---

① 他在很多地方重复了这个主题，例如，Aristotle, *Politics*, trans. C. D. C. Reeve (Indianapolis: Hackett, 1998), 7.1325b20。

② Plato, *Laws*, trans. Trevor Saunders (London: Penguin, 1970), 803ad.

第 3 章　体育与玩耍

在这个观点中，玩耍是人类最高的职分之一。谋取生计、赢得荣誉和促使社会进步这些很实际的事情不那么重要——这些事情与我们和动物共有的生存本能有关。事实上，在一个我们所有的需求都得到满足的理想世界里，除了玩耍我们什么也不做。体育的教育效益和经济收益将不再需要，我们的游戏将不再被这些烦忧所牵掣。最后，无论是认为玩耍使体育变得无足轻重的哲学家，还是认为玩耍使体育变得高尚起来的哲学家，都试图在理解这二者之间的形而上学联系。作为哲学家，我们相信，让世界变得更美好始于更好地理解它。

1. 玩耍的特性

在试图将体育理解为一种玩耍的形式时，许多哲学家参考了约翰·赫伊津哈（Johan Huizinga）1944 年出版的《玩耍的人》（*Homo Ludens*）一书。赫伊津哈运用历史和社会学的方法考察了文化中的玩耍要素，并从一开始就指出，玩耍实际上比文化更古老，而且参与其中的不仅仅是人类，还有动物。① 赫伊津哈在书的最后讨论了现代体育，他承认自 19 世纪末以来，人们对现代体育的重视程度越来越高，因此，"一些纯粹的玩耍品质不可避免地会丧失"。② 然而，哲学家们关注的并不是赫伊津哈对体育的讨论，而是他在第一章中对玩耍的定义。

[33]

> 总结玩耍的形式特征，我们可以称其为一种自觉地驻足于"日常"生活之外的自由活动，即它虽"不整肃严正"（not serious），却强烈而由衷地吸引着玩家。它是一种没有物质利益的活动，没有任何物质好处可言。它按照内在自有的规则，在自己的时间和空间边界之内有序

---

① Johan Huizinga, *Homo Ludens: A Study of the Play Element in Culture* (Boston: Beacon Press, [1944] 1955), 1.

② Huizinga, *Homo Ludens*, 197.

地进行。[1]

在这里，赫伊津哈用一种类似于中世纪哲学家用来描述上帝的方法来描述玩耍——也就是说，他主要通过明确它不是什么来定义它。玩耍不是必需的，不是严肃的，不是日常［劳作生活］的必需，也不是物质的生产。后来，赫伊津哈给出了一个更积极的定义："玩耍是一种自愿的活动或消遣，而且是在一定的时间和空间之内按照自由接受但绝对有约束力的规则进行的，有其自身的目的，并伴随着一种紧张、快乐的感觉，意识到它与'日常生活'是'不同的'。"[2]

1958年，罗杰·凯洛伊斯（Roger Caillois）对赫伊津哈的玩耍（play）描述进行了批判，并对其与物质利益的脱节进行了讨论。[3] 然后，凯洛伊斯把赫伊津哈的总结变成了一个六点列表。他说，玩耍被定义为一种本质上是：

自由的（Free）：玩耍不是强制性的；如果是强制性的，那么它就会立刻失去其作为消遣的那种迷人和欢乐的性质；

隔离的（Separate）：被限定在特定的时间和空间范围之内，这一范围是被先行地界定和固定的；

不确定的（Uncertain）：过程无法确定，结果也无法事先获知，一些创新的空间留给了玩家主动权；

非生产性的（Unproductive）：既不创造物品，也不创造财富，更不创造任何新要素；除了玩家之间的属性（property）交换，游戏结束时的情况与游戏开始时相同；

受规则统辖的（Governed by rules）：服从公共的约定，暂停对普通

---

[1] Huizinga, *Homo Ludens*, 13.
[2] Huizinga, *Homo Ludens*, 28.
[3] Roger Caillois, *Man, Play, and Games*, trans. Meyer Berlash (Urbana: University of Illinois Press, [1958] 2001), 5.

法律的遵从，临时建立新的法规，这是唯一重要的；

假装的（Make-believe）：伴随着对第二现实或无拘束的非现实的特殊意识，与真实生活的意识相对应。①

1968 年，小约翰·洛伊（John W. Loy Jr.）试图定义体育的本性，他把凯洛伊斯的清单作为起点。② 保罗·维斯（Paul Weiss）在他的书《体育：一种哲学探究》（*Sport: A Philosophic Inquiry*）中把赫伊津哈和凯洛伊斯纳入他自己对玩耍、体育和游戏的讨论之中。

然而，哲学家们很快就认识到，对于玩耍问题的哲学思考路径必须超越对活动本身的外部描述，并考虑到耍玩主体（玩耍的那个人）的内在体验，即玩耍的现象学。正如大卫·鲁奇尼克（David Roochnik）所言："玩耍是一种活动的品质；这是一个充满活力的经历，我们每个人都有这样或那样的玩耍经历。[如果]把玩耍当作一种对象性的东西来对待，就等于否定它的本来面目，从而毁灭了它。"③ 鲁奇尼克继续将玩耍定义为一种面向世界的取向；一种选择的态度或"立场"。"玩耍是[人的]一种存在方式。"它是一种呈现自己的方式，一种接近和扩展自己到世界的方式。它是人类活动中经常出现的一种现象。但当我们有意识地去做时，当我们选择最好的方式去做时，玩耍就不仅仅是一种零散的现象；它可以成为一种立场。④ 德鲁·海兰（Drew Hyland）继承了这个观点，进而提出了一种玩耍的理论，并把其作为"回应性开放"（responsive openness）的立场之一，⑤ 但他的理论并不是最后的结论。今天，在体育哲学的文献中还没有一个被普遍接受的关于玩耍的定义。

---

① Caillois, *Man*, *Play*, *and Games*, 9 – 10.
② John W. Loy Jr., "The Nature of Sport: A Definitional Effort," *Quest* 10, no. 1 （May 1968）: 1 – 15. 洛伊接受了凯洛伊斯的定义，并加入了竞争和身体技能等要素。
③ David L. Roochnik, "Play and Sport," *Journal of the Philosophy of Sport* 2, no. 1 （1975）: 37.
④ Roochnik, "Play and Sport," 39. 同样参见 Klaus Meier, "An Affair of Flutes: An Appreciation of Play," *Journal of the Philosophy of Sport* 7, no. 1 （1980）: 25。
⑤ Drew Hyland, "The Stance of Play," *Journal of the Philosophy of Sport* 7, no. 1 （1980）: 90.

然而，我们能说的是，玩耍的哲学解释需要将主体的内在体验与活动的外在品行综合起来。正如安杰拉·施奈德（Angela Schneider）所说，"玩耍是一种行为模式，而不是一种行为类型"。① 如果我们根据鲁奇尼克、海兰、克劳斯·迈耶（Klaus Meier）、施奈德和伦道夫·费泽尔（Randolph Feezell）等理论家所采用的内在主义方法，修改赫伊津哈和凯洛伊斯所列出的（主要是）外在品行的清单，我们可能会得出一个新的关于玩耍的特征清单：自愿的（voluntary）、超凡的（extraordinary）、自目的性的（autotelic）、引人入胜的（absorbing）和有趣的（fun）。让我们来研究其中的每一个，因为它们已经在体育方面被人们讨论了。

2. 自愿的

[35] "首要的也是最重要的，"赫伊津哈说，"所有的玩耍都是自愿的活动。为了命令而玩耍已不再是玩耍：它充其量只能是对命令的强力模仿。"② 对"玩耍必须是自愿的"这一说法我们很少有争议③。玩耍作为自发嬉戏的范例，显然是在参与者的意愿下发生的。即使在更正式的活动中，也很难想象违背自己的意愿玩耍是什么意思。我们确实知道有些孩子是被专横的父母强迫参加少年棒球联赛的，但这个例子肯定只是一种表达方式上的"玩耍"——不幸的是，选用这个词并没有抓住真正的玩耍精神。有一次，我看到弟弟在一场少年足球比赛中，在球场的一个偏僻的角落里，高兴地用长矛把干树叶插起来放在他的鞋尖上。他在玩耍，但不是在踢足球。棒球场上的孩子和球场上的足球运动员可能会在某个时候"沉浸于游戏之中"并开始玩耍，尽管他们最初并不是心甘情愿的，但在他们愿意参与这项活

---

① Angela J. Schneider, "Fruits, Apples, and Category Mistakes: On Sport, Games, and Play," *Journal of the Philosophy of Sport* 28, no. 2 (2001): 152.
② Huizinga, *Homo Ludens*, 7.
③ 这一点在伯纳德·休茨（Bernard Suits）对游戏的定义中表现得尤为突出，迈耶将其定义为玩耍的两个必要且充分条件之一（另一个是自目的性，参见"Affair of Flutes," 25）。

动之前，他们是不会［真正地］在耍玩。正如保罗·维斯（Paul Weiss）总结的那样，"玩耍……必须自由地被接受，即便它不是自由地进入或自由地结束的；它是自由的，因为只有当玩家愿意投身其中时，它才能得以继续"。①

在上面引用的定义中，凯洛伊斯将玩耍描述为"自由的"而不是"自愿的"。"有什么区别吗？"凯洛伊斯说，体育是自由的，因为它"不是强制性的"，并解释说，玩家"只要愿意可以随时离开，只要他们说，'我不玩了'"。② 赫伊津哈似乎也把自由和自愿画上了等号，他将玩耍"首要的和最重要的"特征描述为"自愿的"，然后将其第一个"主要特征"定义为自由③。但是在自由和自愿的概念之间存在着重要的哲学差异。最明显的是，"自由"更好地描述了外在的事实，而"自愿"则描述了内在的态度。如果我们认为自由是"消极的"，仅仅是因为没有约束——比如当一个人从监狱中释放出来，或者一个学生运动员被宣布有资格参加比赛，他就可以自由地参加比赛——那么我们就无法捕捉到自由玩耍的感觉。玩游戏需要施加约束，特别是游戏规则所规定的约束，而不是解除这些约束。即使是大多数形式的儿童玩耍，比如我与我的模型马玩的时候，或者与我的兄弟们玩"超级英雄"的时候，也需要接受"模拟世界"强加的约束。

玩耍中的自由与其说是一个外在的事实，不如说是一种内在的态度——一种通过自愿接受界限和约束获得的自由感。根据海兰的观点，对于有限的人类来说，对自由的体验"必须发生在一系列限制的条件下"。④ 体育通过标记特定的地点和时间来提供这些限制条件，比如足球比赛的边线和时间。玩家感到自由，因为这些限制让他们能够完全专注于在时间和空间内发生的不可预测的事件。海兰这样解释道："游戏的边界和时间限制也许是最明显的，它让我们能够专注于我们的意识和身体，并最终追求一系列的可能性，

---

① Weiss, *Sport: A Philosophic Inquiry* (Carbondale: Southern Illinois University Press, 1969), 134.
② Caillois, *Man, Play, and Games*, 3.
③ Huizinga, *Homo Ludens*, 8.
④ Drew A. Hyland, *Philosophy of Sport* (New York: Paragon, 1990), 134.

从而达到自由的境域。"① 正如凯洛伊斯所观察到的那样，在某种意义上，玩家的行为在规则限定的范围内是自由的②。然而，现实地说，运动员的可能性是有限的：在篮球比赛中，我可以通过一个后空翻（它甚至会是竞技型的）来对跳球（tip-off）做出反应——但我不会是在玩篮球。我们通过参玩体育体验到的自由主要是心理上的自由，这取决于自愿的态度，而不取决于外在障碍的解除。

这一区别对哲学来说很重要，因为我们必须考虑"所有事件（包括我们的个人行为）都是预先决定的"这一可能性。这可能是因为我们的人生轨迹已经被设定好了，我们对它的体验就像我们对电影的体验一样，幻想着角色可以自由地做他们想做的任何事。在这种情况下，自由只能是一种感觉。约翰·洛克（John Locke）用一个人和一位老朋友在毫无察觉的情况下被锁在一个房间里的画面来说明这种可能性。他心甘情愿地留下来和他的朋友聊天，而没有注意到他已被囚禁的外部事实。洛克的结论是，自由无非是能够做我们选择做的事。③ 也许体育中的自由感恰恰取决于对玩耍的选择。如果是这样的话，有意识的选择也可以将义务转化为自由，就像阿尔伯特·加缪（Albert Camus）笔下的西西弗斯（Sisyphus）一样。西西弗斯被诸神判处永恒的惩罚：把一块沉重的石头滚上一座山，推到山顶时又滚回山下。加缪想象着，西西弗斯不是拒绝推巨石而是（在意愿上）选择去推巨石从而将自己从惩罚中解脱出来④。同样，正如维斯所说，一个人"被造出来就是要去玩耍的"，如果"他愿意做他必须做的事"，他就可以自由地玩耍⑤。

当然，真正的自愿性和由此产生的自由感可能不会像加缪所说的那样

---

① Hyland, "The Stance of Play," 95.
② Caillois, *Man, Play, and Games*, 8.
③ John Locke, *An Essay Concerning Human Understanding* (Oxford, UK: Clarendon, 1975), 238.
④ Albert Camus, *The Myth of Sisyphus and Other Essays*, trans. Justin O'Brien (New York: Random House, 1955), 88–91. 关于本段中论点的扩展讨论，请参阅 Heather L. Reid, *The Philosophical Athlete* (Durham, NC: Carolina Academic Press, 2002), chap. 3。
⑤ Weiss, *Sport: A Philosophic Inquiry*, 134.

是一种容易操作的选择。伦道夫·费泽尔强调玩耍内在的乐趣，他不仅把自由的体验与意愿联系起来，而且与个人认同活动的能力联系起来。[1] 他认为我们在玩耍所提供的时间和空间里感到自由，是因为它给我们机会以成为真正的自己。[2] 德鲁·海兰同样认为，我们认同玩耍体验，是因为它以"既残缺而又过度，既有支配也有屈服，既有单一性也有关联性"的方式满足了我们人性所需[3]。根据这两种观点，自由的感觉，玩耍的特点，取决于它的自愿性，而它的自愿性取决于我们接受和认同我们所做的事情的能力。玩耍中的自由是一种内在的感知，而不是外在的现实。[4] 因此，像体育运动这样受规则支配的活动，自由的感觉只是看似自相矛盾地依赖于自愿接受由规则所施加的限制和约束。

3. 超凡的

赫伊津哈对玩耍定义的第二个特征是，它不是"日常的"或"真实的"生活，而是从"真实的"生活中抽身出来，进入一个暂时的、有着自己特性的活动领域。[5] 玩耍与日常生活的区别，一方面反映了柏拉图和亚里士多德的观察，即因自身之故而做的事情，它与为满足世俗的需要和欲望而做的事情是颇为不同的——世俗之事之所以要做是因为我们不得不去做。这个想法可以追溯到古希腊神话中的普罗米修斯，他给人类带来了神圣智慧的火花，使人类能够超越只关注生存的动物王国，创造出诗歌、音乐和舞蹈等美好的事物。在这种观点下，玩耍与劳作是分开的，而且比劳作更高

---

[1] Randolph Feezell, *Sport, Play and Ethical Reflection* (Urbana: University of Illinois Press, 2006), 23.
[2] Feezell, *Sport, Play*, 25.
[3] Drew A. Hyland, *The Question of Play* (Lanham, MD: University Press of America, 1984), 102.
[4] 斯蒂芬·施密德 (Stephen Schmid) 在《反思自目的玩耍》("Reconsidering Autotelic Play") 一文中证实了这一点。见 *Journal of the Philosophy of Sport* 36, no. 2 (2009): 250。
[5] Huizinga, *Homo Ludens*, 8.

尚。这一观点与现代工业主义相左，现代工业主义倾向于赋予劳作和生产特权。工业社会的价值只有在它使人们重新振作起来，并使他们恢复到能够从事更多劳作的状态时才发挥作用。① 我们甚至可以说，把玩耍看得比劳作更高尚的观点并不太受现代体育的欢迎，现代体育要求严肃认真的态度，要求努力投身训练，并常常要求有经济报酬。尽管持有这种文化（我们将进一步讨论），但现代体育世界也似乎确实不同于日常生活。正如保罗·维斯所肯定的那样："体育、竞技、游戏和玩耍都有一个共同点，那就是它们都与日常的劳作世界有所区隔（cut off）。"②

玩耍究竟是如何从日常世界"区隔"或"分离"出来的呢？一个常见的答案是通过空间和时间的边界。凯洛伊斯说："实际上，玩耍是一个本质上独立的场合，它与生活的其余部分小心翼翼地区隔开来，一般都有严格的时间和空间限制。"③ 赫伊津哈还将玩耍的"世俗化"与其"局限性"联系起来。④ 他在这里强调了与日常生活的空间区隔，在体育运动中，这种区隔常常以可见的边界来表示。画出足球场的边线，穿过树林铺设出山地车路线的塑胶带，以及环绕手球场的墙壁，这些不仅包含了玩耍的空间，还将日常生活排除在外。正如赫伊津哈所解释的，"一个封闭的空间被标记出来以供玩耍，无论是物理空间上还是理念层面上，玩耍都与日常环境相区隔。在这个空间里玩耍得以进行，规则得以遵守。在一些神圣的地方做记号也是每一个神圣行为的主要特征"。⑤ 边界可能是"理念"的规定及其与神圣行为的关联暴露了一个事实，即玩耍在表面上的分离，就像它表面上的自由一样，更多地存在于玩家的心态中，而不是客观的现实中。物理上的界限和障碍是象征性的，就像宗教仪式一样，它们能让参与者进入正确

---

① 迈耶说道："如果玩耍只是作为一种打破常规的方式，让玩家能够重新回到劳作中去，那么它只是链条上的另一个实用环节，即作为生产性事业的婢女，并因此在本质上呈现出一种劳作的倾向和结构。"("Affair of Flutes," 28)
② Weiss, *Sport: A Philosophic Inquiry*, 134.
③ Caillois, *Man, Play, and Games*, 6.
④ Huizinga, *Homo Ludens*, 9.
⑤ Huizinga, *Homo Ludens*, 19.

的心境中。玩耍本身就是现实生活的一部分，正是玩家们的态度使得玩耍与众不同。

鲁奇尼克坚持最后一点，并抨击那些认为玩耍只是貌似真实的或与真实世界相分离从而低估玩耍重要性的人。他指出，我们在玩耍中所体验到的与世隔离的感觉是我们自己的行为，而不是玩耍活动所独有的行为。"任何情况下的充分参与都会产生一个独特的时空世界。"① 玩耍之所以与众不同，是因为我们认为它与众不同，或者更准确地说，是因为它是一种不同于日常生活的立场或态度。海兰说，在玩耍的立场中，"我们与空间、时间、他人、我们的素养等有着特殊的关系"。② 他将这种关系描述为开放（对周围环境的高度感知）和回应（对周围环境所发生的事情做出回应的能力）的一种类型。③ 当然，正是玩耍世界的有限性才使得这种全身投入、全神贯注的立场成为可能；只有把日常生活的烦恼放在一边，我们才能把所有的注意力措置在手头的玩耍上。"玩耍是身体和精神对活动的完全投入，"鲁奇尼克提醒我们，"就是沉浸于此时此地的世界中，只有这种沉浸才能充分展现人类与世界相遇的力量。"④ 以这种方式理解，玩耍不是一种特定的活动，而是对几乎任何活动的一种专注和投入的态度，它既不是虚幻的，也不是琐碎的。事实上，它允许在其有限的范围内采取最严肃的态度。⑤ 因此，玩耍是超凡的，不仅因为它超乎寻常，还因为它是值得重视的特殊之物。

[38]

4. 自目的性的

希腊语 telos 意为目标（purpose）或目的（end）。亚里士多德认为，我们总是因某种目的而行动，而每一种目的都终结于幸福（eudaimonia），幸

---

① Roochnik, "Play and Sport," 41.
② Hyland, "The Stance of Play," 88.
③ Hyland, "The Stance of Play," 89.
④ Roochnik, "Play and Sport," 41.
⑤ 承认这个事实的，见 Huizinga, *Homo Ludens*, 45, 以及 Weiss, *Sport: A Philosophic Inquiry*, 136。

福因其自身之故就是人们所欲求的①。因此，因自身之故而被欲求的事物，本身就是自目的性的，即在其自身之中的目的。玩耍通常被描述为自目的性的，是因为超越自身它就别无所求——也就是说，没有外在的或外来的目的。玩耍中被追求的善好被认为是内在于或固有于玩耍活动的——比如玩桥牌时获得的乐趣。此外，玩耍的内在善好不应满足先在的需求或义务。如果我去跑步是因为我需要释放一些压力，我的活动严格来说就不是完全自目的性的。正如赫伊津哈所解释的，"［较之于劳作生活］玩耍是过剩的的（superfluous）……它从来不是由物质上的需要或道德上的责任强加的。玩耍从来不是一个任务。它是于'自由时间'、在闲暇之余而做的"。②

在早期，自目的性被哲学家广泛接受为玩耍的特征，并被认为是一种真正有价值的体育品质。然而，最近，自目的性的性质和范围受到了质疑，特别是当它应用于体育时。如果一个游戏是为了快乐而被玩，那么它真的是自目的的吗？让学生们在课间休息时出去玩，以便他们回到教室后能更好地集中注意力，这又如何呢？职业体育能自目的吗？凯洛伊斯修正了赫伊津哈的观点，即玩耍应该对其非生产性的规定没有物质性兴趣，因此玩耍包括赌场游戏但不包括职业体育。③ 保罗·维斯将"自目的性"解释为不包括赌徒、职业运动员甚至健身爱好者在内。"如果是为了健康或金钱而玩耍，"他声称，"当这些目标决定了要做什么的时候，玩耍就不再是玩耍了。"④ 在维斯明显的严格规定中有一个严正的警告：只有当外在目标"支配"行为时，玩耍才不再是玩耍。自目的性和自愿性一样，取决于内在的态度，而不是外在的情境。我可能会为了健康而打网球，但从这个意义上说，这并不是玩耍。但没有什么能阻止我愉快地投入这项活动中，从而进入一种玩耍的状态。区别不在于活动本身，而在于我如何看待它。

---

① Aristotle, *Nicomachean Ethics*, trans. Terence Irwin, 2nd ed. (Indianapolis: Hackett, 1999), 1097b21-2.
② Huizinga, *Homo Ludens*, 8.
③ Caillois, *Man, Play, and Games*, 5-6.
④ Weiss, *Sport: A Philosophic Inquiry*, 139.

对于第一种情况，我们甚至可以说我是在"利用"网球（为了保持体形），而不是"耍玩"网球（没有任何外在目的）。伯纳德·休茨（Bernard Suits）帮助澄清了许多困惑。他使用"工具主义"（instrumentalism）一词来描述利用游戏获得外部收益，包括但不限于奖金和薪水①。但是他对工具性活动和自目的性活动的区分，不是基于活动本身，而是基于参与者的动机。他赞同业余选手"出于对游戏的热爱"而不是"热爱游戏所能生发之物"的态度，这与往日的奥林匹克理念相呼应。② 但是，休茨犯了和奥林匹克运动一样的错误，认为外部环境可以揭示内在动机。一个人把生命中的大部分时间奉献给在一项活动中取得卓越成就，一个人因为公开的赛事参与而受到赞扬、奖励，甚至获得报酬，这并不意味着他就是在为金钱而做这件事。事实上，一个人对卓越的追求和对任务的完成，从中确定并找到内在的酬报，这可是一个专业人士的标志！我们都是为了金钱而工作，但敬业可是激情的问题。我认识的大多数哲学教授都相信这一点。费泽尔就说，对他而言教授哲学"更像是玩耍，而不是劳作"③。那么，我们为什么对运动员就要有不同的标准呢？

也许我们认为，玩耍类的活动如果过于严肃，就会失去一些价值。休茨抱怨说，奥林匹克运动员即便在技术上是业余的（在他那个时代），他也是在玩耍，因为他们承受着巨大的获胜压力，而这种压力在非正式的比赛中是不存在的，比如即兴篮球赛。他认为，"正是在这样的强迫下采取行动，而不是仅仅因为获胜而想赢的欲求定义了一个人正在从事的活动，这才是将一场可以是玩耍的游戏变成一场不再是玩耍的游戏的原因"。④ 运动员经常说，没有什么压力是比他们自己给自己施加的压力更大的了。我认为休茨于此所设想的压力是外在的——为了自己的球队，为了自己的国家，

[40]

---

① Bernard Suits, "The Tricky Triad: Games, Play and Sport," *Journal of the Philosophy of Sport* 15, no. 1 (1988): 9.
② Suits, "Tricky Triad," 8.
③ Feezell, *Sport*, *Play*, 26.
④ Suits, "Tricky Triad," 9.

或者为了奥运奖牌所带来的荣誉而获胜的压力。另一方面，如果我们要求玩耍完全没有外在的目标，那么结果可能是几乎没有什么人是在真正地玩耍了。斯蒂芬·施密德在他最近所做的行动理论和心理学研究中指出，玩耍的自目的性要求玩家的目标（例如攀岩）和目标的动机（因为它提供了一个有酬报的挑战）都是内在的①。在现实生活中，我们大多数人持有各种各样的甚至是复杂的理由去耍玩体育，其中至少包括一些外在的善品。

自目的性仍然是玩耍的一个重要特征，但把它看作一种理念也许要比看作一种要求更好。与其坚持说玩耍的动机纯粹是自目的性的，或许我们还不如关注它们的价值或可辩护性。例如，教育是参玩体育的一个极好的理由，而获致对玩耍的回应性开放立场可能是体育的巨大教育收益之一。海兰同意这一观点，但他警告说，我们把教育作为明确的目标，实际上破坏了玩耍的教育益处。"（如果我说，）'今天我玩篮球是为了了解自己'：我不仅不太可能学到很多东西，而且几乎可以肯定也无法获致真正的玩耍。"②很明显，外在目标会影响甚至破坏玩耍的体验，但并不清楚所有的外在目标都是如此。我遇到过几个学生运动员，他们认为他们投身体育是让人抓狂的苦差事——他们这样做只是为了奖学金，借此他们接受教育才是可能的。我也知道有的学生运动员是完全投入并被他们的运动体验所吸引的。他们展现了玩耍的精神，同时获得的奖学金和那些为了金钱而去"做"（doing）运动的人一样多。正如鲁奇尼克对"自目的性"问题得出的结论，"玩耍是一种需要采取的立场，其特征是沉浸感。这并不意味着我们应该完全无视玩耍带来的收益。玩耍（的同时）并不排斥外在目标"。③

5. 有趣的

参与玩耍最明显的内在原因就是它很有趣。许多哲学流派，包括伊壁

---

① Schmid, "Reconsidering Autotelic Play," 254.
② Hyland, *Question of Play*, xv.
③ Roochnik, "Play and Sport," 41.

第 3 章 体育与玩耍

鸠鲁主义和功利主义①，都假设快乐是最高的善好，然而体育哲学家把快乐作为玩耍的主要特征，而不是人们所期望的那样。费泽尔是个例外，他说："我们选择玩游戏或从事这样的活动，在许多（或大多数）情况下除了内在的享受，没有其他原因。"② 快乐并没有出现在凯洛伊斯对玩耍的定义中，[41]也没有出现在赫伊津哈最常被引用的玩耍概括中。但是费泽尔指出，赫伊津哈曾把有趣这一要素称为"玩耍的本质"。③ 有趣可能被忽视，因为它是玩耍的一个显而易见的特征。如果我说我玩了一整天，意思是我玩得很开心。如果我说我整天都在玩棒球或玩足球，意思就不是很清楚，因为我可能只是在用动词"玩耍"作为一种说话的方式。有时候，体育一点儿也不好玩——我们都知道这一点。但就体育是或可以是一种玩耍形式而言，似乎它们应该是有趣的。完全没有乐趣的体育肯定与玩耍无关。事实上，费泽尔声称，一旦体育失去了趣味，运动员就会终止去玩。④ 这一观察结果似乎被一句流行的体育格言所证实："我要玩到失去乐趣为止。"有趣本质上是令人愉快的。

玩耍中的乐趣究竟在哪里？我们说"棒球很有趣"，但是两个在玩一模一样游戏的孩子，可能一个是痛苦的，而另一个是快乐的。乐趣是活动［本身］的一种特质，还是参与者的一种品质？费泽尔认为享受是玩耍本身所固有的东西。他声称，"玩耍就是为了玩耍本身的内在享受而被从事"，这种享受使玩耍"内在地具有价值"。⑤ 费泽尔认为他的解释肯定了玩耍的自目的性，但他受到施密德的挑战，施密德声称其回避了这个问题（也就是说，他把要试图证明的东西设定为真的）。一方面，主张说自目的性的玩耍具有内在价值是因为它不依赖于该活动的任何外在于该行为的事物，这一观点本质上就是在说"自目的性的游戏具有内在价值是因为它具有内在价值"；⑥ 另一

---

① 至少是杰里米·边沁（Jeremy Bentham）版本的功利主义。
② Feezell, *Sport*, *Play*, 11.
③ Huizinga, *Homo Ludens*, 3.
④ Feezell, *Sport*, *Play*, 14.
⑤ Feezell, *Sport*, *Play*, 14.
⑥ Schmid, "Reconsidering Autotelic Play," 243.

方面，如果玩耍被重视是因为它能带来乐趣或享受，那么"这些心理状态就是内在的有价值之物，某人参与一项体育运动就是达到这一目的的一种手段"。①

施密德的挑战似乎反映了亚里士多德的观点，即幸福就是因其自身之故而被追求的唯一之物，但事实上，施密德认为，我们可以为了它们自身之故从事活动，而不受任何快乐或享受的影响。他真正的观点是，纯粹自目的性的玩耍需要纯粹内在原因来参与；快乐和有趣实际上是外在的原因。然而，这并不意味着有趣和快乐不是从事好玩儿活动的好理由，甚至也不意味着它们不是玩耍的基本要素。正如费泽尔所承认的那样，"从玩家的生命体验来看，有趣似乎是他活动中不可还原且不可或缺的要素"。② 我们再次回到了玩耍是一个人的一种态度或立场，而不是某种活动的一种外在可见的品行的观点上。我们与海兰一道进一步指出，"有趣即便不是体育的终极目标，但是当体育以其所能最好的方式得以展现时，它是有趣的。有趣也是［我们对体育保持］回应性开放（立场）的一个显著特征，这一立场预示着我们对体育的参与是在玩耍"。③

6. 引人入胜的

[42]　　如果我们接受有趣是玩耍的一种独特特征，并将玩耍视为参与体育活动的一种模式，那么自然就会产生一个问题：到底是什么好玩儿的活动产生了乐趣？也许这种联系在于玩耍有能力吸引我们沉溺其中。赫伊津哈在他最初的概括中将玩耍描述为"全然地引人入胜"（utterly absorbing），但这一特征没有出现在凯洛伊斯的列表中，也许是因为，他再次试图将玩耍描述为一种外在的东西，而不是一种态度或立场。维斯认识到"玩耍对孩子

---

① Schmid, "Reconsidering Autotelic Play," 244.
② Feezell, *Sport*, *Play*, 23.
③ Hyland, *Philosophy of Sport*, 139.

和运动员来说都是引人入胜的［能够使他们全神贯注］"①，但正是将玩耍理论作为一种立场，才提供了对玩耍所具有的引人入胜之能力的最大洞察。在海兰将玩耍描述为回应性开放的立场中，我们可以看到保持回应性开放的需要以及对发生的任何事情的反应都需要在活动中全身投入、全神贯注。游戏和体育尤其会产生赫伊津哈②所指出的那种不确定性，以及凯洛伊斯③所确认的那种怀疑，这些都是玩耍活动的特征，吸引着我们的注意力，让我们走出日常生活，甚至走出自我意识。

在某种意义上，玩耍要求我们把有意识的意图和盘算抛诸脑后，完全投身到活动的那种流畅性之中。正如维斯所观察到的，"想要通过玩耍重新提振兴奋起来的人，必须忘记让自己重新提振兴奋起来的这一目的，而只是专注于玩耍"。④ 即使是 20 世纪早期的哲学家科林伍德（R. G. Collingwood）也认识到，玩耍需要"兴之所至"（capriciousness），即"自发或出于习惯而不依赖任何有意识的推理过程"来做决定。⑤ 2008 年，塞斯·瓦纳塔（Seth Vannata）将埃德蒙·胡塞尔（Edmund Husserl）的现象学洞察运用到玩耍中，宣称其"决定性特征"是不经思虑（thoughtlessness）。瓦纳塔解释说："就像大声朗读，甚至完成一个口语句子这样的日常活动一样，一旦你对这个行为过于在意，你就会犯错。"从这个角度来看，玩耍可以说是"无意识的"。⑥ 在体育运动中，全神贯注于玩耍活动的流畅性常常表现为"心流"或"入神"的状态——一种即使在执行高难度的竞技动作时也能控制自如且毫不费力的感觉。事实上，心理学研究表明，当运动员的技能与

---

① Weiss, *Sport: A Philosophic Inquiry*, 140.
② Huizinga, *Homo Ludens*, 10.
③ Caillois, *Man, Play, and Games*, 7.
④ Weiss, *Sport: A Philosophic Inquiry*, 137.
⑤ Spencer K. Wertz, "The Capriciousness of Play: Collingwood's Insight," *Journal of the Philosophy of Sport* 30, no. 1 (2003): 164.
⑥ Seth Vannata, "A Phenomenology of Sport: Playing and Passive Synthesis," *Journal of the Philosophy of Sport* 35, no. 1 (2008): 63 – 72.

活动所带来的挑战达到完美的平衡时,就会出现"心流"或"入神"的体验①。一个人不能强迫自己,甚至不能向往自己进入心流之境——它必须自发地产生。

另一方面,运动员必须准备好达到体验心流所必需的技能。在东方哲学中,"无为"的概念意味着一种类似的毫不费力的行为,这是训练和理解的结果。老子的《道德经》提醒我们这一点:

[43]　　天下之至柔,驰骋天下之至坚,无有入无间,吾是以知无为之有益。不言之教,无为之益,天下希及之。②

超越自我和"不经思虑"同样是东方哲学中可以应用于体育运动的重要思想。瓦纳塔认识到这一点,并补充说,西方现象学传统特别是胡塞尔的被动综合思想,认识到我们的前反思意识对诸如玩耍体验的贡献,这使得我们进入玩耍那引人入胜之特征的核心之处③。从东方或西方的角度来看,"引人入胜"似乎是玩耍的一个重要特征。

希望这一章能够帮助我们更好地理解把玩耍作为一种与体育相关的现象。从讨论中可以清楚地看到,玩耍并不总是体育,体育也不总是玩耍。但就体育与玩耍所共有的一些重要特征而言,我们可能会问,这些特征是否得到规范性应用,也就是说,它们能使体育变得更好吗?首先,自愿性与运动体验品质之间的关系是明确的。强迫孩子甚至自己参加体育运动不太可能带来积极的体验。同时,也有可能像西西弗斯一样,心甘情愿地接受强加给你的一些东西。但是,第一,理解和重视自愿参与原则总是很重

---

① Susan A. Jackson and Mihaly Csikszentmihalyi, *Flow in Sports* (Champaign, IL: Human Kinetics, 1999), 6.
② Laozi, "Daodejing," in *Readings in Classical Chinese Philosophy*, ed. P. Ivanhoe and B. Van Norden, 161-206, 2nd ed. (Indianapolis: Hackett, 2001), 184.
③ Vannata, "Phenomenology of Sport," 71.

要的。第二，我们应该欣赏玩耍的超凡性，并努力使体育运动从日常生活中抽离，成为一个特殊的境域，即便它［可能只］是一份工作［而已］。第三，自目的性的原则应该被视为一种可能在玩耍中体验到的理念——即使我们参加体育运动的动机经常是混杂多样的，并且可能指向的是外在其他目标。重点是，专注于这些外在目标会破坏玩耍的价值。第四，玩耍的乐趣是必不可少的，但对于体育运动而言并不是必不可少的。通过在体育运动中找到一种玩耍的方式，我们更有可能获得乐趣，甚至成功。第五，玩耍和最高水平的竞技运动一样引人入胜——尤其是在心流之境中。在竞技运动中，与儿童玩耍不同，这种全神贯注取决于挑战和技能之间的恰当平衡，但对运动员来说，训练不经思虑、心无旁骛地投入比赛从来都不是一个坏主意。

7. 讨论问题

（1）你是否曾经觉得被迫在参玩一项违背自己意愿的体育运动？它对你的体验有什么影响？体育运动对你来说曾经像是劳作一样吗？

（2）根据你的经验，像奖品或奖学金这样的外在目标会抑制你参加体育运动的体验吗？

（3）你认为运动员在他们有乐趣玩的时候表现得更好，还是玩得好的时候才会有乐趣？　　　　　　　　　　　　　　　　　　　　　　　［44］

（4）你曾经在体育运动中经历过"心流"或"入神"的体验吗？这种体验是否具有本章所讨论的玩耍特征（自愿的、超凡的、自目的性的、有趣的和引人入胜的）？

第 4 章 体育与游戏

[45]　美国自行车骑手兰斯·阿姆斯特朗（Lance Armstrong）曾赢得 7 次环法自行车赛（Tour de France）冠军，比历史上最多夺冠者都还多两次。但他被指控至少在其中一次骑行中使用违禁药物"促红细胞生成素"（EPO）作弊。对许多人来说，这一指控并不令人意外，因为 EPO 被认为是一种相对安全、不易被检测到的增强体能的药品，已被广泛应用于该项运动赛事中，能使运动员顺利熬过艰苦的三周赛程。如果指控属实，那么阿姆斯特朗在巡回赛中就属于故意违反反兴奋剂规定，从中我们可以得到什么结论呢？我们是否应该说他仍然是这一赛事的合法赢家，因为这种违规行为在当时被职业自行车骑手广为使用？我们是否应该说，他不是合法的赢家，因为他故意违反规则，未能按照规则"去玩游戏"？或者我们应该说反兴奋剂规则与那些真正界定运动的规则是不同的，比如你必须通过骑自行车来完成比赛，而不是开车或乘坐直升机？或者我们应该语气更重地说，那一年的环法自行车赛根本就不是自行车比赛，因为由它们的规则所界定的运动赛事中（至少）有一项运动的规则被破坏了？尽管听起来难以置信，但规则、游戏和体育之间的联系至少表明了这个激进的结论。

1. 休茨论游戏与规则

对"体育是什么？"这一形而上学问题最有影响力的回答之一便是：它只是一套规则。规则与体育之间最具影响力的关联是由伯纳德·休茨在定义游戏的过程中确定下来的。在其开创性的著作《蚱蜢：游戏、生活与乌[46]托邦》(The Grasshopper: Games, Life, and Vtopia) 中，休茨将游戏的要素定义为（1）目标，（2）实现目标的方法，（3）规则，（4）嬉玩的态度。[①] 乍一看，规则似乎只是游戏四个不同要素中的一个，但实际上其他三个要素都依赖于规则。首先，存在一个游戏的目标（例如说，最先把球投进网里或最先越过终点线），这是一种被休茨描述成"前游戏"（prelusory）的状态，因为它可以独立于游戏之外进行描述。当然，这种状态的意义来自将其指定为赢得比赛的一种方式的规则，从而将其转化为一个"游戏"目标[②]。对休茨而言，游戏的目的与规则是不可分割的。"如果规则被打破，原初的目的就不可能实现，因为除非一个人去玩游戏，否则他就不可能（真正地）赢；除非一个人遵守游戏规则，否则他就不能（真正地）玩游戏。"[③] 他的观点是形而上学的，他试图描述游戏的本性，但这一描述对体育的伦理也有重要的影响。

　　游戏规则不仅仅赋予游戏目标以意义，它们实际上还使游戏的活动成为可能。从表面上看，这似乎显而易见。我不遵守任何规则就不能玩足球游戏。我可能是在玩一个叫足球的东西，我可能是在操场上跑来跑去，踢一个球，等等，但是我不会是在踢足球，除非我愿意遵守游戏规则。易言之，游戏规则的这一特点使它们不同于道德规则，如圣经中的"十诫"。对于道德规则，我可以选择遵守，但我的遵守并不会使我对活动的参与（例如，爱我的邻居）成为可能；即便没有这些规则，我也完全有能力去爱我的邻居。"十诫"是在标识行为而不是在定义行为。正如休茨总结的那样，"在道德上服从规则使行为正确，但在游戏中遵守规则使行为成为可能"。[④]

　　对游戏规则做如此规定，不仅使游戏看起来在本质上是一套规则，而且抓住了玩游戏必须是自愿的感觉。正如我们在第 3 章中看到的，玩游戏必须是自愿的，要玩游戏我们就必须自愿遵守规则。更重要的是，我们对规

[①] Bernard Suits, *The Grasshopper: Games, Life, and Utopia*, 2nd ed. (Peterborough, Ontario: Broadview, [1978] 2005), 50.
[②] Suits, *Grasshopper*, 51.
[③] Suits, *Grasshopper*, 39.
[④] Suits, *Grasshopper*, 46.

则的自愿接受可以随时撤回。正如休茨所说,"这种可能性始终都在:存在某种非游戏规则,而游戏规则可以从属于这种规则"——就像继续玩游戏可能会违反某种道德规则一样。① 休茨给出了一个例子,一个赛车手为了避免撞到一个爬到赛车道上的婴儿而选择驶离赛道。当然,此时车手已经退出了游戏,不仅是因为他避免撞到孩子的义务比游戏更为重要,还因为他自愿终止对游戏规则的遵守。

"并不是所有的游戏都是玩耍的实例。"休茨说道②,但他确实相信游戏是从玩耍中发展出来的。"游戏发生在将简单质朴的玩耍(例如踢一个易拉罐)转变成一项体育运动(例如橄榄球或曲棍球)之时"。③ 然而,根据休茨的说法,游戏一旦成为"用于外部目的的手段(最明显的目的是获取金钱,比如 NHL、CFL 等赛事的选手所获得的薪金)时,就不再被玩耍了"④。在休茨看来,这些职业体育比赛也不是真正的劳作,因为劳作的特点是使用有效的手段,而游戏规则的独特之处在于,它们禁止使用有效的手段。⑤ 如果我在一家啤酒厂工作,要把啤酒桶装上卡车,当使用杠杆、叉车和任何我能找到的有效手段来完成我的任务时,我不仅会被体谅,甚至还会被期望这样去做。但是当装啤酒桶变成一种游戏时,就像在某些达人秀的比赛中那样,规则会明确禁止这种颇有效率的手段。在这个意义上,竞技游戏要求自愿采用低效的手段,这对提高成绩的技术的使用和监管也具有重要的伦理意义。竞技不仅把禁用某些可提高成绩的手段看作是合理的,而且把禁用有效手段看作竞技的一个基本构成要素(这将在第 9 章进一步讨论)。

尽管游戏起源于玩耍,它与劳作不同,并且与自愿选择有关,但人们还是可以(而且常常)非常认真地玩游戏。根据休茨的观察,这种严肃的

---

① Suits, *Grasshopper*, 42.
② Bernard Suits, "The Tricky Triad: Games, Play and Sport," *Journal of the Philosophy of Sport* 15, no. 1 (1988): 7.
③ Suits, "Tricky Triad," 5.
④ Suits, "Tricky Triad," 8.
⑤ Suits, *Grasshopper*, 37.

态度是玩家的特点,而不是游戏的特点①。尽管如此,在他对游戏的定义中,休茨确实构建了一个有意的条件。他称之为"嬉玩的态度"②,并表示这是有必要解释的"一种奇怪的状态,在这种状态下,一个人所遵从的规则要求他采用更低效的方法,而不是更高效的方法来达到目的"。③ 就像我们在第 3 章中讨论玩耍一样,行为者的心态对于理解行为是至关重要的。实际上,休茨对游戏的最终且极具影响力的定义与其说是在描述一个对象,还不如说是在描述一种行为方式——这是一种必须在规则的情境中理解的行为方式:"去玩一个游戏就是试图实现一个特定的状态(prelusory goal,前游戏目标),只使用规则所允许的方法(lusory means,游戏方法),在此禁止使用更为高效而不是更为低效的方法(constitutive rules,构成性规则),而规则之所以被接受仅仅是因为它们使得这种活动成为可能(lusory attitude,嬉玩的态度)。"④ 当应用于体育时,休茨对游戏的定义就将体育与规则以及参玩者接受这些规则的意愿形而上学地联系起来了。它表明,规则提供了一种境域,没有这种境域,体育就没有意义。但规则、游戏和体育之间是什么关系呢?

2. 从游戏到体育

虽然我们认识到游戏是通过规则的设定和接受而成为可能的,但关于体育和游戏之间的区别还需要有更多的说明。休茨最初的想法是,通过满足特定的要求,游戏可以成为一项体育运动,即"(1)游戏是一种技能游戏,(2)技能是身体上的,(3)游戏拥有广泛的追随者,(4)追随者[48]

---

① Suits, *Grasshopper*, 42.
② 或称之为爱玩游戏的态度,这是游戏玩家进入游戏状态所需要的一种愉快的、热情的心理态度,其目的不在于游戏的结果,而在于通过自愿接受游戏规则而体验玩游戏的过程。——译者注
③ Suits, *Grasshopper*, 52.
④ Suits, *Grasshopper*, 54-55.

达到一定程度的稳定性"。[1] 在一篇名为《棘手的三位一体》("The Tricky Triad")的文章中,休茨用一个由三个相交的圆圈组成的维恩图说明了游戏、玩耍和体育之间的关系[2]。对于代表非游戏的体育项目的图表区域,休茨考虑的是在奥林匹克运动会中经常出现的赛事项目,如跳水和体操。[3] 由于这类赛事是主观裁定的(judged)而非客观判定的(refereed),因此它们似乎不太受规则的约束,更类似于选美比赛,而不是受规则约束的游戏。不过,他认为它们也是体育,因为它们强调身体的技能。在《棘手的三位一体》中,休茨将体育重新定义为"涉及多种身体技能(通常与其他技能相结合)的竞技项目,其中优秀的参与者被认为以一种优秀的方式展示了这些技能"。[4]

身体技能被广泛作为体育的基本要素,它清楚地将篮球等体育项目与扑克或象棋等非体育项目区分开来。即使一盘国际象棋碰巧涉及身体技能,就像在一个巨大的户外棋盘上移动笨重的如真人大小的棋子一样,它仍然是一种游戏,而不是一项根据休茨定义的体育运动,因为它的结果并不取决于身体技能的卓越展示。与此同时,如果有人抗议说扑克是一项体育运动,因为它出现在电视体育频道上,或者在报纸的体育栏目中被讨论过,那么我们就不得不怀疑体育和游戏之间还有什么区别了。从这个意义上说,扑克可能满足休茨的要求,即体育需要拥有广泛的追随者,但这一标准本身就存在争议。国际奥林匹克委员会(IOC)要求潜在的奥林匹克运动会项目"至少由75个国家和四大洲的男性、40个国家和三大洲的女性广泛参与",[5] 但是,国际奥委会在这里并没有定义"体育"这个词,而只是为应列入奥运会项目确定了标准。

---

[1] Bernard Suits, "The Elements of Sport," in *Philosophic Inquiry in Sport*, ed. W. J. Morgan and Klaus V. Meier, 39 – 48 (Champaign, IL: Human Kinetics, 1988), 43.

[2] 图表还表明,并非所有游戏都是玩耍,并非所有运动都是玩耍,与此相反,休茨对这一观点做了重申,参见"Venn and the Art of Category Maintenance," *Journal of the Philosophy of Sport* 31, no. 1 (2004): 6。

[3] Suits, "Tricky Triad," 2.

[4] Suits, "Tricky Triad," 3.

[5] International Olympic Committee, *Factsheet on the Olympic Programme* (Lausanne, Switzerland: Author, 2007), 5.

第 4 章 体育与游戏

　　国际奥委会还要求候选的体育项目必须有强大的机构支持，并在建立规范、编纂规则、正式协会和具体行政机构等方面予以制度化。① 但是，在这种活动制度化之前，问题出现了。例如，我们是否可以说，在一些官方机构发展起来并监管它之前，摔跤就不是一项体育运动呢？荷马史诗中描述的摔跤比赛可比奥林匹克运动会开始的时间早了几个世纪，即使在古代竞技发展的鼎盛时期，不同竞技节之间的规则似乎也不尽相同。事实上，规则的编纂和现代体育管理机构（如国际足联、国际足协）的建立是在 19 世纪奥林匹克运动会复兴之后才发生的，这表明[在确定"体育是什么？"这一问题上] 需要达成共识。例如，美国铁饼运动员罗伯特·加勒特（Robert Garrett）就不知道他在第一届现代奥林匹克运动会上所掷铁饼的重量。事实上，他训练的铁饼要重得多，这可能是他获胜的原因之一。② 规则可能对体育是必要的，但制定统一规则的全球性机构却不是。③

[49]

　　正是规则的差异，进一步激发了休茨对表演体育（performance sports）与游戏体育（game sports）的区分。具体来说，休茨声称表演体育缺乏"构成性"规则④。区别于"技巧性规则"或"调节性规则"，构成性规则使体育行为（例如触地得分和本垒打）成为可能。没有其构成性规则，一个游戏就不可能存在，或者至少它不会是同一个游戏。如果足球比赛取消了控球规则，允许球员拿着球跑，我们就不再是踢足球了。用威廉·摩根（William Morgan）的话来说，构成性规则是那些"在逻辑上使游戏之恰好存在所依赖的"规则⑤。然而，即便有这些明确的声明，构成性规则的概念也很

---

① 这是克劳斯·迈耶对休茨的一个要求（他后来拒绝了）所做的解释。见"Triad Trickery: Playing with Sport and Games," *Journal of the Philosophy of Sport* 15, no. 1 (1988): 16。
② Thomas P. Curtis, "Amusing Then Amazing: American Wins 1896 Discus," *Technology Review*, July 24, 1924, reprinted in *MIT News*, July 18, 1996, http://web.mit.edu/.
③ 迈耶在《三位一体的诡计》（"Traid Trickery"）中总结道，"作为体育之本性的一个不可或缺的组成部分，任何求助于制度化的行为都是武断的、错误的和适得其反的；因此，它应该被主动拒绝"(17)。
④ Suits, "Tricky Triad," 5-6.
⑤ William J. Morgan, "The Logical Incompatibility Thesis and Rules: A Reconsideration of Formalism as an Account of Games," *Journal of the Philosophy of Sport* 14, no. 1 (1987): 3.

071

难得到精确应用。例如，沃伦·弗雷利（Warren Fraleigh）计算了一项体育比赛的场地和持续时间的规格，以及构成性规则中允许的装备和器材。[1] 然而，休茨希望把这些内容划分为"赛前"（pre-event）规则，虽然这是竞技体育的一部分，但还是与构成竞技运动特征的规则有所不同。[2]

表演体育与游戏体育有显著的差异吗？克劳斯·迈耶和斯科特·克雷奇马尔（R. Scott Kretchmar）认为它们没有。迈耶认为，像体操这样的表演性项目确实有构成性规则[3]，而且它们满足休茨最初定义的比赛的四个特征：目标、手段、规则和嬉玩的态度。[4] 事实上，在迈耶看来，平衡木体操项目是一个很好的例子，其规则规定了在从地面抬高的狭窄平台上执行某些动作的低效率要求。[5] 克雷奇马尔同意迈耶的观点，认为体育表演是一种游戏，但将它们区分为"审美游戏"，因为它们强调审美标准。克雷奇马尔说，游戏和表演的真正区别在于，游戏玩家接受规则是为了使一项活动成为可能，而表演玩家接受规则则是艺术创作所必需的。[6] 归根结底，似乎把一项游戏变成一项运动所需要的唯一条件，用迈耶的话说，就是"在追求目标的过程中，参与者需要展现出身体技能或超凡能力的额外特征"。[7] 体育是一种注重身体性技能的游戏。

3. 形式主义及其限度

[50]　把体育理解为一种游戏，完全根据其正式规则来定义，这种理解被称为"形式主义"。这是一个关于"游戏是什么"的形而上学理论，它对游戏

---

[1] Warren P. Fraleigh, *Right Actions in Sport: Ethics for Contestants* (Champaign, IL: Human Kinetics, 1984), 69.
[2] Suits, "Tricky Triad," 5–6.
[3] Meier, "Triad Trickery," 19.
[4] Meier, "Triad Trickery," 13.
[5] Meier, "Triad Trickery," 21.
[6] R. Scott Kretchmar, "Beautiful Games," *Journal of the Philosophy of Sport* 16, no. 1 (1989): 42.
[7] Meier, "Triad Trickery," 24.

应该如何参玩具有重要的规范意义。威廉·摩根解释道："（对于形式主义者来说）参玩游戏意味着什么，意味着被算作游戏的合法实例，被认作游戏的善意行为，而赢得游戏就是按照该游戏的确当规则行事。因此，所有超出游戏规则的实例和行为都不能算作游戏的合法实例或行为。"[1] 这意味着故意违反规则，比如 1986 年世界杯上迭戈·马拉多纳（Diego Maradona）臭名昭著的"上帝之手"进球，甚至是篮球比赛中拖延时间的常见做法，实际上都是参玩游戏的失败案例，甚至可能会将一场游戏活动变成别的什么东西。可以预见的是，这一暗示引发了关于形式主义和违反规则的伦理（我们将在第 9 章讨论）的大量争论。如果体育运动只是因为规则而存在，那么违反其中一条是否就意味着体育运动不复存在了呢？违反两条规则呢？我们可能会同意，你不能打破所有的规则后仍然把这项活动称为体育运动，但我们要在哪里来画这条形而上学的界线呢？

对这一问题的一种回应让我们回到了"构成性"规则的概念。也许在篮球比赛中通过犯规来停止计时并不能使游戏无效，但在足球比赛中用手控球却可以。在篮球的例子中，有一些额外的规则可以预测到这种违规行为，并规定了适当的惩罚。实施违规行为的篮球运动员这样做完全是为了受到惩罚。（但）他似乎是在规则的框架内工作，因此也是在玩篮球游戏。其他一些规则，比如禁止在足球比赛中用手触球，似乎是构成性的，据此他们定义了足球这个游戏，并将其与其他游戏区分开来。如果一个足球运动员用手接住球并开始带球跑，我们很可能会说他在玩的是另一种游戏，也许是美式足球，但不是足球。有人可能会说，手球规则是构成性的，因为它在某种程度上定义了足球比赛；而篮球犯规规则只是调节性的，因为它只是简单地规范了游戏中的行为。然而，正如我们前面所观察到的，区分"构成性"规则与其他类型的规则并不总是很容易的一件事。

也许区别不在于规则本身，而在于它的使用。格雷厄姆·麦克菲（Gra-

---

[1] Morgan, "Logical Incompatibility," 1.

ham McFee）认为，同样的规则可以以调节性方式或构成性方式使用。手球规则可以用来（部分地）定义足球，也可以用来通过使用点球来规范游戏中的行为。① 麦克菲的区分构成了形式主义作为游戏形而上学描述的一个问题，因为它将重点从规则的形式本性转移到人类在特定时间使用这些规则的方式。这意味着我们不能根据正式规则来定义整个游戏或体育，比如足球。我们所能做的就是使用正式的规则和其他几个要素来解释一场特定的足球比赛。我们可能会说马拉多纳的"上帝之手"进球，或者一个职业自行车运动员使用违禁药物使他们的比赛结果无效。正如高速公路巡警的习惯决定了高速公路上的"真正"限速一样，运动员对正式游戏规则的服从程度也会因特定裁判的风格而有所不同。但规则与游戏之间的关系真的如此特殊吗？

4. 成文规则与不成文规则

对形式主义产生的逻辑不相容之谜的一种反应（意即，你不能一边故意打破规则一边又在玩游戏），也就是说，人们对体育的理解不应该停留在官方的书面规则上，而应该更多地停留在非官方的"不成文规则"上。弗雷德·达戈斯蒂诺（Fred D'Agostino）称这是游戏的"风尚"。他将其具体描述为"一套非官方的、隐含的约定，这些约定决定了游戏规则如何在具体境域中得到应用"。② 游戏的书面规则可能构成某种理想的概念，比如棒球比赛应该是什么样子，但是这种概念就像柏拉图式的理念一样，很少能真正实现。在现实世界中，游戏是根据其风尚约定或不成文的规则而被人们参玩的，这些规则有时允许发生违反正式规则的行为。达戈斯蒂诺最喜欢的例子是棒球中的口水球，这是一种很难击中的投球，因为投手在投球

---

① Graham McFee, *Sports, Rules and Values: Philosophical Investigations into the Nature of Sport* (London: Routledge, 2004), 43.
② Fred D'Agostino, "The Ethos of Games," in *Philosophic Inquiry in Sport*, ed. W. J. Moran and K. V. Meier, 48 – 49, 2nd ed. (Champaign, IL: Human Kinetics, 1995).

第 4 章 体育与游戏

前非法弄湿了球。对于一些投手如盖洛德·佩里（Gaylord Perry）来说，口水球是一种特殊的投球，球员们希望他使用它，即使它是非法的。根据对形式主义逻辑不相容论点的严格解读，口水球不可能是棒球游戏的一部分，而允许丢口水球的游戏也就不是这一运动的真正实例。然而，如果我们在理解体育运动时考虑到不成文的规则或风尚，那么非法的口水球可以被列为一种故意违反规则的行为，尽管如此，这也是"游戏的一部分"，因为它被玩家接受。

达戈斯蒂诺对游戏形式主义解释的挑战具有直观的吸引力，不仅因为它为逻辑上的不相容命题提供了一个解决方案，还因为它似乎反映了我们所体验到的体育运动的实践。然而，他的解释也存在一种风险，即风尚理论就像谚语所说的那样，把婴儿连同洗澡水一起倒掉。如果我们允许游戏被这样一个无定形的实体定义为不成文的规则，即约定性的实践，或者由玩家所普遍接受之物，那么我们就没有什么基点去区分好游戏和坏游戏了，或许也就没有什么基点去区分游戏中的道德行为和不道德行为了。在美国，高速公路上的最高速度限制是 55 英里（约 89 公里）每小时，司机们经常在没有警察开罚单的情况下违反规定。由于书面规则被忽略，强制执行的规则既没有张贴出来，也没有在任何一天的任何特定高速公路上保持一致，所以在被拦下之前，看看自己能开多快就变成一场危险的猜谜游戏。也许适当超速的"风尚"，比如时速 65 英里（约 105 公里）被人们采纳了。但是，对于一个以时速 65 英里违法的司机来说，如果某人以时速 70 英里（约 113 公里）对他超车，他谴责后者超速，这是很荒谬的。如果不遵守书面规则，似乎就没有公正的标准来区分可接受的行为和不可接受的行为了。

威廉·摩根这样描述这个问题："对形式主义批评家来说，把其背离约定而不是像由其规则所揭示的游戏内在逻辑作为其要点，这瓦解了理论和意识形态之间任何有意义的区别。"[①] 摩根承认，现实世界中人们所玩的游戏很少能达到柏拉图的理念，即每一条书面规则都是完美的，但他认为我

[52]

---

① Morgan, "Logical Incompatibility," 16.

们应该停止简单地把这些缺陷接受为游戏的一部分，因为违反规则的行为通常是由外部的经济或政治问题引起的——所以，它是一种败坏的形式。^①根据摩根的观点，我们虽然可以承认"游戏不仅仅是它们的规则，游戏是在丰富的社会情境中进行的，忽视这种情境是愚蠢的"，但不能放弃构成性规则的形而上学重要性以及道德力量。

对棒球社会结构的认识（并不能解释）为什么抛口水球的游戏仍然是棒球游戏。我们已经知道这个问题的答案：口水球是一项合法的体育运动，因为它没有违反棒球的构成规则。美国棒球运动的惯例约定可以很好地解释为什么在这种文化中，如此违反规则的行为要比其他文化，例如日本棒球更容易被接受，事实也是如此，但是这些游戏正式的、受规则制约的结构向我们解释了为什么两者实际上都是棒球游戏。^②

正式的体育规则提供了摩根所说的"深度逻辑"，因为它们以公开的方式阐明了该项运动应该是什么。如果我们把传统上公认的违反规则的行为，如美式足球中口水球和进攻性持球，放在形而上的层面，与正式规则相同，我们可能会发现自己没有任何评判比赛的关键性标准。

5. 文字与精神

[53] 对形式主义的另一种回应可能是在正式规则的基础上再加一层，认为体育包含一种约定，即不仅要遵守规则的文字，还要遵守规则的精神。正如沃伦·弗雷利所指出的，体育之所以成为可能，不仅是因为规则的存在，

---

① Morgan, "Logical Incompatibility," 16.
② Morgan, "Logical Incompatibility," 8.

还因为运动员约定遵守规则——这在游戏一开始就得到了默认的肯定。[1]
"体育规则不是未经个人直接同意而强加给他/她的律法，而是体育参玩者直接选择并为他/她自己制定的调节效果的律法。"[2] 即使我们出于经济或政治原因参玩体育活动，即使违反规则将有助于我们获取这些外在目标，我们的行动也可能受到谴责，因为我们违反了自愿协议，即遵守我们选择的游戏的规则。正如摩根所说，"选择通过参玩游戏来实现这些目的……指的是将个人目标的实现建立在游戏正式目标的实现之上"。[3] 换句话说，我们应该遵守游戏的规则和精神，即使我们只是把它作为达到某种更长远目的的一种手段。

这意味着，虽然盖洛德·佩里靠丢口水球获得了丰厚的职场回报，虽然他的行为是在对手和裁判预料之中的，但他丢出的每一个口水球都违反了他遵守棒球规则的约定，应该受到谴责。同样的道理也适用于服用兴奋剂的自行车骑手。在专业自行车运动中，通过高原训练、使用低压舱、输血以及使用 EPO 等药物来提高携氧红细胞浓度的做法非常普遍，骑手往往不会对这种做法表示道德上的不安。许多人认为红细胞压积调控在他们运动中是必要的，因此也是可接受的一部分。但当运动员的 EPO 检测呈阳性，或被发现输血时，他们就会因违反规定而在赛场内外受到广泛谴责。我们可以说，弗洛伊德·兰迪斯（Floyd Landis）没有合法地赢得环法自行车赛冠军，因为他违反了反兴奋剂规定，但我们并没有下定论，认为这根本不是自行车比赛。另一方面，如果我们把运动员普遍践习或接受的东西作为我们评价行动的唯一标准，那么我们就没有真正的依据来谴责那些经常违反规则的运动员了。我们需要的是一种既能解释规则又能解释约定的标准，而不是还原为规则和约定中的任何一个。

如果一种特定的做法似乎令人反感，但又不违反规则，我们该怎么说

---

[1] Fraleigh, *Right Actions*, 69.
[2] Fraleigh, *Right Actions*, 70.
[3] Morgan, "Logical Incompatibility," 8.

呢？1984年洛杉矶奥林匹克运动会上，美国自行车队进行了秘密输血，以提高运动员的成绩。这项技术非常有效。该队赢得了九枚奖牌，其中包括四枚金牌。当后来发现他们参与了这一行为时，奖牌并没有被剥夺，因为在那个时候，输血在测试中无法检测到，也没有被明确禁止。20年后，雅典奥林匹克运动会奖牌得主泰勒·汉密尔顿（Tyler Hamilton）因血液异常被捕，这表明他也有类似的行为。但这里唯一的区别是规则吗？许多人会说，1984年的自行车队即使没有违背字面上规则，也违背了游戏的精神。这项体育运动的精神是通过训练而不是通过药物治疗来提高你的表现。输血虽然没有违反这项体育运动的规则，但违背了它的精神。因为高原训练是对训练的一种回应，似乎符合规则的精神。在一些国家，使用低压舱是违反规定的，而在另一些国家则是被接受的。这种模糊性说明规则在界定一项体育运动的精神中哪些是可以接受的、哪些是不可接受的方面有其重要性。

　　规则的精神和文字都有助于我们理解好的游戏。"体育规则的精神不是规则明确规定的；相反，它是规则制定者将特定的规则制定为构成性规则的原因，"弗莱利认为，"如果参与者只理解规则的字面意思，他们就没有一个确定如何遵守规则的有限度的基础。"[1] 1984年美国自行车队也许遵循了这句话，但是他们对精神的违背是显而易见的。他们隐瞒输血的事实进一步表明，他们知道自己违背了精神。在某些情况下，规则的精神甚至可能凌驾于文字之上。英国足球有一个习俗，当对方球员受伤时，己方就把球踢出场以中止比赛，然后球被回传给对方球队以恢复控球权。这个不成文的规则清楚地支持了游戏的精神，尽管规则中没有任何关于它的内容。我甚至听说过摩托车比赛中，对使用库存设备的骑手我们容忍他们对引擎排量作弊，以使他们的赛车与厂商赞助的车队竞争——这再次违反了支持竞争精神的规则（如果不是赛车的话，也是在骑手之间）。然而，这种做法充其量不过是对规则问题的修正，这些问题首先允许对体育精神提出这样

---

[1] Fraleigh, *Right Actions*, 71.

的挑战。一套理想的规则应该抓住体育精神，并始终如一地赢得尊重。

最后一点，规则，无论是在文字上还是在精神上，都在对体育的形而上学理解中扮演着重要的角色。我们可以这么说，而没有把我们自己诉之于"由书面规则实际上定义体育"的这一形式主义立场。显然还有更多：社会风尚、不成文的规则、规则背后的精神。据格雷厄姆·麦克菲说，这种困惑源于试图根据这些条目中的这条或那条来清晰地定义体育，不是将它视为一项复杂的人类活动，而只是简单地考虑它们。麦克菲将规则与规则的形式化表述区分开来。他说，同样的规则可以用很多方式表述，例如，用不同的语言；它也可以被不同的人以不同的方式理解和解释，这就是所发生的事情。事实上，将一串字词归类为规则的形式的唯一依据是它们的用法：它们是以特定方式使用的句子（或一些这样的句子），而不是具有奇特规范性质的句子。[①] 在麦克菲看来，规则、游戏和体育之间的形而上关系与其说取决于规则本身的性质，还不如说是取决于人们使用这些规则的方式。诚然，如果不涉及规则的概念，我们就无法理解"体育"或"橄榄球"之类的东西，但这并不意味着这些东西只是一套规则。很明显，我们需要在这个组合中加入"人"的因素。如果没有遵循这些规则的玩家，规则只不过是纸上谈兵。体育不是规则，而是由规则控制的活动——也许更好的理解是把体育视为社会实践。

[55]

6. 讨论问题

（1）说出一个肯定不是体育的游戏，然后说出一个绝对是体育的游戏。两者的本质区别是什么？像钓鱼和打猎这样的活动必须有规则才能被认为是体育吗？

（2）禁止用手控球似乎是足球的基本规则，你能在你的体育运动中找

---

① McFee, *Sports, Rules and Values*, 69.

出一个类似的构成性规则吗？你能找出一个非构成性规则吗？

（3）举例说明在你的体育运动中被社会接受的违规行为（例如在篮球比赛中通过犯规暂停比赛）。你认为如果人们不再打破规则，这项运动会更好吗？或者会更坏吗？

（4）你可以通过阅读某项体育运动的规则来学习它，但是一个运动员如何学习某项体育运动的精神呢？事实上，规则也是以类似的方式被学习的吗？

第 5 章　体育与社会实践

在体育中，每个人都拥有对神奇时刻的记忆。我的一个记忆便是观看 [57] 2006 年都灵冬奥会高台滑雪团体比赛。那是在普拉杰拉托（Pragelato，意为"冻结的土地"）一个晴朗而寒冷的夜晚，我高高地坐在一个金属制品的看台上，这让人感觉天气更加寒冷。我和来自挪威、日本、奥地利及许多其他国家的粉丝们混在一起，我们每个人的脸上都涂满油彩，以支持我们最喜爱的队伍。当滑雪运动员滑下坡道，然后腾空而起时，我们为自己最喜欢的选手欢呼，礼貌地为其他选手鼓掌，偶尔停下来呷一口热巧克力，或者跺一跺脚。然后，一个高台滑雪运动员毫无预兆地做出了精妙绝伦的一跃——我们从他起飞的那一刻就知道了。当我们看着他飞起来，不知道他是否会着陆时，整个赛场充盈着一种令人眩晕的兴奋喘息声。当他以创纪录的速度着陆时，我们都感到激情澎湃。甚至他的竞争对手似乎也对他的成就感到高兴，他们冲过去祝贺他。我们都觉得我们对他取得的成就有一定的贡献，运动员自然是最为重要的，还有教练员、裁判员，甚至是看台上的观众。这一刻的意义不仅在于它的体育精神和美感，还在于它的历史性情境——运动员、他的团队、这项体育运动本身以及奥林匹克运动会的故事。作为一名前运动员，这一壮举也让我回想起自己在体育领域取得的（远比这小得多的）胜利。我想，体育之所以伟大，并不是因为赞助、奖品或奖牌，而是因为我们于此时此刻的所感所得。

任何热爱体育的人对我的这种体验都会比较熟悉，这样的体验清楚地表明体育作为一种社会实践的哲学解释，以及它成就美妙时刻所带来的共同喜悦：这就是体育这种实践的"内在善品"。作为由 20 世纪 80 年代初阿拉斯代尔·麦金太尔（Alasdair MacIntyre）所主张的理论，社会实践理论是

081

一系列体育社会理论的组成部分。第 4 章关于规则与精神的争论揭示了体育内在地所具有的社会本性,正如格雷厄姆·麦克菲所指出的,"遵守规则的前提是要有一个遵守规则的共同体"。① 但是,对于体育究竟是什么类型的社会实践,人们一直存在争议。有些人将体育视为一种社会契约,类似于 17 世纪哲学家托马斯·霍布斯著名的描述:理性利己的人类自愿放弃部分自由,并为了更大的和平与和谐而服从法律。② 约翰·罗尔斯(John Rawls)20 世纪版本的社会契约论包括平等和公平的概念,这些概念很容易被挪用于体育。③ 其他哲学家认为体育是一种更为具体的社会关系。罗伯特·西蒙(Robert Simon)认为,把竞技体育定义为通过挑战来共同追求卓越,至少在道德上是站得住脚的。④

麦金太尔的理论把体育理解为培养和践行美德的实践共同体,这引起了体育哲学家们的特别兴趣和争论。

1. 麦金太尔的理论

麦金太尔在他 1981 年出版的《追寻美德》(*After Virtue*)一书中批判现代伦理学理论未能实现对道德的理性辩护,并提出了一种亚里士多德美德伦理学的更新版本作为解决方案,其基础便是他所称的"社会实践"。这本书不是对体育本身的探讨,但麦金太尔反复使用游戏和体育作为社会实践的例子,他通常把社会实践定义为:

---

① Graham McFee, *Sports, Rules and Values: Philosophical Investigations into the Nature of Sport* (London: Routledge, 2004), 74.
② 关于运动作为一种社会契约,参见海瑟·里德(Heather L. Reid, *The Philosophical Athlete* (Durham, NC: Carolina Academic Press, 2002), 218 – 23; Simon Eassom, "Games, Rules, and Contracts," in *Ethics and Sport*, ed. Mike McNamee and Jim Parry, 57 – 78 (London: E & FN Spon, 1998)。
③ John Rawls, *A Theory of Justice* (Cambridge, MA: Harvard University Press, 1971).
④ Robert Simon, *Fair Play: Sports, Values, and Society* (Boulder, CO: Westview, 1991), 23.

第 5 章　体育与社会实践

　　任何一种连贯的、复杂的、建立在社会基础上的人类合作活动。通过人类合作活动，在努力达到那些卓越标准的过程中，获致了活动形式的内在善品——那些卓越的标准适合并部分确定了这种形式的活动，其结果是人类实现卓越的能力，以及人类对所涉及的目的和善品的概念都得到了系统扩展。①

　　我们已经看到，体育和美德在古希腊思想中是相互联系的，因此，复兴亚里士多德伦理学的提议应该将体育确定为可以培育美德的场域也就不足为奇了。

　　然而，麦金太尔的理论超越了对"体育塑造品格"这一公理的简单重述；我们需要对体育如何在现代环境中成功或失败地塑造品格进行批判性评估，麦金太尔的理论提供了对此有用的区别和洞见。区别在于成功意味着确立了内在的善，失败则意味着成功确立了外在的善，一如把前者视为实践而把后者视为制度；洞见包括体育的共同体性质及其对道德传统的需要，以及一些用以提供美德背景的、作为一个物种之人的目的（telos）的概念。社会实践理论应用于体育的最重要的教导是，我们通过体育获得美德，与其说是通过训练和提高个人的竞技表现获得，还不如说是通过对具有历史、传统以及共享准则之卓越的共同体积极地、贴己地参与获致的。由于我们在生活中参与各种社会实践，从体育中学到的美德可以转化为我们对其他实践共同体的参与，帮助我们抵制制度的腐化影响。最终，社会实践为连贯而有意义的人生叙事提供了一个灵动而且一致的道德框架。

[59]

2. 内在之善与外在之善

　　人们怀疑运动员对财富和荣誉的兴致在某种程度上腐蚀了体育运动作

---

① Alasdair MacIntyre, *After Virtue* (Notre Dame, IN: University of Notre Dame Press, 1981), 175.

为一种实践的做法,这种怀疑贯穿体育史,尤其是在19世纪奥林匹克运动会复兴时期,这在很大程度上是由所谓的业余体育精神的价值观所驱动。麦金太尔对实践的内在之善与外在之善的区分在这方面特别能引起共鸣,因为它将金钱、声望和社会地位归类为可以通过任何数量的活动获得的外在之善。在麦金太尔的筹划中,更有价值的是内在的东西,比如我在都灵奥林匹克运动会上目睹高台滑雪运动员取得成就时的喜悦,或者罗杰·班尼斯特(Roger Bannister)4分钟跑完1英里时跑步界所经历的喜悦。内在之善的概念源于亚里士多德的主张,即在有价值的活动中,快乐是附系于实践的达成而产生的。① 麦金太尔补充说,内在之善是特定于实践的,只有在特定实践的条件下才是可以理解的,只有熟悉实践的人才能对其进行识别——它的特定历史和挑战。② 更重要的是,内在之善有益于整个社会,即使它们通常是比赛的产物。相比之下,外在之善只对个人所有者有利,而对所有其他人都不利;奖金、奖牌甚至记录都是个人和团队的财产,而不是整个共同体的财产。③ 因此,内在之善和外在之善的这种区别反映了比赛的矛盾本性,在体育比赛中,对抗甚至打败我的对手,实际上是一种合作的形式,它使我们双方都变得更强、更好。④

外在之善只能通过竞技技能来实现,而内在之善则需要通过社会美德来实现。回到"4分钟跑完1英里"的例子,可以想象,班尼斯特只关心他从这一壮举中获得的个人荣誉和金钱利益。同样,他的一些对手也可能是怀着愤怒和嫌恶的心态体验了班尼斯特取得成就的那一刻,因为他们已经失去成为第一个4分钟跑完1英里的人的机会,也失去了因获第一名而带来

---

① MacIntyre, *After Virtue*, 184.
② 麦金太尔说:"我们称它们为内在[善品]有两个原因:首先……因为我们只能用国际象棋或其他特定类型的游戏,并通过这些游戏中的实例来具体说明它们……其次,它们只能通过参与相关实践的经验来识别和认可。因此,缺乏相关经验的人无法胜任内在善品的判断。"(*After Virtue*, 177)
③ MacIntyre, *After Virtue*, 178.
④ 要了解更多关于比赛悖论的情况,请参阅Drew A. Hyland, "Competition and Friendship," *Journal of the Philosophy of Sport* 5, no. 1 (1978): 27 – 37;以及Heather L. Reid, "Wrestling with Socrates," *Sport, Ethics and Philosophy* 4, no. 2 (2010): 157 – 69。

第 5 章 体育与社会实践

的种种好处。体验内在之善需要社会美德，如公正、诚实和勇气。① 事实上，麦金太尔将美德描述为"一种后天获得的人类品质，拥有和行使这种品质往往使我们能够获致那些内在于实践的善品，但缺乏这种品质则实际上阻止我们获致任何这样的善品"。② 麦金太尔允许那些"恶毒和吝啬"的从业者进行出色的表演，但他指出，他们"必定要依靠其他的美德去如此实践，否则在如此实践中虽然他们也投身于竞技的浮华，但也剥夺了他们自己去获致那些内在之善的体验，而这些内在之善甚至可能会回报给那些不太优秀的棋手和提琴手"。③ 如此锐意进取的竞争者无法欣赏到对手的表演之美，这实际上就是剥夺了自己在这项运动中的内在价值，因为他缺乏必要的美德。他可以进行训练、参与竞技，甚至赢得外在的好处，但他缺乏获得一项体育运动内在的、基于共同体之善好所必需的社会美德。

[60]

　　这种美德与内在之善之间联系的另一面是，醉心于外在之善对运动员和体育运动都是有害的。事实上，长期存在的问题，如兴奋剂和其他形式的作弊行为，往往是由对外部之善的强调所驱动的。正如安杰拉·施奈德和罗伯特·布彻（Robert Butcher）所解释的那样："如果一个人从事一项体育运动是为了获得它带来的外部回报，那么只要他可以不断地获得这些回报，他就有充分的理由使用任何手段来获得这些回报。"④ 相比之下，一个追求内在之善的运动员会避免不公平或有效的捷径（比如通过服用兴奋剂或特殊器材获得的好处），因为他明白，这些捷径会破坏比如一场完美比赛的快乐和满足。施奈德和布彻说："如果一个人在意自己的竞技事业，那么他就有充分的理由珍视获胜，而且只把获胜视为公平和富有挑战性的过程

---

① 麦金太尔说道："实践中所特有的合作、对权威和成就的认可、对标准的尊重和冒险，都要求在判断自己和他人时做到公平……并相信那些在实践中取得的成就使他们具有判断的权威，而判断的前提是公正和真实，并且时不时冒着危及自我、危及声誉甚至危及成就的风险。"（*After Virtue*，180）
② MacIntyre, *After Virtue*, 178.
③ MacIntyre, *After Virtue*, 180.
④ Angela Schneider and Robert Butcher, "Why Olympic Athletes Should Avoid the Use and Seek the Elimination of Performance-Enhancing Substances and Practices from the Olympic Games," *Journal of the Philosophy of Sport* 20–21 (1993–1994): 71.

085

的结果。"① 他们的论点是，在麦金太尔的筹划中被认定为内在之善的成就所带来的喜悦，是服用兴奋剂或以其他方式作弊的运动员所无法获得的。当我们还是孩子的时候，就梦想着在奥林匹克运动会上获得金牌，但我们并没有想过可以通过服用兴奋剂或欺骗手段来获得金牌。我认为我们真正的梦想是成为那种配得上如此奖励的人，因为我们已经获得了与竞技获胜相关的技能和美德。② 服用兴奋剂以及类似的行为可以比那些不服用兴奋剂的人更能创造竞争优势，③ 它可能会让运动员获得外部报酬，但它肯定不会帮助我成为想象中应该得到这种报酬的有德行之人。因此，根据这些论点，正是对外在之善的错位强调，才导致出现体育运动中的兴奋剂等问题。

社会实践理论也（可以）被用来为在体育比赛中服用兴奋剂辩护。米勒·布朗（W. Miller Brown）表示，提高成绩的药物可能会增加运动员获得一项体育运动内在之善的机会，或许可以让他在超过正常退役年龄后参加体育比赛。根据布朗的说法："这种做法的约束条件包括美德的内化，与使用提高机能的药物、新颖而危险的训练方案以及对体育参与者实施的生物医学或外科手术的治疗或整修相兼容。"④ 他认为，通过禁止服用兴奋剂和使用其他提高机能的技术，我们不仅切断了个人与获胜相关的外在之善的联系，也切断了个人与通过娴熟地投身于体育运动获得的内在之善的联系。布朗的部分观点是，体育运动中内在之善与外在之善的区别太过苛刻，事实上，善品总是在两极之间以一种连续统一的形式出现。⑤ 有些善品比较内在，有些善品则更加外在，但这种区别并不一定决定它们的相对价值。布朗解释说，一些外在之善"与这种实践本身的持续繁荣或发展相冲突"。其他外在之善，如娱乐、教育、训练或对他人的保护，可能并不与实践行为

---

① Schneider and Butcher, "Why Olympic Athletes," 71.
② Reid, *Philosophical Athlete*, 150 – 51.
③ 施奈德和布彻指出，通过服用兴奋剂能够获得竞争优势取决于其他人是否遵守禁令（"Why Olympic Athletes," 73）。
④ W. M. Brown, "Practices and Prudence," *Journal of the Philosophy of Sport* 17, no. 1 (1990): 77.
⑤ Brown, "Practices and Prudence," 76.

相冲突，还可能是实践最有能力表现的直接后果。① 布朗的观点并不意味着运动员应该作弊。相反，他的观点是，某些形式的兴奋剂是谨慎追求体育运动内外之善的一部分，因此应该得到允许。

简而言之，内在之善与外在之善在本体论上的区别，本身并没有创造出体育哲学家们似乎正在寻找的伦理区别。首先，某些被归为体育活动的外在之善，如健康、消遣和教育，比典型的内在之善，如掌握撑竿跳等高难度技能所带来的快乐，具有更多的社会价值。此外，某些体育运动表面上的内在之善具有非常可疑的社会价值。在这里我想到的是美式足球中那种让人兴奋的击球和高速铲球，它们让精彩时刻在游戏结束后瞬间浮现。很少有足球从业者会否认这种硬派的防守战术是比赛的内在之善，但更少有人能够证明这种防守的价值，甚至于足球之外所具有的道德可接受性。

正如格雷厄姆·麦克菲所指出的，麦金太尔似乎并没有为外在地批判一种体育实践的内在之善预留空间——即使他承认存在"邪恶实践"的可能性。② 迈克·麦克纳米（Mike McNamee）补充说，实际上，参与体育实践的动机通常很复杂；体育的内在手段以及金钱和声望的外在报酬可以同时得到重视。③ 在诸如音乐或学术界等领域，我们将"专业水准"誉为对自己技艺的献身精神，这似乎具有讽刺意味，也可能是武断的，部分证据是，精于自己技艺的人［仅仅］是在靠这一技艺赚钱谋生，然而在体育领域，出于同样的原因，我们却会诋毁职业运动员。我们并不能确定职业运动员只是为了金钱而比赛，也不能确定外部报酬的增加会引发更多的运动员服用兴奋剂和作弊。④ 对体育的社会评价而言，麦金太尔的内在之善与外在之

---

① Brown, "Practices and Prudence," 74.
② McFee, *Sports, Rules and Values*, 76.
③ Mike McNamee, "Sporting Practices, Institutions and Virtues: A Critique and Restatement," *Journal of the Philosophy of Sport* 22, no. 1 (1995): 75.
④ 根据国际奥委会主席雅克·罗格（Jacques Rogge）的说法，"国际奥委会的统计数据以及有关部门在比赛或训练中进行测试的国家的数据表明，无论是业余水平还是职业水平的顶级运动员，服用兴奋剂的人数都少于普通国家水平大部分的业余运动员"（"An Apologia for Professionalism," *Olympic Review* 26, no. 4 ［1995］: 52）。

善的区别被证明是一个有用的但不是决定性的工具。

3. 实践与机构

[62]　麦金太尔赋予内在之善优先性,这似乎是建立在它们与社会美德的关系的基础之上的。他指出,完全同一的美德为通往内在之善提供了途径,但可能也为外在之善的实现设下了障碍。① 以1936年奥林匹克运动会跳远决赛为例,当鲁兹·朗(Luz Long)帮助他的对手杰西·欧文斯(Jesse Owens)获得跳远决赛资格时,他践行了友谊这一社会美德,为一场激烈而富有挑战性的比赛搭建了舞台,但他也减少了自己获胜的机会。这一悖论似乎贬低了那些减少获胜机会的美德,但它通过在诸如高台滑雪这些实践与诸如监管这些行为的国际滑雪联合会此类机构之间做出区分而获得了意义。麦金太尔认识到机构对于体育实践持续存在的必要性,但他也警告说,机构会威胁到这些实践的福祉。"机构,"麦金太尔指出,"与我所称的外在之善存在着典型的、必然的关联。它们谋取金钱和其他物质性善品;它们是根据权力和地位构建的,并将金钱、权力和地位作为奖励进行分配。"② 危险之处在于,机构价值可能会在实践中占据主导地位,从而侵蚀实践的内在价值,最终让实践者除了外在价值之外没有任何参与体育实践的理由。在这种情况下,体育就像没有盼头的劳作,成为只是为了金钱而做的活动。

只有在实践共同体中培养出并由其成员所践行的美德能够抵制机构的腐败力量的情况下,体育才能保持其完整性。让我们回顾一些社会美德,以欣赏一项体育运动的内在之善。例如,奥林匹克运动会摔跤手鲁伦·加德纳(Rulon Gardner)在2004年雅典奥林匹克运动会上赢得铜牌后,做出了一个把鞋子留在垫子上的动作。首先,我们需要了解这项运动的历史和传统才能理解这个动作;其次,体育比赛需要遵循特定的美德来进行,

---

① MacIntyre, *After Virtue*, 183.
② MacIntyre, *After Virtue*, 181.

第 5 章 体育与社会实践

以赋予该动作以价值和意义。加德纳的动作象征着在他成功而有意义的职业生涯结束时,向他所从事的体育事业致敬。对于观看比赛的人来说,这是一个激动人心的时刻,但这种积极的情绪最终取决于运动员和他从事体育事业所体现的美德。奥运会摔跤运动需要公正的美德来激励比赛的公平,需要真诚的美德来确保结果的准确,需要勇敢的美德来面对失败的风险。

然而,如果这些由实践所维系的美德被机构对外在之善的异常重视所掩盖或取代,那么我们最终得到的东西就像迎合电视营销的"抓式摔跤"(Catch Wrestling),在这种情况下,为了能够"吸睛"和"吸金",公平竞争和尊重传统的标准被牺牲掉了。正如麦金太尔所解释的那样:"如果在一个特定的社会中,对外在之善的追求占据了主导地位,美德的概念可能会首先遭到削弱,然后可能会几乎完全消失,尽管各色美德拟像可能比比皆是。"① 人们可能会看到一位广受欢迎的职业摔跤手在漫画书中与大家告别,但这可能是由世界摔跤娱乐公司(World Wrestling Entertainment)等机构精心策划的,其明确目的便是将娱乐和商业价值最大化。机构通过给予外在之善以权益来威胁实践,从而破坏了通过追求内在之善培养的美德。这些美德反过来鼓励运动员抵制机构的腐败影响,也许是通过奉献他们的时间和金钱来帮助年轻运动员。

[63]

美德可能与体育有关,但它们与运动技能不同。不同于在一项运动中取得成功所需要的技术性能力——比如自行车比赛中的脚踏速度或板球比赛中的击球技巧——美德是可以通过各种动作和活动表现出来的。麦金太尔说:"真正拥有美德的人可以在非常不同的情况下表现出美德,其中很多情况下,美德的实践不会像我们期望的专业技能那样有效。"② 那么,勇敢这样的美德不仅会在足球守门员面对高速射门时得到体现,而且会在他抗拒机构扩大进球范围以提高得分和观众吸引力而做出努力时得到体现。同

---

① MacIntyre, *After Virtue*, 183.
② MacIntyre, *After Virtue*, 191.

样，实践不能仅仅是拥有共同技术技能的人的集合；相反，它们还是由拥有共同价值观的人组成的集合。麦金太尔解释说："一种实践的独特之处，部分在于技术技能所服务的有关善好和目的的构想——每一种实践都需要使用技术技能——是如何被这些人类力量的扩展以及对其内在之善的尊重所改变和丰富的，这些内在之善对每一种独特实践或实践类型都有部分确定性。"① 正是实践者对其实践的内在之善的献身，才使得他们能够抵制其机构的权力腐败。

在实践与机构之间对抗性的关系中，威廉·摩根看到体育从资本主义腐蚀的影响中得以完全救赎的可能性："尽管当今所谓的体育受到市场（尤其是娱乐市场）的理性行为和道德规范的浸染，但除了商业方面，体育还有更多的善好之处。"② 具体来说，他指的是其规则中所包含的"体育的内在逻辑"——这一概念反映了伯纳德·休茨对游戏的定义，即"自愿尝试克服不必要的障碍"。③ 体育的内在逻辑抓住了前面所探讨的那种感觉，即体育是一种没来由的（gratuitous）玩耍形式，它规定要采用低效的手段达到任意的目标，只是因为它们使游戏成为可能。例如，足球的目标是将球送入网，必须只用人的脚去完成，而正是这种低效率的规定（以及其他规则）才使得这项游戏富有挑战性和耍玩的趣味性。

体育的这种内在逻辑显然与市场价值相悖，市场价值追求的是获得金钱效益善品的最有效途径（我们将在第 14 章回到摩根的观点）。此外，对为达目的不择手段的看重破坏了以培养和表达美德为目从事体育的古老传统。了解体育的内在逻辑及其与社会价值之间联系的体育参玩者能够抵制机构的腐化倾向，尤其是通过在这些机构中担任教练、裁判、组织者和管理者。国际自行车联合会（International Cycling Federation）关于"人高于

---

① MacIntyre, *After Virtue*, 180.
② William J. Morgan, *Leftist Theories of Sport: A Critique and Reconstruction* (Chicago: University of Illinois Press, 1994), 130.
③ Bernard Suits, *The Grasshopper: Games, Life, and Utopia*, 2nd ed. (Peterborough, Ontario: Broadview, [1978] 2005), 55.

机器"的宣言（这一原则禁止自行车骑手使用层出不穷的技术增效），清楚地反映了参玩者对机构以及支持其行业利益的看法。最有可能的是，这是一个道德高尚的实践者从内部抵制机构腐化权力的例子。

4. 共同体与美德

在社会实践理论中，重要的是要牢记共同体的首要地位。现代社会倾向于将个人自由置于公共利益之上，这是麦金太尔想要抵制的事情之一。像篮球这样的实践与其说是一种活动，不如说是一群人的活动。正如麦金太尔所解释的那样，"从事一种实践，不仅是与它的当代实践者建立关系，而且是与那些在我们之前从事这种实践的人，特别是与那些把实践的范围扩大到目前的成就的人建立关系"。① 只有把体育事业理解为共同体，把我们自己理解为共同体中负责任的成员，我们才能最好地获得这些美德。例如，谦逊和信任要求运动员必须承认他自己的表现与其参玩的体育运动权威标准相比存在着不足之处。

为了变得更好，运动员通常与教练一起工作，从而将自己置于与其他实践者的关联中，并使自己进入一段需要尊重、勇气和诚实的学徒期。正如麦金太尔所解释的那样，"只要我们分享实践的标准和目的，我们就会通过根据真诚和信任的标准来定义我们彼此之间的关系，不管我们是否承认，我们都会通过根据公正和勇敢的标准来定义这些关系"。② 体育的善好不仅是通过面对游戏本身的人为障碍，而且是通过加入一个共同体来培育的。事实上，古希腊的德性总是在共同体中被理解的，它源于人们对人类是社会性动物的认识。我们个人的善好不能与我们共同体的善好分开。

[65]

在应用于团队体育项目的教育中，实施"共同体相互依存"的课程教学是一个常见的正当理由，但只要把个人运动项目理解为社会实践，在

---

① MacIntyre, *After Virtue*, 181.
② MacIntyre, *After Virtue*, 179.

个人体育项目的教育中开设这一课程就属正当。彼得·阿诺德（Peter J. Arnold）在《道德教育杂志》（*Journal of Moral Education*）上用麦金太尔的理论来捍卫体育的教育学价值。阿诺德把体育描述为一种有价值的社会实践，通过经验告诉我们平等的原则和公平竞争的责任。他说，体育要求我们致力于其内在的目标和标准。"这需要按照其规则行事，并保持其最佳的习俗、约定和传统。它包括对诚实、公平、勇气、决心和毅力等美德的锤炼，这些美德不仅有助于将体育定性为一种实践，而且是使其蓬勃发展所不可缺少的因素。"① 然而，人们普遍怀疑体育作为共同体价值观教育的有效性。麦金太尔说的也许是对的，将自己与实践共同体分离就是"让自己远离自己之外的任何善好"②，但是似乎人们可以而且经常在没有参与体育共同体的情况下进行体育活动。

即使在团队项目内部，运动员个人也经常在"赢家通吃"的比赛中相互竞争首发位置，这迫使他们专注于自己的个人利益，而不顾所有其他人的利益。事实上，个人主义以及自我膨胀行为在团队项目的运动员中似乎更常见。游戏不应该奖励这种行为，但市场显然是这样做的。如果体育要作为共同体价值观的教育，就必须努力实现这一目标。施奈德和布彻令人信服地指出，运动员可以理性地避开兴奋剂带来的利己利益，以获得干净体育的集体善好，但又有多少运动员哪怕只是意识到这种观点呢？更不用说能够按照这些观点行事了。"也许，"米勒·布朗说，"我们必须承认体育及其善品中占主导性地位的个人性特质。"③ 如果体育道德的培养依赖于它作为一个共同体的功能，那么体育的个人主义实践在教育中也就没有什么地位了。

5. 目的与生活叙事

最后，一个经常被忽视的内在之善的方面是，用麦金太尔的话来说，

---

① Peter J. Arnold, "Sport and Moral Education," *Journal of Moral Education* 23, no. 1 (1994): 84.
② MacIntyre, *After Virtue*, 240.
③ Brown, "Practices and Prudence," 82.

它们是"某种生活类型"的产物。① 这也与体育产生了共鸣：我们如此欣赏 4 分钟跑 1 英里或惊人的滑雪跳跃等成就的原因之一，是我们认为它们是一种有价值的体育生活方式的产物，其特点是拼搏和毅力等美德。即使是在高度机构化和以外在之善为中心的当代体育文化中，拼搏和遵守纪律等美德也随处可见。当然，这是体育本身历史叙事的一部分。即使当《火战车》（Chariots of Fire）中以天生的贵族优越精神促使运动员秘密训练或乔装改扮成他们的教练时，训练与成功之间的联系也得到了运动员的认可。今天的流行文化喜欢把成功的运动员描绘成享有特权的花花公子，但体育成就仍然取决于特定的生活方式，一如既往。在纪录片《篮球梦》（Hoop Dreams）中，一位忧心忡忡的母亲叹了口气，解释了她大儿子失败的原因。② 无论柯蒂斯（Curtis）拥有什么样的使其达到竞技水平的技能或美德，这些技能或美德都无法保护他不受成功的诱惑，也无法迁移到他生活的其他领域。为什么这种情况如此常见？

　　我们已经注意到，获致某项体育运动的外在之善所必需的运动技能与实践中所培养和保持的美德是不同的。就像运球和投篮这样的技术在球场外根本没用一样，如果一个人不能在体育之外运用这些技能，那么勤奋和自律这样的美德也是没用的。事实上，麦金太尔在这种情况下根本不会称其为美德。如果一个人真的拥有自律的美德，那么这种美德将会体现在他生活的方方面面，因为用麦金太尔的话来说，自律将被理解为"社会和道德生活的一个特征，据此也就必须用自律来定义和解释［社会和道德生活］"。③ 换句话说，为了让体育美德成为真实的，而不是麦金太尔所说的"拟像"，它们必须在一个统一的、以目标为导向的生活叙事中体现出来。

　　在此，目标或目的（telos）不能仅仅是一个体育目标，即便是像赢得奥林匹克运动会金牌这样宏大的体育目标。用麦金太尔的话说，它必须"通

---

① 麦金太尔在他对绘画的内在之善的描述中提到了这一点。他说，"画家在其一生中或多或少的一个部分是作为画家而度过的，这是绘画之外的第二种内在之善"（After Virtue, 177）。
② Emma Gates, quoted in Hoop Dreams, dir. Steve James, Kartemquin Films, 1994.
③ MacIntyre, After Virtue, 174.

过构成整个人类生活的善,即被视为一个统一体的人类生活的善来超越实践的有限之善"。① 麦金太尔认为,这种统一反过来又具有一种特殊的美德:正直、坚定或目标专注——这种美德"除非涉及人类生活的完整性,否则根本无法具体说明"。② 对于不同时代、不同文化背景的人来说,这种统一的生活可能是不同的,但它包含着同样的美德。的确,像克罗顿的米洛(Milo of Kroton)这样的古代奥运冠军的美德与今天的奥运摔跤冠军并没有太大的不同,这似乎是有道理的。勇敢和公正等美德不会改变,但它们在不同的环境和不同的活动中会有不同的表现。最终,在社会实践理论中,它们的目标是美好的生活,它被理解为一种叙事,是由我们每个人在特定的语境中写就的。③

麦金太尔拒绝阐明一种普遍的美德理念,而是依赖于具有动态差异的实践共同体,这是在呼吁其灵活性,但一些人仍对其明显的不一致性感到沮丧。格雷厄姆·麦克菲说:"麦金太尔的观点不能解释实践中固有的规范性,相反,它依赖于实践。"④ 他承认,体育可以教会我们遵守规则,但是他担心,遵守规则只不过是一种习惯。体育应该做的不仅仅是训练我们去做一件事,它应该有助于理解我们为什么要采取这种行动。⑤ 麦金太尔的社会实践理论也需要这样的理解。为了符合麦金太尔对有价值的社会实践的要求,即培养旨在实现统一的美好生活的美德,体育必须进一步促进对我们为什么要把体育作为生活的一部分的理解。很多时候,体育、美德和人生目标之间的这种联系被认为是无意识的或空洞的。体育社会理论,特别

---

① MacIntyre, *After Virtue*, 189.
② MacIntyre, *After Virtue*, 189.
③ 麦金太尔鼓励这种生活的审美观念:"这种对比,实际上是艺术和生活之间的对立,事实上往往是这些理论家的前提,而不是结论,提供了一种将艺术——包括叙事——从其道德担负中豁免出来的方法……将人的生命视为叙事的统一体,是一种与现代文化中占主导地位的个人主义和科层主义模式格格不入的思考方式。"(*After Virtue*, 211)
④ McFee, *Sports, Rules and Values*, 81.
⑤ McFee, *Sports, Rules and Values*, 81.

是社会实践理论，为理解和最终培养体育德性能力提供了一个框架。

6. 讨论问题

（1）举例说明你所参玩的体育运动中存在着的内在之善——根据体育的卓越标准所取得的成就而带来的特殊时刻。这些善品与外在之善是一样多还是更多地激励着你？

（2）体育的逻辑和价值观有时与管理它们的机构的价值观不一致。你能举个例子吗？例如，一个体育机构因为外部原因比如金钱或名声改变了规则，损害了这项运动的内在价值。

（3）你认为团队体育项目还是个人体育项目更有利于培养友谊和公平等社会和共同体美德？

（4）如果通过体育培养的美德应该在一个人的一生中得到表达，为什么有那么多运动员会在体育之外会陷入生活的困境呢？

第 6 章　体育与艺术

[69]　并非所有的体育理论都建立在规则和共同体的基础之上；许多哲学家把体育看作一种艺术形式。在思考体育与艺术之间的关系时，人们可能会想到古希腊的运动雕塑，比如著名的铁饼运动员迈伦（Myron）。这些雕像看起来是那么真实，栩栩如生，但与此同时，它们的美却源于它们的不存在——也就是说，它们不是不完美的人，而是完美的理想型的代表。事实上，我们今天在大英博物馆或罗马国家博物馆看到的掷铁饼运动员雕像已经是一种表象的表象。它们是早已失传的原始青铜雕像的大理石复制品，这个复制品很可能是某个无名的体育模特的"复制品"，而这个模特又是对在某场特定比赛特定时刻中获胜的某个著名奥运会运动员姿态的模仿，这些复制品曾屹立在奥林匹亚或其他运动圣地。然而，就像品达那诗意般的庆胜颂歌一样，这些雕像与其说是对特定获胜者的现实描绘，不如说是对一种理想文化类型的普遍纪念。用这种方式，铁饼运动员代表了某种特殊的东西，同时也表达了一种被称为"尽善尽美"（Kalokag-athia）的普遍的美与善的文化理想。正是这种特殊与理想之间的交集赋予了体育艺术以力量，正是观众的思维将这些领域联系在一起。然而，有趣的问题不在于体育雕塑和体育诗歌是不是艺术——它们当然是艺术，问题在于

第 6 章 体育与艺术

体育本身能否成为艺术。

艺术体育是存在的。有些项目,比如艺术体操,甚至在它们的名字中就带有这个名称。许多其他项目,如花样滑冰、冰上舞蹈、跳水和花样游泳,都采用了审美标准甚至"艺术价值"作为评价标准。此外,体育比赛通常在专门为观众设计或标定的场地进行。所有的体育运动,即使是像橄榄球这样粗野的游戏,也能在恰当的环境下被有知识的观众欣赏。然而,体育和艺术之间的这些相似之处并没有回答体育何时以及是否可以成为艺术的问题,这个问题由于对体育和艺术的定义,甚至其可定义性的持续争论而变得更加复杂。也许最好的回应就是探索体育与艺术之间的密切关系,更准确地说,探索体育的审美本质。体育和美(beauty)之间的关系是什么?体育的审美价值是什么?观众能把体育当作艺术来欣赏吗?运动员能成为艺术家,甚至成为他们自己的艺术作品吗?体育是不是艺术的问题可能永远无法解答,但我们可以通过研究体育与艺术和审美的关系来了解体育的形而上本质。

[70]

1. 共同的世系

对体育与艺术关系的哲学探讨源于体育与玩耍的密切关系。19 世纪,弗里德里希·冯·席勒(Friedrich von Schiller)在一封信中声称,美是玩耍本能的对象。[1] 席勒把这种玩耍本能定位在生活的理性、理念或形式方面与审美、真实、质料方面的交汇点上:"在形式冲动和质料冲动之间应该有一个交流——也就是说,应该有一个玩耍的本能——因为只有质料与形式的统一,偶然与必要的统一,消极的状态与自由的统一,人性的概念才得以完成。"[2] 席勒总结道,美是通过质料与理念的有趣统一而产生的。他说:

---

[1] Friedrich von Schiller, "Letter XV," in *Essays and Letters*, trans. A. Lodge, E. B. Eastwick, and A. J. W. Morrison, vol. 8 (London: Anthological Society, 1882). Reprinted in Ellen Gerber, ed., *Sport and the Body: A Philosophical Symposium* (Philadelphia: Lea & Febiger, 1974), 299.

[2] Schiller, "Letter XV," 299.

"美不仅是生命和形式,而且是有生命的形式。"① 当然,席勒对美在玩耍和生活形式中的定位并不会自动地把体育(甚至玩耍)变成艺术;更准确地说,这种定位[只是]将玩耍定义为体育和艺术共同的本体论先祖,并指出人类思维在创造美的方面的重要性。在第3章的基础上,我们还可以观察到游戏的自愿、超凡、自目的性、有趣和引人入胜等特征,这些特征在艺术和体育中经常表现出来。这种基于玩耍的"基因"联系可以解释体育和艺术之间偶尔的相似性,而不需要暗示它们的身份。约瑟夫·库普弗(Joseph Kupfer)解释说,正是体育的天然玩耍性使得它很容易成为审美的对象。②

[71] 正如竞技运动的严肃性给其归类为玩耍带来了问题一样,它似乎也破坏了体育与艺术的密切关系。卡尔·格鲁斯(Karl Groos)将"植根于嬉玩的尝试和模仿"的乐趣确定为成熟艺术的一个原因③。体育的乐趣似乎植根于不同的原因。与艺术不同,体育很少是为了创造美,甚至是为了一种重要的审美体验。④奥林匹克运动会一名花样滑冰选手可能会穿上戏剧服装,完成精心编排的动作,但她主要是为了赢得比赛而追求分数,只是碰巧创造了审美价值。然而,并不是所有对艺术的定义都取决于艺术家的意图。本质主义者寻找作品内在的东西,而语境主义者则主要通过艺术与其他艺术作品的关系来定义艺术。⑤ 还有一种反本质主义艺术流派,它反对用任何特定的功能来定义艺术。显然,如果任何事情都可以成为艺术,那么体育也可以成为艺术。但这种零零碎碎的确认并没有告诉我们任何关于体育本质新的东西或有趣的东西。为此,我们需要就体育与艺术之间的异同给出

---

① Schiller, "Letter XV," 300.
② Joseph Kupfer, "Sport: The Body Electric," in *Philosophic Inquiry in Sport*, ed. W. Morgan and K. Meier, 390 – 406, 2nd ed. (Champaign, IL: Human Kinetics, 1995), 391.
③ Karl Groos, "Play from the Aesthetic Standpoint," in *The Play of Man* (New York: D. Appleton, 1901). Reprinted in Gerber, *Sport and the Body*, 304.
④ 根据罗伯特·斯特克(Robert Stecker)的说法,美学概念巧妙地将艺术定义为创造具有重要审美价值(或具有重要审美体验)的东西。见 *Aesthetics and the Philosophy of Art* (Lanham, MD: Rowman & Littlefield, 2005), 6。
⑤ Stecker, *Aesthetics*, 9.

第 6 章　体育与艺术

哲学性的提问。

体育与艺术的密切关系是建立在共同先祖的基础上的：二者都是玩耍的后裔，都具有一定的玩耍特征，这些特征决定了观众的审美体验。首先，它们都异乎寻常地与日常生活相分离，通常被明确的空间和时间界限所隔离。即使诸如汤罐这样的普通物品能够被作为艺术品呈现，也是要通过把它从其日常安置中移除出来才能被如此精确地当作艺术品。这种审美上的转变发生在旁观者的脑海里，这不仅取决于旁观者的愉悦，也取决于其特定的知识和理解。其次，艺术和体育都是自目的性的——它们是为了自身的利益或作为目的本身而被重视，而不是作为实现实际目的的手段。虽然体育和艺术都可以用金钱来买卖，但经济利益并不是（或至少不应该是）它们的主要目的，而且对体育和艺术的工具性利用似乎降低了它们的审美价值。这表明，体育和艺术都体现了道德层面的审美价值。最后，这个道德维度提出了关于体育和艺术在教育中的作用的问题。古希腊哲学家如柏拉图看到了美与善之间深刻的联系，这在尽善尽美的教育理想中得到了体现。与此同时，现代思想家卡尔·格鲁斯认为，"道德的升华和对生活的深刻洞察"是使艺术超越"纯粹"玩耍领域的因素。[1] 在这个观点中，体育和艺术之间的联系超越了玩耍甚至美学，进入了意图、目的和社会价值的道德领域。那么，它从哪里开始呢？

2. 框架：旁观者的意见

克里斯托弗·科特纳（Christopher Cordner）认为，体育和艺术都具有"与日常世界相分离"的玩耍特征，"无论是在画布周围的画框，在冰球场的边线、边缘，还是在剧院的舞台上"。[2] 这些边界与审美享受有很大的关

---

[1] Groos, "Play from the Aesthetic Standpoint," 303.
[2] Christopher Cordner, "Differences between Sport and Art," in Morgan and Meier, *Philosophic Inquiry*, 427.

系，也许是因为它们对生活中的其他任意流变的混乱强加了理性的限制。亚里士多德认为美在于秩序，[1] 和尼采认为悲剧之美在于日神秩序和酒神混沌之间的张力。[2] 也许，"边界"所起的作用是作为一种信号，对它们在画面中捕捉到的任何东西采取一种审美态度，就像摄影师框选一个视野的某个部分来拍摄一幅艺术照片一样。就像艺术作品常常是由日常物品、图像、声音和经验拼凑而成一样，构成体育运动的原始人类动作也来源于日常经验。围绕对象的空间和时间框架——在场地上的白垩线，球类游戏开打和中止的哨声，以及舞台上幕帘的拉起和落下——使得玩耍脱离日常生活领域，并成为审美欣赏和享受的对象。

体育和艺术的边框创造了玛乔丽·费希尔（Marjorie Fisher）所说的"审美情境"——观众和艺术家（或艺术品）之间的互动，通过激发观众欣赏他们的作品，使表演者发挥出最佳水平。[3] 这一点可以从剧院和体育馆建筑的相似性看出来，甚至可以从博物馆邀请观众与它们的艺术品互动的方式看出来。可以这样说，某些普通的物品，比如安迪·沃霍尔（Andy Warhol）著名的布里洛盒子（Brillo Box），就是在博物馆里转化成为艺术品的。相反，观众似乎是通过采取一种审美态度来实现这种转变的。正如阿瑟·丹托（Arthur Danto）所说："要以艺术的眼光看待事物，需要一种肉眼无法描述的东西——一种艺术理论的氛围，一种艺术史的知识：一个艺术世界。"[4] 这并不是说要把体育变成艺术，我们只需要把它放在博物馆里。事实上，像击剑比赛这样的体育赛事经常是在为表演艺术而建的剧院里进行的。它所表明的是，体育的审美价值就像艺术一样，至少部分取决于观众的态度，以及他们从审美角度看待体育表演的意愿和能力——它被视为一种与众不同的东西。

体育和艺术的审美框架被解释为对时间和空间的操控，旨在提高人们

---

[1] Aristotle, *Poetics*, trans. Malcom Heath (London: Penguin, 1997), 1450b.
[2] Friedrich Nietzsche, *The Birth of Tragedy*, trans. Shaun Whiteside (London: Penguin, 1994).
[3] Marjorie Fisher, "Sport as an Aesthetic Experience," in Gerber, *Sport and the Body*, 318.
[4] Arthur Danto, "The Artworld," *Journal of Philosophy* 61 (1964): 580.

对自由和可能性的认识。想想体育比赛或戏剧表演开始前的时刻。我们体验了德鲁·海兰所说的"极具感染力的主题烘托，而不是简陋逼仄的时间和空间"。这种提升的意识反过来考验着我们"将这种有限性转化为可能性"。① 从平凡的生活到超凡的审美境界，过程可以很简单，比如吹一声口哨，也可以包括音乐、灯光和奏国歌等仪式。重要的是要完成对"现实世界"的转换，这个"现实世界"具有令人窒息的可预见性和不可避免的必然性，要把它转换成一个以可能性和机会为特征的"玩耍世界"——哲学家们有时把这种不确定的"甜蜜紧张"称为体育的典型特性。由这种框架所创造的可能性之感甚至可以超越这个游戏或这个表演。奥林匹克运动会开幕式试图形塑这样一种心态，即永久的世界和平这一历史反常现象在某种程度上已在我们的掌控之中。用让－保罗·萨特（Jean-Paul Statre）的话说，通过把体育和艺术与日常生活区分开来，我们"剥去了它的现实性"②，从而开辟了一个我们对可能性开放的精神空间。

[73]

然而，在审美价值和体育价值之间似乎存在着冲突。丹托的艺术世界并不是体育世界，即使你要从艺术世界的角度来评价一场体育表演——也许是将一场游戏的戏剧性当作一场悲剧来批判性地审视——你也不会因此将体育变成艺术。竞技中精巧动作的审美价值似乎与它们的竞争目的不同，有时甚至是不一致的。球迷们可能会乐于看到美国橄榄球运动员从防守队员身边跑开时踢出了"闪光的脚趾"（意指步法灵巧多变、姿态流畅优美）场面，但这名球员可能只是想避免从后面被拦截而已。如果体育玩家是在为观众表演一种舞蹈，他可能会因为"炫技显摆"而不是专注于游戏而在体育界受到惩罚。有些体育甚至规定，禁止运动员过多地向观众表演，所有竞技体育项目都自然地惩罚那些不能专注于比赛的运动员。此外，一个体育迷主要关心的是比赛的结果（或者可能是他赌博的结果），他可能对这

---

① Drew A. Hyland, *Philosophy of Sport* (New York: Paragon, 1990), 121.
② Jean-Paul Sartre, *Being and Nothingness*, trans. Hazel E. Barnes (New York: Philosophical Library, 1956), 580.

种艺术天赋不敏感，甚至反感。因此，我们可以说，球迷缺乏艺术敏感性，虽然我们很难说他不欣赏体育。

那么，对于那些偏爱艺术而非体育的观众，我们该怎么说呢？奥林匹克冰上舞蹈运动因此而闻名。在1984年的萨拉热窝冬季奥林匹克运动会上，克里斯托弗·迪安（Christopher Dean）和杰恩·托维尔（Jayne Torvill）利用比赛规则中的漏洞，获致了一些明确的艺术目标，比如吸引观众，表达经典的故事，以及诠释拉威尔（Ravel）的《波列罗》（Bolero）的乐曲。①在萨拉热窝，他们赢得了群众的喜爱和一块有争议的金牌。在1994年的利勒哈默尔奥林匹克运动会上，观众为托维尔和迪安起立鼓掌的时间比所有其他双人组都要长，但裁判只给他们颁发了一枚铜牌。在这种情况下，他们表演的纯粹审美性与比赛规则所定义的竞技实用性相冲突。不管托维尔和迪安的表演对观众有什么艺术价值，它的体育价值是不同的。冰上舞蹈可能既是体育又是艺术，但这并不意味着体育和艺术就是一回事。

另一方面，见多识广的体育观众可以在特定的比赛情景中找到审美价值。从这个角度来看，一个经验丰富、知识渊博的观众，比如奥林匹克裁判，比那些从未参加过比赛甚至很少观看比赛的观众更适合评估一场比赛的审美价值。可以肯定的是，在团队项目中，比如篮球，要想识别出一场完美的、有策略的比赛，需要一双训练有素的眼睛和对比赛的深刻理解。此外，体验美国和苏联在1980年奥林匹克运动会曲棍球半决赛中的决定性进球这样的情感力量，不仅取决于这场比赛的竞技环境，还取决于它与曲棍球和奥林匹克运动会历史上其他著名赛事的关系②。关于艺术也有类似的说法。例如，充分欣赏希腊悲剧需要了解历史和神话。同样，体育审美似

[74]

---

① Elizabeth A. Hanley, "A Perennial Dilemma: Artistic Sports in the Olympic Games" (unpublished manuscript, 2000), 5.
② 正如斯潘塞·沃茨（Spencer K. Wertz）所指出的，"一项特定体育赛事的艺术品质或价值取决于该给定游戏是否配得上它的时刻，也就是说，它是否无愧于它的历史先辈——它的传统"（"Representation and Expression in Sport and Art," *Journal of the Philosophy of Sport* 12 [1985]: 13）。

乎也需要专门的体育知识。事实上，有知识的观众可以在一个高效的但并非常规意义上优美的动作中获得审美的愉悦，就是因为它的竞技价值。例如，奥运冠军迈克尔·约翰逊（Michael Johnson）的步态与众不同，但非常有效，有些人将其比作鸭子般的蹒跚学步。普通观众认为它很丑，而真正的跑步狂热者则从其精妙和高效中发现了美。

体育审美可能需要专门的体育知识，但要说它确乎降低了竞技效率，似乎语气又太重了。正如莱斯利·赖特（Lesley Wright）解释的那样，"我们需要更多地接受审美的可能性，承认体育中的审美范围很广，包括情感上的反应，而不仅仅是对技术效率或机能卓越表现的认可"。[1] 体育和艺术都具有与日常生活相分离的玩耍特性，它们都创造了将艺术家（或人工制品）与观众联系在一起的审美情境。艺术有时与体育的区别在于观众的智性投入。根据卡尔·格鲁斯的观点，智性投入将艺术从单纯的审美提升到"更丰富的精神效果"的层面上，即"只有更高的感官才能感知"。[2] 但是智性投入是观众的属性，而不是对象的属性，它与体育的关系就像它与艺术的关系一样。在艺术和体育中，观众知识的内容可能不同，但在这两种情况下，美真正存在于观赏者的心中。我们并不是通过将美的艺术标准应用到体育中来审美地欣赏它；更确切地说，而是通过在一个明智的体育框架内来欣赏体育，我们赋予它审美的价值和潜在的艺术价值。

3. 目的与手段

艺术与体育共享着的第二个密切关系是玩耍的同质性。正如罗伯特·斯特克（Robert Stecker）在他的《审美与艺术哲学》（*Aesthetics and the Phi-*

---

[1] Lesley Wright, "Aesthetic Implicitness in Sport and the Role of Aesthetic Concepts," *Journal of the Philosophy of Sport* 30, no. 1 (2003): 91.

[2] Groos, "Play from the Aesthetic Standpoint," 302.

losophy of Art) 一书中所说的那样："当我们从审美意义上把一件事物评价为好的时候，如此评价是为了它本身或作为一种目的，而不是为了它所带来的其他东西或作为一种手段。"① 体育就其本身而言也是一种目的。但有些思想家如大卫·贝斯特（David Best）认为手段和目的的不可分离性是艺术与体育的区别。根据贝斯特的说法，"就艺术，或更广泛的美学而言，在手段和目的之间做区别是不适用的"。② 他的意思是漂亮的触地得分和丑陋的触地得分在足球比赛中是一样的，但是漂亮的绘画和丑陋的绘画却不可能有相同的艺术价值。体育有其超越动作完成这一手段的目的或目标（意即得分的目的或游戏的获胜）。贝斯特承认，"审美体育"——如体操、跳水和花样滑冰——与艺术相似，"因为它们的目的与实现的方式密不可分"。③ 但是他得出结论，这样的体育仍然不是艺术，因为"手段从来没有达到最终的完全认同的目的，而这是艺术概念区别于其他概念的一个重要特征"。例如，拿一首诗可以参加比赛，但如果说重要的是这首诗是否获胜，而不是它是如何写成的，那就太荒谬了。丑陋地获胜，似乎在艺术赛事中没有一席之地。

另一方面，"丑陋地获胜"这个短语的存在表明，运动员至少意识到了他们表现的美学价值。"赢就是赢。"他们说。一般来说，获胜的真相就是如此。但看起来，一场特别的获胜可能是丑的，也可能是美的，而美会增加它的价值。特里·罗伯茨（Terry Roberts）声称，事实上，贝斯特对体育和艺术的中庸之道的区分，恰恰错在他对普遍与特殊两者之间的差异含糊其辞。罗伯茨认为，贝斯特是在普遍地描述体育而特殊地描述艺术，但当我们以同样的方式考虑这两者时，手段-目的这两者的意义和目的的区别就消失了。④ 罗伯茨说："艺术作品的目的、目标或意义是否可以独立于它的完成方式而被识别，并不是艺术作品本身的功能，而是它被

---

① Stecker, *Aesthetics*, 4.
② David Best, "The Aesthetic in Sport," in Morgan and Meier, *Philosophic Inquiry*, 379.
③ Best, "Aesthetic in Sport," 380.
④ Best, "Aesthetic in Sport," 381.

第 6 章 体育与艺术

描述的方式的功能，无论这种描述是特殊的还是普遍的。"① 例如，我们可以把足球描述为在一定条件下把球踢进球门；同样，我们可以把一首歌描述成按照一定的条件和一定的顺序写就的音符。但如果我们讨论特定游戏中的特定目标或特定音乐会上表演的特定曲目，我们将根据表演的方式来评估它的审美价值。体育表演的价值就像艺术表演一样，超出了统计性评估的范围。

正如我们在前一节中所看到的，竞技性关注虽然体现了体育的审美价值，但只是一部分。特定的体育表演，甚至整个游戏或赛季，都是从它们的表演方式、它们的戏剧性历史背景，甚至由观众投射给它们的象征性价值中获得审美价值的。鲍勃·比蒙（Bob Beamon）在 1968 年奥林匹克运动会上创造了跳远纪录，如果把这样一个具有象征意义的竞技体育时刻说成只不过是 29 英尺 2.5 英寸（约 8.9 米）的跳跃，那将是对这样一个意蕴丰富而意义深远的时刻的贫乏理解。正如特里·罗伯茨所言："正如我们不应让所谓'典型'球迷讨嫌的兴趣决定得分在竞技体育逻辑中的位置，我们也不应让这种一般化的、在这种意义上无足轻重的描述决定艺术的意义所在。"② 像投篮这样的体育运动可能有一个明确的目的，比如得分，但这个目的是内在于游戏的，因此处在玩耍的整体边界之内。体育运动不像汽车和电话那样纯粹是为外部目的服务的。③ 就像艺术一样，它本身就是一个目的，即便是经常被批评的获胜目标也只不过是游戏的一个内在构成。

[76]

此外，艺术和体育的工具性使用似乎与其自目的性无关。音乐家获得报酬并不妨碍他的表演成为艺术；同样，对某项竞技表演的买卖并不（必然）阻止它成为体育。运动员或艺术家索要报酬，但这并不意味着他们表演完全就是为了金钱。即使他们的动机是逐利，表现本身仍然可以是自目的性的。外在动机的存在并不意味着内在动机的缺失。人们可以而且显然

---

① Terence J. Roberts, "Sport, Art, and Particularity: The Best Equivocation," in Morgan and Meier, *Philosophic Inquiry*, 418.
② Roberts, "Sport, Art, and Particularity," 422.
③ Roberts, "Sport, Art, and Particularity," 419.

是出于复杂的动机而行动的。正如克里斯托弗·科特纳所言,"在这两个领域存在着各种各样的动机。艺术家就像运动员一样,可能会被一种欲求所感动,那就是成为某一领域的佼佼者,创作一些完美的作品,赢得名声和财富,取悦观众,或者'让中产阶级震惊'。或者他/她可能只是喜欢画画、写作、跑步或棒球"①。没有什么能阻止一个专业音乐家同时出于对金钱、名誉、美色、社会评论和纯粹快乐的渴望而表演。同样,也没有什么能阻止一个职业运动员出于同样复杂的原因进行表演。职业篮球运动员比尔·布拉德利(Bill Bradley)说,他打球常常是为了"纯粹的快乐",有时甚至在重要的比赛中会忘记得分。②

  威胁审美价值的不是将体育或艺术用于(use)外在目的,而是对其进行利用(exploitation):为了追求外部目的而出卖实践的内在价值。作为演员、音乐家或艺术家得到报酬或资助是一回事,而根据市场或赞助人的利益量身定做自己的艺术是另一回事。为了获得赌金而故意输掉一场比赛的拳击手就是在利用他的拳击,因为他为了获得赌金的外在目标而牺牲了赢得比赛的内在需求。赢得奖金的拳击手不会做出这样的牺牲。"放水"的拳击手则进一步受到道德谴责;他违背了这项运动的内在要求,不道德地利用了它。他的行为被描述为"一桩丑事",而且他自己很可能也会对这样做的前景感到深恶痛绝。使用(use)和利用的区别是一种道德上的区别,我们对它的反应表明它对体育和艺术的审美价值确有影响。

  斯蒂芬·芒福德(Stephen Mumford)以迭戈·马拉多纳的"上帝之手"(后来被发现是一个非法手球)和1988年汉城奥林匹克运动会上本·约翰逊(Ben Johnson)服用类固醇参加百米赛跑为例,阐释了道德与审美价值之间的联系。不管这些表现在当时看起来是多么的美,它们的美被已经发现的(非)道德情境削弱了——也许变成令人厌恶。芒福德将其与莱尼·里芬施塔尔(Leni Riefensthal)的著名电影《奥林匹亚》(*Olympia*)

---

① Cordner, "Differences between Sport and Art," 427.
② Bill Bradley, *Values of the Game* (New York: Broadway Books, 1998), 5.

进行了比较，后者在视觉上令人震撼，开创了多种富有创意的摄影技术，但最终却颂扬了可疑的纳粹原则，支持了他们不道德的政权。芒福德认为，这部电影的审美价值就像那些体育作品一样，被其道德情境削弱了。① 对一些人来说，体育的例子似乎比艺术的例子要更关涉审美上的道德弱化。对另一些人来说，这两个例子在审美上都不会因其道德情境而有所弱化。但是区别并不在于我们是否在目的和手段之间做了道德上的区分，而在于我们是否在美和道德之间建立了概念上的联系。

4．超越玩耍的艺术和体育

卡尔·格鲁斯曾指出，正是这种道德联系使艺术（和体育）超越了纯粹的玩耍。这种提升的一种形式就是把这些实践用于社会和人文目的，特别是教育。古希腊人将体育用于教育，这是基于美和道德之间强烈的概念联系。尽善尽美（Kalokag-athia），结合了美与善的理想，不仅是希腊竞技艺术的驱动力，也是旨在同时培养美与善的体操教育的动力。柏拉图学园也许是此类体操运动最著名的例子。在柏拉图哲学的语境中，善的理想或"理念"与美是紧密相连的。例如，在《大希庇亚篇》（*Hippias Major*）中，柏拉图说："如果美是善的原因，善就是通过美而产生的。这就是为什么我们热情地追求思想和其他一切美好的事物，因为它们的产物——善——是值得我们热望的。根据我们的发现，美是善之父。"② 正是对善与美这些理念的理解，才会产生和培育出美的身体动作。尤其是舞蹈，它不仅需要动感，也需要美感，还需要勇敢和自制等道德品质。通过在柏拉图学园展现视觉上美且受控的动作，学生们准备在他们的公民生活中展现道德上美且

[78]

---

① Stephen Mumford, *Watching Sport: Aesthetics, Ethics, and Emotion* (Abingdon, UK: Routledge, 2011), chap. 8.
② Plato, *Two Comic Dialogues: Ion and Hippias Major*, trans. Paul Woodruff (Indianapolis: Hackett, 1983), 297bc.

受控的行为。①

艺术和体育在教育中的作用现在还不太明确，但它们至少可能对道德教育产生影响。伊曼努尔·康德重视美术（fine art），因为它试图激发我们更高的认知能力。按照科特纳的说法，艺术家"寻求创造一些东西来沉思"。② 贝斯特补充道："它是任何艺术形式的独特之处，它的传统允许表达生活情景的可能性。"③ 虽然有些人觉得很难想象一个运动员通过设计他的表演来表达他对当代道德、社会和政治问题的看法④，但体育可以而且经常激发有知识的观众进行沉思。事实上，竞技运动起源于古埃及和美索不达米亚，从那时起，它就被用来表达美德和道德的概念，而作为现代体育之源的古希腊竞赛也被明确地与道德理想联系在一起。⑤ 我们在第1章中已经看到，国王和法老的竞技表演根本不是竞赛，而是有意设计的表演，目的是传达有关领袖的道德价值和神恩的政治讯息。科特纳说，体育一直是在而且现在依然在"制定或实现人生价值"，这是它们与艺术共同的品质。⑥

此外，伟大的艺术家和运动员吸引我们的原因是一样的："他们天才的独特性。"⑦ 无论他们是否有意这样做，运动员的表现都可能成为智性思考和社会批评的对象。在1976年奥林匹克运动会上，纳迪娅·科默内奇（Nadia Comaneci）在高低杠上"完美10分"的表演激发了人们思考人类完美的可能性。同时，哈西芭·布尔梅卡（Hassiba Boulmerka）在1992年奥林匹克运动会上的表现激发了社会对保守的伊斯兰国家中对待女性和女性身

---

① 更多柏拉图关于教育中竞技的理论，参阅 Heather L. Reid, "Sport and Moral Education in Plato's *Republic*," *Journal of the Philosophy of Sport* 34, no. 2 (2007): 160–75; 以及 Heather L. Reid, "Plato's Gymnasium," *Sport, Ethics and Philosophy* 4, no. 2 (2010): 170–82。
② Cordner, "Differences between Sport and Art," 434.
③ Best, "Aesthetic in Sport," 385.
④ 我确实记得花样滑冰运动员卡塔琳娜·维特（Katarina Witt）将她的长节目的音乐和编剧解释为对巴尔干战争的批评——但这充其量只是一个证明一般规则的例外而已。
⑤ Heather L. Reid, *Athletics and Philosophy in the Ancient World: Contests of Virtue* (London: Routledge, 2011), 11–12.
⑥ Cordner, "Differences between Sport and Art," 429, 434.
⑦ Cordner, "Differences between Sport and Art," 427.

体的态度进行评论。① 说这些表演不值得这样思考是因为运动员们并不打算这样做,这就是在说许多灵感和沉思的对象是不值得的。与此同时,说它们值得沉思,意思是把它们放在艺术的层面上,而不是坚持说它们就是艺术。艺术和体育都有打开我们思维的能力。② 与此同时,对它们进行智性的思考,会使我们拥有更高的认知能力,能够对美与善等重要概念进行反思。

对于那些认为体育之美仅限于运动员身体的美或者是他们动作的美的人来说,有必要回顾一下希腊古代的体育馆和体操馆(就像古代的剧院一样),它们坐落在闻名遐迩的优美自然环境之中。阿里斯托芬(Aristophanes)把柏拉图学园比作天堂:"你可以与一些纯洁的青年朋友结伴到学园里的橄榄树林间去竞走,头戴白芦花冠,时闻金银花、逍遥花和白柠檬的芳香;正当阔叶树和榆树私语时,你们赏玩春光。"③ 即使在今天,[79] 人们仍然可以欣赏到奥林匹亚、奈迈阿和德尔斐等地非同凡响的自然美。我们所失去的是这样一种观念,即沉浸在美之中会促成对善的审美欣赏,甚至可能培养审美敏感性,这是良好道德教育的一部分——一种意在尽善尽美的教育。古希腊竞技理念的美代表了诸如节制这样的道德美德,诸如谦逊这样的宗教美德,以及诸如自由这样的公民美德。从这个意义上说,运动员的身体就是他自己的艺术品。费希尔认为:"运动员是艺术家,他们不仅使自己的身体得到完善,也使他们比赛的理念得到完善。"④ 科特纳认为优美(grace)是"存在的整体和谐",不仅存在于运动员的动作中,

---

① 对布尔梅卡表演意义的哲学解释,参阅 William J. Morgan, "Multinational Sport and Literary Practices and Their Communities: The Moral Salience of Cultural Narratives," in *Ethics and Sport*, ed. Mike McNamee and Jim Parry, 184 – 204 (London: E & FN Spon, 1998)。

② 德鲁·海兰表示,运动员和艺术家都有玩耍的立场,也就是说,有回应性的开放立场:"如果诗人不是一个对语言的可能性更开放,对它们更有回应性的人,那他算什么?"画家对光线和色彩的开放和反应让我们惊讶,就像陶工对陶土和形状的开放和反应、音乐家对声音和节奏的开放和反应一样,舞者对空间、时间和人体运动的开放和反应也让我们惊讶"(*Philosophy of Sport*, 118)。

③ Aristophanes, "Clouds," in *The Comedies of Aristophanes*, trans. William James Hickie (London: Bohn, 1853), lines 1011 – 15. (参见《古希腊悲剧喜剧全集(第6卷)》,张竹明译,译林出版社,2007,第316页,第1005~1008行。——译者注)

④ Fisher, "Sport as an Aesthetic Experience," 320.

109

而且最终与道德境界相联系。① 更重要的是，对于科特纳来说，竞技优美不仅仅是身体上的动作，更是如何将优美这一竞技审美最终与道德领域联系起来的一种表现。正如柏拉图的"尽善尽美"理念一样，一个人如果不为善而奋斗，就不可能追求真正的美。就像孩子的出生或器官的捐献被认为是一种道德上美的行为，而不必考虑其视觉上的反感，美德为竞技获胜增加价值，而美感为竞技表现增加价值。虽然道德和审美价值之间的联系也存在于艺术之中，但它尤其存在于体育之中。

所有这一切都让我们回到铁饼运动员和他持久的艺术价值。这座雕像可以被看作艺术和体育的合法产物，这两种活动虽然不完全相同，但有着共同的先祖，即玩耍，并表现出许多遗传特征。它们是理想与现实、形式与质料、普遍与特殊之间的形而上学中介，因此既能表达美，又能表现美。它们都可以从审美角度来欣赏——简单地作为一种快乐的形式，或者，当在其戏剧和历史语境中理解时，作为一种象征意义的形式。至少在理想的情况下，两者都是独立的，不需要任何超越自身的理由。虽然跳水能给人带来时尚感，而游泳却不能，但美可以而且应该在这两者中得到重视。虽然体育和艺术都可以用于外在目的，但它们内在的道德价值决定了它们的审美价值。最后，体育和艺术的教育价值要求人们具有更高的认知能力，以理解其道德维度并欣赏其审美之美。不仅运动表现，而且运动员本身，都可以而且应该被看作智性甚至伦理思考的对象。毕竟，这是现代体育的希腊文化遗产，也是它与艺术共同的基因命运，是一种合法而且美丽的玩耍产物。

5. 讨论问题

[80]　（1）比较你参玩体育的经验和艺术创作的经验。这些经历有什么相似

---

① C. D. Cordner, "Grace and Functionality," in Morgan and Meier, *Philosophic Inquiry*, 412 – 13.

之处？有何不同？

（2）想象一下在你最喜欢的体育运动中有一场"美的比赛"。它的美在多大程度上取决于对这一游戏的竞赛目的的理解？一个不熟悉体育的人会看到同样的美吗？

（3）发现一名运动员做了不道德的事情会降低你对他技艺的审美吗？比如，马里昂·琼斯（Marion Jones）在奥林匹克运动会上的表现是不是因为后来其承认服用兴奋剂就显得不那么美了？

（4）道德上的善好据说能使艺术和运动员更美。这也适用于爱情吗？一个人是否因其道德品质高尚而更具吸引力？

第7章　心灵与身体

[81]　　　高山速降滑雪者闭上眼睛，她似乎完全脱离了现实。电视镜头拉近了她，她舞动着身体，收拢着双手，沿着一条只存在于她脑海里的雪道飞奔。这一刻到底发生了什么，它与体育的形而上学有什么关系？我们可以简单地说，滑雪者的视觉化技术是运动心理学的一项发明，这是一种使头脑习惯于挑战未来的方法，一种建立信心、克服恐惧、提高身体表现的方法。但在我们的答案中隐藏着对运动员本性和竞技表现的形而上学假设，这些假设对体育实践有着深远的影响。最值得注意的是，我们用来描述视觉瞄准技术的语言把运动员分成了几个独立的部分：思维的部分、感觉的部分以及实际滑雪的行动部分。然而，只需稍加思考，我们就会意识到这三个部分都必须包括在"滑雪"这一活动中，否则为什么要把它们都包括在视觉瞄准技术之中呢？我们使用像"身体表现"和"身体教育"这样的术语，这一定是语言学上的一个意外。

　　　运动员的形而上本性，即人的本性，在体育哲学文献中鲜有论述。与此同时，我们作为运动员的经历似乎常常与对人的本性的传统解释相左，而传统解释往往因文化甚至性别的不同而存在显著差异。"我是什么？"这一形而上学的问题与"我是谁？"这一个人身份问题密切相关。我们处理并最终回答这些问题的方式不仅对运动员在体育方面的经验有着深远的影响，

[82]　而且对诸如体育在教育中的作用、性别对体育参与的影响、因过度节食而导致的进食障碍、药物和基因技术的使用，甚至是运动愚人神话[①]都有深远

---

① "myth of the dumb jock"字面意思是"迟钝的运动员神话"，是指对体育的这样一种态度，认为运动员只能在通过发展身体技能获得成绩，而在智力上弱于常人，由此导致一种狭隘的训练态度，单纯强调运动员身体训练和身体机能而忽略其智力培养。——译者注

来的影响，与我们对体育本身的形而上学理解一样大。至少，我们应该设法了解人的各种形而上的概念及其对体育实践的潜在影响。这一章的目的不是促进一个特殊的形而上学的解释，而是激发和丰富哲学讨论，从而不仅提高我们对运动员的理解，而且提高我们对体育作为一种持久的人类实践的理解。

东西方传统中关于人的哲学理论通常以身心关系为中心。人类经验几乎普遍地注意到人格的这两个方面。然而，人类对它们的理解绝不是普遍的。如果我们把这两个概念投射到物质存在和非物质存在的二分法上，就会出现三种可能性：心灵和身体都是非物质的（唯心主义）；都是物质的（物理主义）；一个是物质的，另一个是非物质的（二元论）。第四种可能性，即心灵和身体都同时具有物质和非物质的性质，在西方哲学传统中很少讨论，而在东方哲学传统中被假定，或者，更确切地说，物质和非物质的严格二分法并不构成传统东方观点的条件。与此同时，后来一种被称为现象学的西方方法把二分法放在一边，而把重点放在我们作为人类的经验上，在这种经验中，我们始终是身心兼备的或者用专业术语来说，是具身化的（embodied）。关于人的形而上学理论几乎和哲学本身一样，是多种多样且古老历久的。

1. 西方二元论传统

西方哲学几乎从一开始就对人的形而上本质展开了辩论。人们普遍接受身体（sōma）的物质性，但对 psychē 的看法却不尽一致——这个词通常被翻译成心灵（mind）或灵魂（soul），但也被理解为身体欲望和身体运动的源泉。最早的一些哲学家被统称为"前苏格拉底"，他们是物理主义者。例如，德谟克利特（Democritus）的理论认为，一切都是由原子（希腊语中"不可切割"的意思）构成，物质粒子聚集成物体，物体可以被分解，可以被组合为新的实体，就像许多可互换的乐高积木。早期的物理主义者并不一定否认神祇和心灵的存在，他们只是把这些东西理解为物质的特殊构型。

考虑到大多数古代神祇的拟人化理解，也许这种理解对他们来说并不是什么大问题。然而，随着时间的推移，神祇和灵魂是非物质的这种信念被证明更受欢迎。这种吸引力的一部分可能来自毕达哥拉斯的理论，他认为人类的灵魂不仅是非物质的，而且是不朽的，并因此能够从一个躯体转移到另一个躯体，甚至可以转移到其他物种。

在西方哲学的早期阶段，身心二元论的理论似乎并没有贬低体育运动。相反，毕达哥拉斯学派的运动员在奥林匹克运动会上还取得了举世瞩目的成功。他们包括伟大的赛跑运动员阿斯提洛斯（Astylos）——他是三届奥林匹克运动会短距离赛跑（200米短跑）的冠军，以及气势恢宏的摔跤运动员米洛（Milo）——24年里他在奥林匹亚六次获胜。柏拉图赞美塔兰托的伊克斯（Ikkos of Taranto），他是毕达哥拉斯学派的跑者和教练，以其节欲和自律闻名。[1] 柏拉图似乎接受了毕达哥拉斯对身心二元论的理解，以及他对体育运动的热情。在《理想国》中，体操主要被倡议为对灵魂而非对身体的训练[2]；在对话结尾的"厄尔神话"中，女性运动员阿塔兰特（Atalanta）的灵魂被描绘成选择一个男儿之身作为她的来生，只因为她被授予冠军运动员的荣誉所吸引。[3] 在《法律篇》中，体操教育和竞技节日是城邦整体教育的一部分，对于男性和女性来说，他们关注的都是德性（aretē），柏拉图认为这依赖于心灵/灵魂（psychē）。在现实生活中，当柏拉图在一个叫作阿卡德米的体操馆建立他的学园时，没有证据表明他不鼓励甚至不重视传统上与那个地方有关的体育活动。

然而，不幸的是，对体育影响最大的是柏拉图的《斐多篇》（Phaedo）。《斐多篇》描述苏格拉底在被执行死刑前试图安慰他那心烦意乱的朋友，认为他的心灵/灵魂将在他死后不朽，甚至生生不息。他认为心灵/灵魂必须是非物质的，坚不可摧，因为它是感知完美理念的器官，也就是柏拉图的

---

[1] 柏拉图在 Protagoras，316d，and Laws，839e 中提到伊克斯。
[2] Plato，Republic，trans. G. M. A. Grube（Indianapolis：Hackett，1992），410bc.
[3] Plato，Republic，620b.

第 7 章 心灵与身体

"型相"(forms)——它们本身就是不变的、非物质的原型,所有的物质都是其不完美的复制品①。事实上,苏格拉底认为,心灵/灵魂与型相的亲和力使身体分心,甚至成为理解型相的障碍。身体就像监狱一样,如果要知道真相,灵魂就必须逃离这个监狱。② 这一论点与西方的犹太教、基督教和伊斯兰教的宗教传统非常吻合,这些宗教传统都建议通过精神的和智性的途径来认识上帝或者真主。从宗教对来生的强调,以及这些宗教试图超越、有时甚至诋毁身体的努力中,我们可以看到,身体是一个"监狱",或者至少是精神和智性发展的障碍。

然而,对现代西方关于人的形而上学思想影响最大的是勒奈·笛卡尔(René Descartes)的激进的实体二元论。并不是说笛卡尔对身体和心灵的区分挑战了体育,就像希腊人在接受二元论的同时也提倡体育一样。正是把我们人类的本质认同为思维(狭义地理解为理性认知),才断了体育的源头活水。古希腊词 psychē 是一个比笛卡尔的心灵更丰富和更复杂的概念,尤其是因为它与身体有着密切的联系。这应该不足为奇。笛卡尔是一个理性主义者,当他提出著名的"我思故我在"这一哲学命题时,他是在寻找一个逻辑上不容置疑的命题。③ 因为他所能获得的外部世界的信息,包括其所谓的身体,总是通过感官来过滤的,而感官是不可靠的,所以只有通过理性才能获得知识。他指出,只要他在思维,他的存在就一定是真实的。由于笛卡尔的理论认为思维是人类存在中最——实际上是唯一——确定的事情,他宣称我们在本质上是"在思维着的东西"(thinking thing)。这是一个

[84]

---

① 亚里士多德或多或少同意柏拉图的观点,并不是因为他赞同型相理论,而是因为心灵/灵魂是一种器官——不像眼睛或耳朵——可以感知任何物质或非物质的物体。参见 Aristotle, "De Anima," in *Complete Works*, ed. Jonathan Barnes, 2 vols. (Princeton, NJ: Princeton University Press, 1984), 429ab。

② Plato, *Phaedo*, 78b – 84b.

③ René Descartes, "Second Meditation," in *The Philosophical Writings of Descartes*, ed. J. Cottingham, R. Stoothoff, and D. Murdoch, 2: 17 – 25 (Cambridge, UK: Cambridge University Press, 1985)。请注意,"我思故我在"是对笛卡尔在第二沉思录中主要观点的释义,这不是准确的引语。他在《谈谈方法》(*Discoure on Method*)第四章中使用的是法语,在《哲学原理》(*Principles of Philosophg*)第一部分第 7 篇中使用的是拉丁语。

不同于亚里士多德将人类归类为"理性动物"的宣言；在亚里士多德看来，我们是有血有肉的身体，与其他动物的区别在于我们的理性能力。在笛卡尔看来，我们本质上是非肉体的心灵，而我们的身体只是这个世界另一个值得怀疑的特征，我们对它缺乏一定的了解。

  这种二元论的遗产深刻地影响了我们西方思考和谈论人类和体育的方式。我们心灵的特征是作为认知主体去移动那个被动的、血肉的身体。我们的身体被比作非理性的动物，更糟糕的是，被比作不会思考的机器。尤维纳利斯（Juvenal）引用的罗马时代谚语"健全的心灵寓于健全的身体"（mens sana in corpore sano），在现代被解释为希腊式的平衡教育，但尤维纳利斯说的根本不是体育或竞技——只是心理和生理健康。① 这个特有的想法，即我们需要在心灵教育与身体教育之间取得某种平衡，假设身体教育与心灵教育是分开的——这是从形而上学的角度来理解心灵的一种观点，即心灵在本质上是作为一种独立于身体的、思维着的东西，并通过对身体动作的理解在某种程度上独立于思维（thinking）。

2. 身体的挑战

  当保罗·维斯撰写第一部关于体育的主要哲学著作时，他带来了西方二元论传统。正如他所描述的那样，身体呈现"一种挑战"，至少需要通过运动这个中介来部分克服与心灵的二元分裂。维斯一开始就认为，身体和心灵一样，都应该被视为人类的一部分，但他需要论证这一点的事实本身就显示了二元论犹存的力量。"只有当一个人陶醉于笛卡尔主义或类似的想法，认为他应当同一于自己心灵的时候，才会否认自己也是一个身体。"维斯说。② 接下来他表达了对莫里斯·梅洛-庞蒂（Maurice Merleau-Ponty）

[85]

---

① David Young, "Mens Sana in Corpore Sano? Body and Mind in Greek Literature," *Proceedings of the North American Society for Sport History* (1998): 60 - 61.
② Paul Weiss, *Sport: A Philosophic Inquiry* (Carbondale: Southern Illinois University Press, 1969), 37.

整体性哲学（下文将讨论）的赞同，并且用这句俏皮话来诋毁物理主义者："既然他们至少有足够的心灵去认为世界只不过是一个身体而已，那我就没有心灵去追随他们了。"① 维斯并不否认智性活动在人类生活中的首要地位，并且他（继承亚里士多德的观点）认为，在任何给定的时间里，"充分运用"心灵或身体两者中的任何一个都会妨碍"充分运用"另一个。然而，他认为两者都应该培养，他说："孤立地投入其中一个只能算作半个人。"②

维斯认为竞技是一种协调身心的方式。体育和艺术需要控制情绪的表达，他认为情绪是心灵和身体之间的中介。他说，这些活动通过"使心灵和身体能够清晰而强烈地协调起来"，"为使人们成为一体提供了极好的途径"。③ 维斯用矢量的数学概念来解释这个过程——矢量是一个有方向和大小的量。他设想心灵为身体提供一个矢量，也就是未来的方向。通过训练，一个人"运用他的心灵指示他的身体要做什么"，身体慢慢地适应所需要的矢量，从而"纠正心灵和身体之间的不平衡"。④

维斯在这里使用"男子气概"这一指代词并不是中性的。他认为，体育更适合男性，因为"年轻女性的身体不会像年轻男性的身体挑战他那样挑战她。"女性并不把身体当作一种可以征服的东西来看待，因为在她的成长过程中，她已经征服了它。⑤ 人们批评维斯，虽然他写了一本关于体育的书，但他并没有成为一名运动员（他在书的开头就承认了这一点）。我们可能会补充说，他也缺乏当作女性的经验。我们将看到，这种经验的缺乏可能是他的体育哲学保持如此强烈的二元论的原因之一。然而，维斯扭转了哲学潮流，他反对对身体的排斥和诋毁，并赋予身体在理解人类本性方面新的重要性。

在维斯的书出版40年后，丹尼尔·东布罗夫斯基（Daniel Dombrowski）

---

① Weiss, *Sport*, 37.
② Weiss, *Sport*, 38.
③ Weiss, *Sport*, 39.
④ Weiss, *Sport*, 41.
⑤ Weiss, *Sport*, 216–17.

在《当代竞技运动与古希腊理想》(Contemporary Athletics and Ancient Greek Ideals)一书中重新提出并修正了他对体育中身心二元论的观点。东布罗夫斯基驳斥了维斯关于女性和体育的大部分指控,称其有缺陷。他辩证地将它们跟一些哲学家诸如简·英格利希(Jane English)的观点进行了比较,这些哲学家确实有相关经验。① 然后,他将维斯打了对折的笛卡尔二元论与古希腊的潜能(dunamis)和形式质料说(hylomorphism)相结合,将维斯对追求身体卓越的竞技运动的描述转变为一种更全面但仍然是二元论的竞技运动理念,即仅仅是对卓越(aretē)的追求。

维斯的理论是,竞技让男性有机会在他们年轻时就能掌握的某项技能上变得卓越。② 这为以后在其他活动中追求卓越奠定了基础。东布罗夫斯基也认识到这种教育功能对体育的社会价值至关重要。"如果我们不把培养优秀运动员作为我们的主要任务,"他说,"我们就会把他们当作劳工或附庸。"③ 如果我们理解人类形而上学的形式质料——来自古希腊语 hyle(质料,matter)和 morphē(由心灵规定质料的形式或结构)——我们把 aretē(卓越)理解为 dunamis(力量),我们可以把培养卓越运动员的价值看作一种美德教育,这种美德可以迁移到体育以外的实践活动中去。东布罗夫斯基称这个过程为"动态的形式质料说"。④ 西方二元论适用于体育,因此,我们并不需要对心灵进行排斥或对身体进行诋毁,就像某些宗教和笛卡尔教义所暗示的那样。事实上,将体育运动中培养的美德迁移到非竞技活动的领域之中,似乎需要心灵和身体之间的密切联系。

3. 唯心主义与物理主义

正如笛卡尔的二元论在体育哲学中受到批评一样,它在主流哲学中也

---

① Daniel Dombrowski, *Contemporary Athletics and Ancient Greek Ideals* (Chicago: University of Chicago Press, 2009), 57 – 60.
② Weiss, *Sport*, 99.
③ Dombrowski, *Contemporary Athletics*, 43.
④ Dombrowski, *Contemporary Athletics*, 126 – 31.

第 7 章 心灵与身体

受到挑战——首先是经验主义者,他们认为(与笛卡尔等理性主义者相反)所有的知识都是通过感官获得的。像乔治·贝克莱(George Berkeley)这样的经验主义者与笛卡尔一样,都对我们感官的欺骗能力感到担忧,并开始质疑物质本身的独立存在。贝克莱提出,如果一棵树倒在树林里,没有人听到,它不仅不会发出声音,甚至可能根本不存在。[1] 贝克莱认为只有心灵才存在的理论被称为唯心主义,它不仅意味着人本质上是非物质的在思维着的东西,而且意味着人是依赖神的——他们是存在于神之心灵中的理念。这种强烈的唯心主义被相对较少的人所接受,但是人类作为物质性存在这种观念的丧失引发了对直接经验作为同一性之真正来源的关注。大卫·休谟(David Hume)认为,我们不过是一堆"印象",就好像我们的存在不过是一堆用时间线串联起来的心理图片。[2] 在现代关于人类本性的争论中,身体似乎根本没有任何作用。

然而,如果讨论发生在物理主义者之间,那么人类就被理解为仅仅是身体,或者至少是物质。"物理主义"一词(与唯物主义相对)也暴露了它与 19 世纪末 20 世纪初物理科学的兴起之间的联系。由于这类科学不具备测量非物质实体的能力,否认这些实体存在的动机就增强了。事实上,古希腊和古罗马的伊壁鸠鲁派哲学家也是物理主义者,他们把大量的精力投入对自然现象的研究中,以便把自己从对非物质的神祇和其他超自然力量的神秘信仰所引起的恐惧和焦虑中解放出来。一般来说,现代物理主义者并不否认实体的存在,如心灵、思想或情感;他们只是认为这些现象依赖于或"叠加"于物理现象,如大脑、放电神经元和化学反应。与二元论一样,物理主义并没有什么内在的东西是与体育运动不相容的,但是它有一种伴生态度影响到我们看待体育运动的方式。

物理主义对体育和人性的态度是强调身体,这是一种狭隘的生理学训

---

[1] George Berkeley, *A Treatise Concerning the Principles of Human Knowledge* (Stilwell, KS: Digireads, [1734] 2006), §45.

[2] David Hume, *A Treatise of Human Nature*, ed. L. A. Selby-Bigge, 2nd ed. (Oxford, UK: Clarendon, 1978), 253.

练方法。我曾经碰到过一个自行车教练,他会根据身体数据,比如功率数据和吸氧率来挑选运动员;他对过去的比赛结果不感兴趣。这种身体关注有着自己的哲学传统。弗里德里希·尼采(Friedrich Nietzsche)认为宗教过分强调灵魂和来生,作为对此的回应,他诋毁那些"身体的藐视者",并让他笔下的人物查拉图斯特拉(Zarathustra)宣称:"身体是我,别无它物;灵魂只是一个关于肉体的词。"① 然而,体育领域的物理主义通常是对科学观察的反应,而不是对宗教教义的反应。经验主义科学已经对物理有机体的结构和行为有了如此多的了解,以至于把一切归因于人类心灵的现象都归结为纯粹的生理学解释似乎是不可避免的。

然而,在计算机上复制人类智能的尝试,已经揭示了人类心灵实际上是多么复杂。思维——狭义地理解为对观念(ideas)的计算、回忆和组织——很容易被机器再现。但是我们所谓的经验——比如声音、颜色或气味——很难在机器中复制,因为机器缺乏意识。可以肯定的是,收音机可以解码音乐,电子眼可以探测颜色,烟雾会触发警报,在同样现象存在的情况下,这些物体所经历的,与我们在心理上所经历的是不一样的。这表明我们的心灵并不仅仅是机器,至少人类的心灵与机器有很大的不同。

但是我们的身体呢?与人类的心灵相比,我们的身体似乎相对简单和可预测——甚至可能比一些现代电子机器更简单和更可预测。在体育中有一种把身体当作机器——有时甚至是一台可消费的机器——的文化,如果弄坏了可以修理,一旦报废了就可以丢弃。运动员用数字规格的术语来描述和认定他们自己:身高、体重、体脂率、蹲公斤、40米跑用时、最大摄氧量、击球率和输赢记录。训练方法是科学的,就像高科技机器的计算微调一样——训练强度由精密的传感器测量和监控,然后由计算机处理这些数字,以揭示所有可能的优势。化学甚至基因操作也不例外;人体是一个标本,是一个旨在发现甚至超越人类能力的实验场所。约翰·霍伯曼(John

---

① Friedrich Nietzsche, "Thus Spoke Zarathustra," in *The Portable Nietzsche*, ed. Walter Kaufmann, 146-47 (New York: Viking, 1982), 146.

Hoberman）在他的《致命的引擎》（*Mortal Engines*）一书中指出，19 世纪开发的用于量化体育成绩的测力计（ergmeter）标志着一个时代的到来，这个时代将运动员视为机器。① 可以肯定的是，这个时代还没有结束。

4. 动觉智力

自相矛盾的是，当应用于体育运动时，物理主义的科学取向将身体与心灵从根本上分离开来，即使它赋予了两者平等的本体论地位。也就是说，它不仅认为运动是某种程度上独立于身体的一种功能，而且认为思维是某种程度上独立于心灵－大脑的一种功能，这与身体的其他部分几乎没有关系。事实上，在物理主义霸权下，愚钝之人通过科学训练最终可以成为高水平运动员的持久神话蓬勃发展。既然优越的科学大脑可以负责训练和准备，运动员自己的心灵在他或她的表现中的作用就被削弱了。甚至在比赛中战术和战略的决定现在也是经常通过无线电从场边的教练那里传达给运动员的。当然，只要运动员在训练中忽视了他们的心灵，愚人理论就会从一个神话变成一个自我实现的预言。与此同时，运动员的心灵可能会找到新的方式来表达自己。科学和战略思维不是人类智慧的唯一形式。正如克雷奇马尔在《体育的实践哲学》（*Practical Philosophy of Sport*）中指出的那样，诸如创造力、创造性和洞察力等智性素质可以在体育成绩中表现出来②。没有理由认为修辞、数学、诗歌、绘画和音乐才是表达智性的正当方式，而［唯独］把体育排除在外。

玛克辛·希茨－约翰斯通（Maxine Sheets-Johnstone）对人类身体和智性之间的联系进行了更深入的研究。她声称，人类理性本身就起源于身体的运动，也就是通过肌肉运动感觉的方式来学习和认知。在《体育哲学杂志》

---

① John Hoberman, *Mortal Engines: The Science of Performance and the Dehumanization of Sport* (New York: Free Press, 1992), 62 – 69.
② R. Scott Kretchmar, *Practical Philosophy of Sport* (Champaign, IL: Human Kinetics, 1994), 74 – 77.

(*Joural of the Philosophy of Sport*)的一期特刊中,希茨-约翰斯通用进化生物学的科学方法在几乎每个层面反对身心二分法。① 她认为,首先,人类通过了解我们的身体和我们的世界,或者更具体地说,通过了解如何在我们的世界里移动我们的身体,在婴儿期就开始了我们的生活。"我们对自己的第一感觉,"她说,"是触觉-动觉的身体。"② 此外,这是人类的一种普遍经验,它产生了超越文化差异的、以身体为基础的某些共识。我们所称的合理性——亚里士多德用来将人类与其他动物区分开来的品质——最终内在于我们在婴儿时所经历的对世界的这种动觉理解中。约翰斯通的结论是,要否认这一点,就得"对文化如此执着,以至于我们要否认将我们束缚在共同人性中的共同本性"。③ 她的结论是,理性与人类心灵如此紧密相连以至于成为其本质的特性,起源于并依赖于"身体的逻各斯"。④ 那么,物理主义虽然支持一种更科学的运动方法,并将本体论认同授予心灵和身体,但它无助于愈合心灵-身体在概念上的分裂。为了理解心灵和身体在人类存在中的协同作用,即使是科学家也必须放弃它们二者是完全不同的假设。

5. 整体主义与东方理想

撇开人的心灵和身体的形而上的构成不谈,很明显,两者概念上的分离是体育哲学问题的真正根源——至少在西方是这样。东方的哲学传统并不主张心灵和身体之间,或者主体和客体之间,存在着这样本质的分离。⑤ 东方哲学整个方法更具整体性——关注事物之间的联系,而不是分析它们

---

① Maxine Sheets-Johnstone, "Rationality and Caring: An Ontogenetic and Phylogenetic Perspective," *Journal of the Philosophy of Sport* 29, no. 2 (2002): 136.
② Sheets-Johnstone, "Rationality and Caring," 138.
③ Sheets-Johnstone, "Rationality and Caring," 144.
④ Sheets-Johnstone, "Rationality and Caring," 145.
⑤ 考虑到本书的目的,我对"东方哲学"的评论是松散的和概括的。我并不打算充分阐述这种非常丰富多样的哲学传统。相反,我的目的是与本书的大多数读者可能更熟悉的西方思维方式形成一个鲜明对比。

第 7 章 心灵与身体

之间的区别。中国哲学家庄子说:"天地与我并生,而万物与我为一。"① 在东方哲学中,对真理的认识通常被理解为一种超越智性活动的心理物理意识(Psychophysical awareness);通过这种方式,它连接了实践和理论,从而治愈了心灵-身体分裂的任何幻想②。同时,东方哲学并不认为身心合一(或天人合一)是形而上学的事实;相反,它把这些视为一种成就——一种智慧的形式,这种智慧本身就是通过身体的运动来培养和表达的。实现这种身心合一就是武术训练的明确目的之一。

与希腊文一样,中国的身心概念与相应的西方现代概念并不完全一致。正如成中英(Chung-Ying Cheng)所解释的那样,中国的"体"(ti)一词在最基本的层面上代表着人类的物质实体,但它所理解的是身体的系统、功能和生命精神,而不是了无生机的事和物。"可以说,通过物理身体的形式,它实现了其活着的精神和活力,通过活着的精神和活力,物理身体保持了它有机的统一性和组织性。"③ 西方人倾向于用肌肉和杠杆来机械地思考身体,而东方人则倾向于关注血(xue)和气(qi)的内在运行。④ 同时,中文的"心"(xin)通常被翻译成"心-灵"(heart-mind),不仅因为它负责认知和情感状态,还因为它被认为位于身体的中部,而不是头部。⑤ 此外,中国并没有明确的对应于西方通过逻辑或理解来获得真理片段的那种理性能力。知识是一种更接近智慧或领悟的东西,是一种成就,它代表了一个人内心和他的世界的和谐。一个明智的人不仅认识到每件事的相互联

[90]

---

① Zhuangzi, quoted in Arthur Waley, *Three Ways of Thought in Ancient China* (Stanford, CA: Stanford University Press, 2002), 9.
② Thomas P. Kasulis, introduction, in *The Body: Toward an Eastern Mind-Body Theory*, by Yasuo Yuasa (Albany: State University of New York Press, 1987), 2.
③ Chung-Ying Cheng, "On the Metaphysical Significance of ti (Body-Embodiment) in Chinese Philosophy: *benti* (Origin-Substance) and *ti-yong* (Substance and Function)," *Journal of Chinese Philosophy* 29, no. 2 (2002): 145.
④ Akio Inoue, "Critique of Modern Olympism: A Voice from the East," in *Sports: The East and the West*, ed. G. Pfister and L. Yueye, 163–67 (Sant Agustin, Germany: Academia Verlag, 1999), 165.
⑤ Waley, *Three Ways of Thought*, 44.

系,而且据此去生活、行动和运动。这一成就被称为"德",与希腊语 aretē 非常相似,与希腊的对应物一样,它与行动和运动明确地联系在一起。

从东方的观点来看,没有具身化的人类美德是不可想象的。正如成中英所解释的,"美德不是抽象的理解问题,而是一种价值在生活实践中的体现问题,是一种人格和精神的形成问题。只有在身体的和实际的实践中,知识才是真实的。"[①] 因此,"德"的培养从根本上与身体活动有关。在儒家思想中,礼(li)的履行使人的身与心一道习惯于朝着正确的世界方向。[②] 与此同时,武艺(martial arts),如武术、气功、太极、武士道,以及更熟悉的空手道和柔道通常指向培养德(de)这个明确的目标,这一过程不仅包括严格自律的形体训练,也包括对宇宙以及人与宇宙关系有加无已的洞察(第 10 章会有更为详细的讨论)。[③] 东方的思想家经常批评西方的体育运动,认为至少在西方的现代实践中缺乏这样的洞察。汤浅泰雄(Yasuo Yuasa)说:"(西方)运动训练的目的是开发身体的能力,更具体地说,是开发四肢肌肉的运动能力,而不包括精神意义或对心灵能力的训练。"[④] 这是一个公平的指责吗?

6. 西方体育与现象学

可以肯定的是,对运动员本性尤其是身心关系的形而上学假设,决定了体育运动是如何被实践和被解释的。但是,这两者之间并不是步调一致的。东方的武艺可以并且经常是根据西方对身体的控制和获胜的关注而不是根据东方对顺从和教化的强调来练习的。这种哲学上的对比在流行电影

[①] Cheng, "On the Metaphysical," 147.

[②] Susan Brownell, *Training the Body for China* (Chicago: University of Chicago Press, 1995), 125.

[③] Carl B. Becker, "Philosophical Perspectives on the Martial Arts in America," *Journal of the Philosophy of Sport* 19, no. 1 (1982): 19.

[④] Yasuo Yuasa, *The Body, Self-Cultivation and Ki-Energy* (Albany: State University of New York Press, 1993), 32.

第 7 章 心灵与身体

影《空手道小子》（*Karate Kid*）中得到了体现，这部电影中，一个受过传统训练的年轻人与滥用武术技能的恶霸展开了斗争。在现实中，运动员可以——而且经常可以——以一种对身心全面的态度来对待他们的西方运动。事实上，东方和西方的运动体验形式似乎都适合于整体方法。美国哲学家、前大学篮球运动员德鲁·海兰就是一个很好的例子。"当我向篮下移动时， [91] 看到我的队友被切到，然后传球给他，"海兰问，"我是在'思考'还是在'肉体行动'？"唯一明智的答案似乎是两者合而为一。① 另一位美国篮球运动员后来成为著名的教练，他把东方哲学的原则有效地运用到他的运动中。在《神圣的篮球圈》（*Sacred Hoops*）中，菲尔·杰克逊（Phil Jackson）将篮球成功的秘诀定义为"不假思索"（not thinking）。②

一个人无须拥抱东方哲学也可以整体性地接近体育运动。海兰指出，20 世纪西方哲学运动所信奉的整体主义被称为现象学。伊曼努尔·康德认为，事物（现象）的经验与事物的本质（本体）之间存在的鸿沟是不可逾越的——这是东方哲学中另一个不同之处——现象学对此的回应是只关注现象。在运动体验中，人类同时是在体验自己的心灵和身体。法国哲学家莫里斯·梅洛-庞蒂对笛卡尔将"我"描述为一种脱离身体的"在思维着的东西"提出了挑战，他宣称："我就是我的身体。"他解释说，"一个人的身体体验与将主体和客体分离开来的反思性过程是背道而驰的，它只给了我们对身体或对作为理念之身体的思考，而不是对身体或在现实中之身体的体验"。③ 海兰认为，这种现象学的整体论更好地反映了技能娴熟的运动员而不是刻苦训练的初学者的体验，他总结道："活的身体的统一是一种卓越的成就，我们应该为之奋斗，就像明确地克服我们经常体验到的心

---

① Drew A. Hyland, *Philosophy of Sport* (New York: Paragon, 1990), 96.
② Phil Jackson, *Sacred Hoops: Spiritual Lessons of a Hardwood Warrior* (New York: Hyperion, 1995), 115.
③ Maurice Merleau-Ponty, *The Phenomenology of Perception*, trans. Colin Smith (London: Routledge and Kegan Paul, 1962), 198-99.

身体的二元论一样。"[1] 体育运动是一个人实现其整体性而进行的奋斗。

运动体验和笛卡尔的身心分离遗产之间的另一个不协调之处是，运动表现是有意识的认知计算的结果。这种区别可以通过对比美国足球这样的体育运动的严格规则来说明——在美国，比赛都是精心编写、调用和执行的——与足球这样的比赛相比，前者是一种更直观的流程，后者虽然也是一种西方式的体育运动，但更具普遍的感染力。汤浅泰雄将体育运动的这种精于计算的方法归于西方的身心二元论及其遵循从心灵到身体训练程序的假设。"与这个顺序相反，"他说，"东方修身的传统强调从身体或形体进入心灵。也就是说，它试图通过训练身体来训练心灵。"[2] 汤浅泰雄承认，某些西方式体育价值观，如坚持训练，可能具有精神训练的效果，但只有当我们有意识地接受这一目标，不再仅仅从健康和闲暇的角度来看待体育时，这才是可能的。[3] 态度转变的核心是这样一种认识，即人类的心灵"不是简单的意识，也不是恒定不变的，而是通过训练身体加以转变的"。[4]

[92]　所以对运动员的形而上学理解，也就是说，对人的形而上学理解，尤其是对他们的心灵和身体的本性的理解，在体育形而上学中是一个至关重要的问题，这主要是因为它影响了我们对体育和从事体育的人的态度。西方心灵－身体二元论的遗产从复杂的形式质料说概念转向狭隘的理解，即心灵是纯粹理性的，身体是机械物理的。这种态度对体育产生了深远的影响，包括心灵教育与身体教育的分离，体育与精神性之间的脱节，强调科学的表现，往往把运动员视为身体－对象，而不是人。女性、残疾人甚至有能力但身体条件较差的男性缺乏体育参与机会的原因就可以追溯到这种态度，运动愚人神话和运动员自己痴迷于身体表现的神话也是如此——这种痴迷可能导致药物滥用和饮食失调等疾病。

---

[1]　Hyland, *Philosophy of Sport*, 97.
[2]　Yuasa, *The Body*, 26.
[3]　Yuasa, *The Body*, 8.
[4]　Yuasa, *The Body*, 26.

我曾听人说过，东方传统体育之所以不存在这些问题，是因为它的哲学传统把身心统一起来，把运动训练明确地与精神美德的培养联系起来。我们将在第 10 章进一步探讨这种指责。然而，全球化影响了体育和经济，无论是亚洲运动员还是传统武术都无法避免现代体育的问题。个人改变他们的哲学取向比整个文化或实践团体要容易得多。个别运动员和教练可以采取一种态度和方法，以反对笛卡尔的强二元论，并采用建设性的整体主义的体育运动观。形而上学的整体主义植根于东西方传统，东西方运动员都可以将其运用到东西方体育运动中。

7. 讨论问题

（1）想象一个运动员的动作，比如高尔夫球手击球。你会说心灵只是在控制肉体，还是肉体也在向心灵传达信息？

（2）物理主义导致了对可测量的统计数据的关注，如体型、速度或上垒率。自从比利·比恩（Billy Beane）在奥克兰运动家队（Oakland A's）中取得成功以来——在《点球成金》（Moneyball）一书和电影中都曾有过描述，统计分析在体育管理中也变得非常流行。你认为在体育运动中主要从定量数据上看待运动员会失去一些东西吗？

（3）运动愚人神话据说是二元论和物理主义的结果。你认为这个神话还存在吗？你认为应该从运动员身上拿走体育的智性部分（即训练理论、游戏策略、呼叫战术）吗？[93]

（4）根据你在武艺方面的经验，或者只是像《空手道小子》这样的关于武艺的电影，你认为在对待身体和心灵的态度上，东西方体育运动有重要的区别吗？

第三编
体育中的伦理问题

[95]　　看看今天的体育，愤世嫉俗者可能会得出结论："体育伦理学"这个短语一定是一个矛盾用语。伦理学可以被定义为市民社会的道德期望，但体育通常被视作与市民社会相分离的东西，即一种对社会强加之限制的回避，这些限制阻止我们表达真实的自我。在曲棍球比赛中，观众为斗殴喝彩；媒体把美式足球中的暴力事件当作"重头戏"反复播放；足球运动员通过故意假装受伤来欺骗裁判。

　　人们会有这样一种感觉，即体育伦理，不管它是什么，都必须以某种方式与社会的道德规范相分离——例如，拳击比赛中的某些行为如果发生在拳击场外，就是违法的。此外，像服用兴奋剂这样的行为可能在一个特定的体育文化中会被广泛接受，但它可能会引发民事诉讼，正如巴里·邦兹（Barry Bonds）和马里昂·琼斯（Marion Jones）的案例所显示的那样。因此，体育伦理与社会伦理虽不完全相同，但也不可能完全独立。我们可能会接受棒球运动中的欺骗行为，同时在社会治理过程中谴责欺骗行为，但这并不意味着在体育和社会之间就不需要道德上的一致。相反，体育伦理比社会伦理更具有普遍性。奥林匹克运动的国际性要求道德标准能适用于巨大的社会和文化差异。在玩水球游戏时，如果对玩家应该和不应该如何表现没有一致的意见，你就不能玩水球游戏。

[96]　　对体育伦理的研究更广泛地反映了伦理理论中的一种核心张力：伦理在某种意义上受个人的社会和文化信仰的制约，但它们也需要一些共同点，以便就个人行为的道德可接受性展开有意义的辩论。如果道德相对主义是一种情况，而伦理只是简单地屈服于每个特定群体的惯例——或者可能是任何个人的道德观点，那么很难想象一个社会要怎样去谴责哪怕是最恐怖的行为，比如为了获胜而谋杀对手。另一方面，如果体育伦理是建立在一种特定的文化气质上的，比如说十九世纪英国绅士的业余主义思想，那么道德除了是文化霸权的工具外，还能有什么用呢？最后，一个共同体对某一行为的接受是否在道德上是正确的？兴奋剂似乎在某些运动项目中被广泛接受；在这些运动项目中，使用兴奋剂在道德

上合理吗？

　　我们对体育伦理的研究不是为了找到这些和其他有关体育伦理问题的明确答案，而是为了发展道德推理的技能，并理解在该科学中使用的理论和原则。我们将考虑体育中的各种伦理问题，如兴奋剂、作弊、暴力和商业主义，我们将使用各种传统伦理理论，如功利主义、义务论、美德伦理学，甚至道德美学。但是让我们的研究成为体育伦理学一部分的是我们将回顾在第一部分中讨论的形而上学的问题并试图辨别它们对体育运动的道德影响。我们将把游戏的形而上学理想与为了获胜不择手段的态度相比较；我们将根据规则在游戏建构中的作用来考虑作弊问题；我们将探讨美德和社会实践之间的联系，同时考虑体育运动对诸如欺骗和暴力等恶习不加掩饰的鼓励；最后，我们将根据把体育运动用于商业娱乐所引发的伦理问题来探讨体育与艺术之间的关系。体育伦理既不脱离社会伦理，也不脱离主流道德理论和推理，但至少受体育形而上学本性的制约，我们正是在这种背景下对其进行探讨的。

第 8 章　效果论与玩耍

无论以何种标准衡量，巴里·邦兹（Barry Bonds）都是棒球史上最优秀的运动员之一，但 2011 年在调查一家被控贩卖兴奋剂的公司时，他被判伪证罪和妨碍司法公正罪。邦兹使用类固醇和人类生长激素的指控得到了目击者的描述和各种其他形式的实物和轶事证据的支持——包括他看似超人的表现。然而，他的罪行不是因为使用兴奋剂，而是因为在大陪审团面前撒谎。这种谎言可能无法从伦理上得到辩护，但兴奋剂呢？邦兹的案例仅仅反映了他的行为所代表的体育伦理和他试图向外界展示的社会伦理之间的道德断裂吗？如果像他声称的那样，在不知情的情况下给邦兹注射类固醇会怎么样？如果这些药品只是用于治疗，帮助他从伤害中恢复过来，并对他的健康有帮助呢？如果在这项运动中类固醇的使用如此广泛，以至于邦兹确信他必须服用兴奋剂才能有竞争力，那该怎么办？如果鼓励使用兴奋剂来恢复观众对棒球的喜爱，并使之免于彻底消亡，那会怎样呢？我们怎样才能在兼顾社会伦理的同时兼顾体育运动的特定环境，来探讨像兴奋剂这样的体育伦理问题？一种方法是从效果论的观点来评价邦兹的行为，即通过观察邦兹的行为对棒球界的影响。

[97]

让我们用主流的道德功利主义理论和我们早期从关于体育和玩耍之间关系的讨论中得出的体育特定标准来探讨邦兹的案例。这个讨论将集中在结果而不是原则或美德上，因为功利主义是一种效果论的道德理论，而正如我们在第 3 章中发现的，玩耍描述了一种由体育运动带来的可欲求状态。功利主义是一种道德理论，它将正确的行为描述为谋取最大多数人的最大幸福。当然，对于如何定义和衡量这种幸福，以及如何定义受影响的共同体，存在着广泛的争论。但是为了我们实验的目的，让我们绕过这个争论，将我

[98]

们的共同体定义为棒球运动的实践共同体，并根据玩耍的特性——自愿性、超凡性、自目的性、诱人性和趣味性来定义善好。这种方法允许我们把兴奋剂是否违反公平义务论原则的问题放在一边（将在下一章讨论）。公平是一个与规则密切相关的问题，事实上，类固醇至少在邦兹被期望服用的部分时间里，并没有明确违反美国职业棒球大联盟（Major League Baseball）的规则。我们在这里要看的是，根据棒球这项运动中的玩耍特性，邦兹使用类固醇是否可以在道德上得到辩护，要看它产生的好处比坏处多，还是它产生的坏处比好处多。

我们似乎是在用玩耍特性作为其行为的一种道德标准来反对邦兹。评论家可能会反对说，我们谈论的是一个在认真追求长期的成绩纪录和巨大经济回报的职业运动员。棒球被称为一种游戏，而游戏植根于玩耍，但玩耍很难成为评判职业运动员伦理的有效标准。然而，一个同样强烈的批评可能是，如此正儿八经的职业精神正是现代体育道德败坏的原因。正如柏拉图和亚里士多德认为自目的性的玩耍比劳作、政治甚至战争更高尚、更重要一样，体育也应该尽可能地"玩耍化"，以抵制职业精神的腐蚀。许多评论家认为，当今体育的问题在于我们太过严肃地对待它们，太过专注于获胜，而为获得胜利付出了过高的代价。用玩耍作为道德标准可以解决这个问题，但我们不要假设功利主义的玩耍标准会谴责兴奋剂甚至是职业主义，从而回避这个问题。事实上，比赛的第一个特征，即自愿和自由，意味着服用兴奋剂只是运动员应该自由地去做的另一件事。

1. 自由还是强迫？

玩耍的第一个特点是自愿的和自由的。体育表现出这一特点，因为参与总是自愿的，运动员在参玩其体育项目时经常会体验到一种自由的感觉。在功利主义伦理理论中，自由同样受到重视。约翰·斯图尔特·密尔（John Stuart Mill）是功利主义理论的奠基人之一，他写了一部著名的作品《论自由》（*On Liberty*），认为个人的自由，无论是在思想上还是在行动上，都是

[99]

第 8 章 效果论与玩耍

一个社会所能提供的最伟大的财富之一。人们需要自由去发展和繁荣，他们的共同体也是如此。密尔说，那些生活受规则限制的人，"其能力不会比模仿猿类的人更强"。[1] 密尔承认，那些被赋予自由的人可能会做出糟糕的选择，但"天才是在自由的氛围中茁壮成长的"[2]。根据密尔的功利主义理论，繁荣的共同体将最大化其成员的自由。繁荣的体育共同体希望最大限度地发挥他们的玩耍品质，也应该这样做。这种自由应该包括许可服用兴奋剂吗？

一些体育哲学家，如米勒·布朗主张体育应该允许使用兴奋剂，并以密尔的家长式作风作为支持。[3] 在《论自由》一书中，密尔阐述了允许家长式作风——违背个人意愿地限制个人自由——的罕见条件。他说："违背自己的意愿，正当地对文明社会的任何成员行使权利的唯一目的是防止伤害他人。"[4] 适用于体育中的兴奋剂问题，这个所谓的伤害原则表明，兴奋剂不应该因为任何原因而被禁止，除非是为了防止他们伤害他人，但是很难看出邦兹服用类固醇实际上是如何对他人造成伤害的。如果儿童或成年人无法对其行为的风险和后果做出知情的选择，密尔确实允许家长式的做法。出于这个原因，布朗支持在青少年和学校体育中禁止使用兴奋剂。但邦兹是成年人，也是专业人士，可以获得最好的医疗和运动训练建议。即使他的动机是贪婪和虚荣心，他也绝不是一个需要社会保护的懵懂孩子。布朗的结论是，那些提倡禁用兴奋剂的人声称是在保护体育运动促进自主和自立等价值观的能力，但具有讽刺意味的是，通过禁用兴奋剂，他们实际上剥夺了运动员的这些权利。[5] 在布朗看来，为了最大限度地发挥自由和自主选择的特点，应该允许使用兴奋剂。

---

[1] John Stuart Mill, *On Liberty* (Indianapolis, IN: Hackett, 1978), 56.
[2] Mill, *On Liberty*, 16.
[3] W. M. Brown, "Paternalism, Drugs, and the Nature of Sports," *Journal of the Philosophy of Sport* 11, no. 1 (1985): 14–22.
[4] Mill, *On Liberty*, 9.
[5] Brown, "Paternalism," 21.

然而，回到玩耍和自由之间的关系，我们可能会想起另一个讽刺——或者至少是一个悖论——来自我们之前对玩耍的讨论。也就是说，在体育和玩耍中体验到的自由恰恰取决于限制和约束。玩耍世界是通过时间和空间的界限而从日常生活世界中分离出来的。这些界限有时是正式的和可见的，如在壁球场的墙壁和划出玩游戏的特定时间段；有时它们是想象出来的，就像一个孩子把餐桌下的空间假想成一个房子。这些界限创造了一种自由的感觉，尤其是通过与界限之外那个日常生活世界相分离来创造这种自由的感觉。当我走进壁球场，在某种意义上，我是带着义务和要求走出我的日常生活的。这些界限为我开辟了一个自由的空间，因为我在其中采取了一种不同于日常生活的态度：一种对世界的特别态度。如我们所见，德鲁·海兰把这称为"玩耍的立场"，并指出体育和艺术都通过精确地操纵空间和时间来提高我们对自由和可能性的认识。①

正如埃莉诺·梅思尼（Eleanor Metheny）所解释的那样，体育所特有的规则与时间和空间的界限有着类似的矛盾功能：

> 这些（体育）规则自相矛盾。它们为了自由而限制。它们限制了人类的行为，限制了人类的行动；但是，在这些限制之内，它们给每个人提供了一个机会去体会那种完全自由的感觉，自由地全力以赴，自由地尽其所能，在其自己选择的属人行为中不遗余力，尽锐出战。②

如果玩耍的自由和自愿的特点并不取决于没有外部限制，而是取决于规则和边界等约束的存在，那么也许强制实施禁止使用兴奋剂的规定最终会给运动员带来更大的自由感和自愿性。怎么会这样呢？想象一下，在自

---

① Drew A. Hyland, *Philosophy of Sport* (New York: Paragon, 1990), 121.
② Eleanor Metheny, "The Symbolic Power of Sport," presented to the Eastern District Association for Health, Physical Education and Recreation in Washington, DC, April 26, 1968. Reprinted in *Sport and the Body: A Philosophical Symposium*, ed. E. Gerber and W. J. Morgan, 231–36 (Philadelphia: Lea & Febiger, 1979), 235.

行车比赛中,在你的自行车上安装一个小发动机在技术上是合法的。许多骑手反对这种做法,在不装发动机的情况下继续比赛,但是他们发现他们很快就掉队了。在这个时候,他们感到必须被迫使用发动机或放弃这项运动,因为没有发动机他们就不能有竞争力。同样,如果类固醇在体育运动中被允许使用,并且它们提供了一个显著的竞争优势,许多运动员就会觉得他们除了使用它们之外别无选择。他们不会觉得自己是在做自由选择;相反,他们会因为体育运动监管的"缺失"而倍感强迫。

在第一批有关体育兴奋剂的哲学文章中,沃伦·弗雷利认为,将使用兴奋剂合法化会增加运动员使用兴奋剂的强迫性。[1] 前举重运动员马克·霍洛切克(Mark Holowchak)同意这种观点,并补充说,这种"强制约束"使运动员面临不适当的健康风险。[2] 罗伯特·西蒙质疑,如果我们说运动员没有可接受的选择,那么"强迫"这个词是否太过强烈——毕竟,体育参与始终是自愿的。[3] 然而,经验和轶事证据表明,许多运动员已经感到被迫在兴奋剂和体育之间做出选择。弗纳·莫勒(Verner Moller)对精英运动员的采访显示,他们中的许多人把兴奋剂作为实现他们毕生追求的体育目标的必要前提。用一位运动员的话来说,"我已经多年没有参加比赛,现在已经到实现梦想的时候了"。[4] 前美国奥委会医生罗伯特·沃伊(Robert Voy)证实了莫勒的发现。"(我)知道,在与精英运动员并肩作战后,许多使用兴奋剂的运动员不愿再使用兴奋剂,但他们觉得自己不得不与其他人沆瀣一气。"[5] 与此同时,为数众多的运动员因为不想使用兴奋剂而退出了比赛。前田径冠军凯瑟琳·汉密尔顿(Katherine Hamilton)说:"成千上万的人因为不愿

---

[1] Warren P. Fraleigh, "Performance-Enhancing Drugs in Sport: The Ethical Issue," *Journal of the Philosophy of Sport* 11, no. 1 (1985): 26.

[2] M. Andrew Holowchak, "'Aretism' and Pharmacological Ergogenic Aids in Sport: Taking a Shot at the Use of Steroids," *Journal of the Philosophy of Sport* 27, no. 1 (2000): 39.

[3] Robert Simon, "Good Competition and Drug-Enhanced Performance," *Journal of the Philosophy of Sport* 11, no. 1 (1985): 9.

[4] Anonymous cyclist, quoted in Verner Moller, "The Athlete's Viewpoint," in *The Ethics of Sports: A Reader*, ed. Mike McNamee, 160–68 (London: Routledge, 2010), 162.

[5] Robert Voy, *Drugs, Sport, and Politics* (Champaign, IL: Human Kinetics, 1991), xv.

意对自己的身体做这些事，不愿意沿着这条路走下去，所以选择退赛，这里有着不为人知的故事。"① 美国职业棒球大联盟早些时候拒绝禁止和检测类固醇，可以说这让像邦兹这样的运动员觉得，他们在是否服用兴奋剂上的选择不是更多了，而是更少了。在这种情况下，许可使用兴奋剂实际上减少了运动员选择的自由。

2. 超凡的严肃性

与体育相关的玩耍的第二个特征是它的超凡性，这是它与日常生活特别是劳作生活的区别。这一方面与上面所讨论的界限和自主性的特质有关，也就是说，玩耍本身就是目的，而不是达到其他目的的手段。这里的一个关键理念是，玩耍和体育一样，人们不应该对其太过当真。保罗·维斯说，玩耍可以是严肃的，"虽然不像日常的活动那样严肃"。② 他说："孩子在玩耍的时候最快乐，但是成年人在玩耍的时候可能常常力不从心。"维斯认为年轻人应该玩耍，但不应一直玩耍，因为"他还应该做其他更有用或更高尚的事情"。③ 伦道夫·费泽尔补充说，玩耍可能有一种内在的严肃性，但"与劳作和人类苦难的世界相比"，它并不是一个严肃的问题。④ 对邦兹服用兴奋剂事件的一个反应是把责任归结于他的职业精神。因为打棒球是他的工作，他有权利认真对待它，并使用任何合法的必要手段来实现他的目标。或许在这种情况下，道德问题与其说是兴奋剂问题，不如说是严肃性和职业性问题。

这样的说法老生常谈：现代体育需要的是回归业余，也许就像电影《火

---

① Hamilton, quoted in Tom Goldman, "Athlete's 'Nope to Dope' Became 'No to Sports,'" National Public Radio, 2011, http://www.npr.org/.
② Paul Weiss, *Sport: A Philosophic Inquiry* (Carbondale: Southern Illinois University Press, 1969), 134.
③ Weiss, *Sport*, 140.
④ Randolph Feezell, *Sport, Play and Ethical Reflection* (Urbana: University of Illinois Press, 2006), 13.

战车》(*Chariots of Fire*)里描述的那样,尤其是安德鲁·林赛勋爵(Lord Andrew Lindsay)这一虚构角色。林赛勋爵是英国贵族阶层中的一员,他对体育抱着纯粹玩耍的态度,以至于他在练习跨栏时,跨栏上还摆着香槟。① "业余主义"一词源于拉丁语"爱"的词根,指的是那些为热爱而不是为劳作而参玩体育的运动员。业余性是早期奥林匹克运动的重要组成部分,直到20世纪80年代奥林匹克运动员还受到严格的业余规定的约束。一些最著名的奥林匹克运动员违反了这些规定,包括吉姆·索普(Jim Thorpe)、帕沃·努尔米(Paavo Nurmi)和比尔·图米(Bill Toomey)。埃弗里·布伦戴奇(Avery Brundage)等人主张,古希腊运动员是在为业余主义辩护,但实际上,古希腊运动员并不是没有报酬的,业余主义的概念毋宁说源于维多利亚时代的英国,当时英国竭力将劳工阶级排除在体育运动之外。② 随着时间的推移,人们的态度发生了变化。1986年,"业余"一词从《奥林匹克宪章》中删除,在美国大学体育运动中的业余主义规则目前正遭受批评和法律上的挑战。③

这一切对体育和兴奋剂的伦理意味着什么呢?

也许业余主义的消亡和体育职业主义的兴起——甚至在学术层面——意味着服用兴奋剂的情况将不可避免地增加。罗伯特·沃伊认为,在他的任期内(20世纪80年代),国际体育运动经费投入数额不菲是导致兴奋剂问题的原因之一,虽然那时已是业余管制的后期;这些经费腐化的是赞助商而非运动员,因为经费用来阻止他们进行有效的兴奋剂检测。④ 在运动员中,职业精神是否会增加服用兴奋剂的可能性还远不清楚。国际奥委会主

[102]

---

① 安德鲁·林赛勋爵是小说中的人物,但其原型是英国埃克塞特(Exeter)第六任侯爵大卫·伯利勋爵(Lord David Burghley),他曾在1928年奥运会上赢得400米跨栏冠军。
② David C. Young, *A Brief History of the Olympic Games* (Malden, MA: Blackwell, 2004), 93-94. 有关奥林匹克业余主义更为详细的解释,参阅 David C. Young, *The Olympic Myth of Greek Amateur Athletics* (Chicago: Ares, 1984)。
③ Taylor Branch, "The Shame of College Sports," *Atlantic Monthly*, October, 2011, http://www.theatlantic.com/.
④ Voy, *Drugs, Sport, and Politics*, 101.

席罗格表示:"国际奥委会的统计数据以及那些在比赛或训练中进行检测的国家的统计数据显示,无论业余运动员还是职业运动员,服用兴奋剂的概率大体上是小于那些一般国家级业余运动员的。"① 然而,这一切表明,根据运动员是否获得报酬来对他们进行分类并不能自动决定他们对体育的态度,更不用说他们对服用兴奋剂的倾向了。

与自由一样,玩耍的超凡性是一种内在的态度,而不是外在的事实。在第3章中,我们了解到超凡的玩耍体验不仅是一种态度,也是我们自由选择的一种态度。② 这表明,从伦理的角度来看,我们有责任采取这种态度或不这样做。我们能因此说邦兹服用兴奋剂是不道德的吗?因为它代表了他未能对体育采取适当的戏谑态度?一般来说,严肃性和职业性对于更普遍体育的来说是不恰当的态度吗?支持兴奋剂合法化的米勒·布朗认为,在体育中使用兴奋剂通常是由"职业精神"的态度所驱动的。③ 同样,罗伯特·西蒙将一家公司在竞争晋升时使用兴奋剂延长工作时间的员工与服用兴奋剂的运动员进行了比较。④ 使用咖啡甚至危险的处方药来促进一个人的事业发展与在体育中使用提高成绩的药物是否有重要区别?也许正是这种严肃、职业的态度威胁着体育的特点——无论这种态度的发展水平如何。

然而,这一初步结论再一次被更仔细的审查揭示出是草率的。回到这种非常有趣的态度的特点上,我们记得鲁奇尼克把它描述为"身体和精神对这种活动的完全承诺"。⑤ 费泽尔补充说,这种态度表达了个人身份:"玩耍的自由活动不是不重要或无聊的,而是表达了我认为'真实'或'可信'的自己的某个方面。"⑥ 但是,我们全心全意投入一项活动来表达我们职业精神的真实身份特征,这难道不是一种态度吗?因为事业表征着她是谁,

---

① Jacques Rogge, "An Apologia for Professionalism," *Olympic Review* 26, no. 4 (1995): 52.
② David L. Roochnik, "Play and Sport," *Journal of the Philosophy of Sport* 2, no. 1 (1975): 41.
③ Brown, "Paternalism," 8.
④ Robert Simon, *Fair Play: The Ethics of Sport*, 2nd ed. (Boulder, CO: Westview, 2004), 77.
⑤ Roochnik, "Play and Sport," 41.
⑥ Feezell, *Sport, Play and Ethical Reflection*, 25.

专业人士不是一心一意追求事业的人吗？她是否更致力于自己的职业，因为除了从其职业身上得到的任何外在的报酬外，她还看到了其职业的一些内在价值？可以肯定的是，专业人士的工作（work）当然是有报酬的，但"糊口"（jobs）才是人们仅仅"为钱"所做之事。我认为真诚的职业态度能更好地表达相关的玩耍特征。但一个真诚的专业人士会服用兴奋剂吗？

3. 内在价值和外在价值

也许问题不在于把职业作为一种态度，而在于把职业态度浪费在一种没有外在价值的非生产性、自目的性的活动上。尽管亚里士多德和柏拉图认为，像玩耍这样的本体活动实际上比生产性任务更高尚，但克劳斯·迈耶注意到，在重视劳作的文化中，玩耍往往被视为"漫无目的、奢侈浪费和毫不严肃的；是和生产性人格不相容的闲散、怠惰与慵懒的形式；或者，甚至是一种以肆意放纵为特征的、道德上不合时宜的行为"[1]。也许邦兹服用兴奋剂在道德上应该受到谴责，正是因为他冒了这样的风险，把这样的职业态度投入一项最终毫无意义的活动中。现代媒体对像邦兹这样的运动员只要"参玩一场愚蠢的游戏"就获取惊人薪酬的抱怨比比皆是。这些薪资反映了主要作为媒体娱乐的职业体育的交换价值，但这与自目的性所隐含的内在或社会价值有所不同。色情文学也有娱乐价值，也是一笔大生意，但这一事实并不意味着它就具有内在价值。

另一个与伦理观点更相关的抱怨是，像职业棒球这样的体育运动可能有内在价值（或者用社会实践理论术语来说，内在善好），但像邦兹这样的从业者只关注外在价值，如金钱和名誉。西格蒙德·洛兰德（Sigmund Loland）将这种对体育运动的理解描述为"相对主义"，因为它只考虑到体育运动的内在规范和价值，而这些规范和价值其实是为实现外在目标服务的。

---

[1] Klaus V. Meier, "An Affair of Flutes: An Appreciation of Play," *Journal of the Philosophy of Sport* 7, no.1 (1980): 27.

"体育的相对主义,"洛兰德说,"是纯粹工具主义的表现。"① 从这个角度来看,服用兴奋剂是合乎逻辑的,只要它能带来相关的外在酬报。如果邦兹是这样看待棒球的,而且他的目标主要是金钱和名誉,那么他选择服用兴奋剂是可以理解的,甚至是成功的。但是,如果他不那么在意外在的奖励,而是更关注表面上的内在目标,比如获胜和创造纪录,那又会怎样呢?他确实创造了赛季和一生的本垒打纪录。洛兰德将这些目标与他所谓的"狭隘观点"联系在一起,在这种观点下,"体育运动与探索和超越极限的表现联系在一起"。② 考虑到这些纪录,邦兹服用兴奋剂可以再次得到理解。③

他更倾向于他所谓的"广义理论",在这个理论中,体育的意义超越了单纯的表演,然而,洛兰德自己却反对相对主义和狭隘的体育观。他认为,体育的意义不仅来自它的内在规范和价值观,而且与更深层次的社会文化和道德价值观有联系④。从体育的广义视角来看,为兴奋剂辩护要困难得多,因为它将教育等社会效益置于获胜和利润等个人目标之上。从更广义的角度来看,要使服用兴奋剂成为合理的事情,它必须要具有明显的社会效益,而不仅仅是经济和娱乐价值。

洛兰德关于体育的广义理论似乎与德鲁·海兰关于玩耍价值的论述是一致的。海兰声称玩耍本身是"价值中立"的,但是玩耍的立场可能是有价值的,这取决于我们在这种立场下所做的事情⑤。很容易看出,使一个人成为优秀玩家的品质,如意识、专注、勇气和毅力,也可能使他成为一个高明的窃贼。重要的是,我们要能使我们的玩耍技能和活动服务于有价值的社会目标。在这种情况下,巴里·邦兹服用兴奋剂的道德标准将取决于

---

① Sigmund Loland, "The Ethics of Performance-Enhancing Technology in Sport," *Journal of the Philosophy of Sport* 36, no. 1 (2009): 156.
② Loland, "Ethics of Performance," 157.
③ 然而,一些人不同意这样的观点,即药物辅助运动表现确实是在常规运动模式中进行测试的"人"的表现。参阅 Simon, "Good Competition," 9。
④ Loland, "Ethics of Performance," 158.
⑤ Drew A. Hyland, "The Stance of Play," *Journal of the Philosophy of Sport* 7, no. 1 (1980): 98.

由此产生的社会效益,在他的案例中,很难想象这些效益会是什么。然而,如果事实证明,兰斯·阿姆斯特朗在追求环法自行车赛七场获胜的过程中服用了兴奋剂,那么作为该运动的一部分,他激励癌症患者同病魔作斗争所带来的社会效益就需要在这一平衡中加以斟酌了。

  从传统的功利主义观点来看,计算社会效益是有意义的。但是,自目的性的标准究竟出了什么问题呢?就反映玩耍的理念而言,难道体育本身不应该是有价值的吗?难道最后一点不就是它很吸引人,很有趣,不需要外在证明吗?我们对自目的性的研究表明,它更像是一种理想而非现实,人们有复杂的动机去玩耍。同样,玩耍的关键是参与者的特定态度,他们需要专注于活动本身,而非任何外在的目标①。被参玩某项运动所吸引,并能完全享受它,显然是其内在价值。运动员的"流畅性"或"在状态"的体验可能是对体育中玩耍的专注和享受的最高表达。我们对"在状态"的理解是,它不能在我们想要时就会出现,而是在技能和挑战之间获取的平衡中出现。② 通过服用兴奋剂来提高成绩,以获胜为中心,追求外在的利益,并不能带来更多的运动乐趣,也不能带来更多的"在状态"体验。如果有什么区别的话,那就是它们干扰了这些类似于玩耍的好处。事实证明,体育运动的整体价值取决于旧有传统的训练方式和竞赛方式。

  在本章中,我们将效果论的功利主义伦理理论(寻求最大多数人的最大幸福)与体育和玩耍的形而上学联系所提供的体育特有的善好的标准相结合,探讨了体育中兴奋剂的伦理问题。具体来说,我们考察了巴里·邦兹服用兴奋剂的行为是否符合道德标准,比如自由、超凡性和自目的性。我们发现,尽管体育运动中服用兴奋剂的合法化似乎能最大限度地促进自由,但实际上,正是玩耍所特有的规则和约束才使体育具有了自由感。具

[105]

---

① Roochnik, "Play and Sport," 41.
② Susan A. Jackson and Mihaly Csikszentmihalyi, *Flow in Sports* (Champaign, IL: Human Kinetics, 1999), 6.

有讽刺意味的是，由于服用此类药物会带来相应的伤害，允许服用兴奋剂似乎会减少运动员随心所欲的自由。

我们将玩耍作为一种与众不同的标准，并将其与日常生活区分开来，然后探讨了严肃性和职业性是否与玩耍的态度相冲突。然而，我们发现，如果我们把职业精神理解为一种对特定活动的承诺和认同，它就与玩耍的态度特征密切相关。正是这种为了财富和名声等外在目的而对体育的非职业性利用——通常被称为工具主义——似乎在挑战竞赛精神，并促使人们服用类固醇和其他能提高成绩的药物。虽然体育可以被看作一种达到外在目的的手段，甚至是一种发现人类可能性的极限的方式，但这些概念挑战了与玩耍相关的内在价值或自目的性。内在的有价值的体验，比如趣味性和"流畅性"，并不排除外在的动机——不管是对社会有价值的，比如教育；还是对社会有破坏性的，比如贪婪——但是外在的动机会干扰我们体验这些内在的善好的能力，从而把我们推向不必要的冒险行为，比如服用类固醇。

4. 讨论问题

（1）有人认为，体育运动中禁止服用兴奋剂实际上增加了运动员的自由。你认为同样的道理也适用于像肌酸这样的膳食补充剂的禁令吗？为什么适用或为什么不适用？

（2）你如何解释雅克·罗格所说的业余运动员比职业运动员更容易服用兴奋剂？一个更严肃的运动员是否比一个不那么严肃的运动员更容易服用兴奋剂？

（3）如果你是一名教练，你的一名运动员告诉你，他想服用一种可以确保获胜的药物，即使这种药物会在短时间内导致他死亡，你会有什么反应？

[106]　（4）根据"广义理论"，体育的社会效益是什么？服用兴奋剂会抵消这些效益吗？如何抵消？

第 9 章　义务论与公平

2011 年在意大利卡塔尼亚举行的世界击剑锦标赛上，来自突尼斯的非洲顶级击剑手莎拉·贝斯比斯（Sarra Besbes）登上了赛台——她面临的对手是以色列的诺姆·米尔斯（Noam Mills），但贝斯比斯并没有［真正地］在打比赛。相反，她被动地接受了必要的点刺次数，结果输掉了比赛，获胜者米尔斯哭了起来。① 贝斯比斯并不是第一位拒绝与以色列人比赛的运动员——曾有一名伊朗人在同一赛事中也拒绝面对一名以色列人。但贝斯比斯的情况不同，因为她参加了比赛；她只是拒绝玩这个游戏，因此故意输了。她没有违反任何规则，既没有被淘汰出局，也没有得到国际或国内体育管理机构的批准——事实上，后者还要求她不要参加比赛。② 贝斯比斯后来在接受采访时说："我尽了我的职责。"③ 撇开支持这一事件的政治问题不谈，我们从体育伦理的角度能说些什么呢？这位运动员没有作弊，她没有违反任何规则，她没有服用兴奋剂，她没有使用暴力，甚至没有说脏话。尽管如此，许多人会说，作为一名运动员，她的行为是不道德的，她的行为不是体育运动，她没有公平竞争。为了理解他们为什么会这样说，我们需要研究一下体育所隐含的义务论原则。

义务论的伦理理论，如伊曼努尔·康德的理论，关注的是道德法则或原则，而不是个体的美德或其行为的后果。康德的定言命令——"我不应

[107]

---

① 几家意大利报纸报道了这一事件，其中包括 Marco Ansaldo, "Immobile in pedana, tunisina boicatta Israele ai Mondiali," *La Stampa*, October 11, 2011, http://www3.lastampa.it/。
② Ansaldo, "Immobile in pedana."
③ Besbes, quoted in Aymen Wafi, "Sarra Besbes: « je m'en fiche… j'ai fait mon devoir," Koora.com, October 19, 2011, http://www.koora.com/.

该这样做，除非我也愿意让我的准则成为一项普遍的法则"① ——被认为是一种由理性发现并立法的道德义务。就像牛顿发现了物理宇宙（现象界）的规律一样，康德认为自己在思想的本体界中发现了实用的道德法则。应用于体育比赛中的作弊行为，如击剑运动员使用非法的花剑来增加得分的机会，只有当他能够理性地希望所有其他人也可以以同样的方式使用非法装备时，定言命令才允许这样做。但这种愿望在本质上似乎是不合理的，因为如果这种特殊装备得到普遍使用，它所获得的任何优势就将被抹杀。此外，由于所涉及的装备是被体育规则所禁止的，合乎道德地使用它将意味着每个人都要无视这些规则——这种情况，就其逻辑上的极端而言，将连同体育一并被抹杀。如果没有人遵守任何规则，击剑会是什么？正如我们在第4章中所看到的，规则是游戏形而上本质的核心，只有遵守规则才能使体育成为可能。

[108]

但体育也不仅仅是规则，这就解释了为什么我们应该为莎拉·贝斯比斯在击剑比赛中的行为感到困扰，尽管严格来说这一行为没有违反任何规则。体育受一种精神或风尚的制约，这种精神或风尚通常被称为公平竞赛，它鼓励或禁止规则手册中没有具体规定的行为。这种精神鼓励赛后握手，禁止在排队时随地吐痰。义务论道德原则同样对我们的待人方式有普遍的影响。康德定言命令的第三种形式——康德认为与第一种形式相同——要求我们对待人性"永远不要仅是作为一种手段，而要始终同时作为一种目的"。② 因为贝斯比斯的拒绝比拼打破了运动员之间的一个隐含的承诺，即至少要试图赢得比赛，此举是对另一个人的虐待或侮辱。贝斯比斯只不过把她的对手当作一种表明政治观点的手段。同样，要求贝斯比斯放弃比赛的当局也把她当作达到政治目的的手段，而不是她自己的目的。

在这一章中，我们将把义务论伦理学的结构与作为受规则支配的体育

---

① Immanuel Kant, *Groundwork for the Metaphysic of Morals*, trans. H. J. Paton (New York: Harper and Row, 1948), 70.

② Kant, *Groundwork*, 96.

形而上学相结合,来探讨它们的道德含义。我们记得,伯纳德·休茨确定了游戏的四个元素:目标、方法、规则和态度。这些因素会对体育产生规范性影响吗?如果有,是什么?

1. 获胜的目标

俗话说:"获胜不是全部,但获胜是唯一重要之事。"这句话通常被认为是美国橄榄球教练文斯·隆巴尔迪(Vince Lombardi)说的,它总结了真正的体育精神,也总结了体育的主要问题——取决于你所站的立场。一个可行的体育伦理必须考虑到获胜在体育中的作用,如果我们把伦理建立在形而上学的基础上,那么在游戏和体育中获胜这一任务就是核心。休茨把"目标"放在他的游戏特征列表的首位,解释它首先是一种可能在游戏之外实现的一般状态(前游戏目标),然后是在游戏情境中的目标,即构成了赢得比赛的状态。因此,我在游泳比赛中的目标不仅是到达泳池的对岸(前游戏目标),而且是根据游戏章程的其他规则采用自由泳游完整个游泳池,从而赢得比赛(游戏目标)。如果我们把游戏的这一形而上学方面与康德的定言命令结合起来,就会得出一个道德原则,即所有玩游戏的人都应该努力去获胜,而且他们应该愿意让所有玩游戏的人包括他们的对手努力去获胜。

当然,我们不能从逻辑上说每个玩游戏的人都应该获胜,因为在所有的竞技游戏中总有人要输掉。此外,我们必须承认,事实上,获胜可能不是许多体育参与者的主要动机或目标。正如沃伦·弗雷利所解释的那样:"达到比赛的特定目的、获胜和试图获胜,都是必要的,(但)并非所有参与者都把获胜当作他们的个人目的。"[①] 这意味着,虽然你玩网球游戏的主要目的是改善你的健康或者只是有乐趣,但如果你同意玩这个游戏你就要

---

① Warren P. Fraleigh,"The Ends of the Sports Contest," in *The Ethics of Sports: A Reader*, ed. Mike McNamee (London: Routledge, 2010), 107.

致力于竞争：在真正的竞取胜利中运用你自己的技能，挑战对手的技能。另一方面，如果我和一个朋友去网球场纯粹是为了健身和娱乐，我们只是来看看我们有多少次可以在不出界的情况下截击球，你可以说我们正在从事一项有价值的活动，甚至是在玩游戏，但我们不是在玩"网球"这个游戏。因此，以获胜为目标是体育参与合乎道德的支持性原则之一，莎拉·贝斯比斯在世界击剑锦标赛上被动地站在赛场上，破坏了这一原则。此外，尽管她的对手赢得了比赛，但诺姆·米尔斯有理由沮丧，因为她受到了道德上的虐待。

诺姆·米尔斯赢得了比赛并实现了她的目标，但她为什么要沮丧呢？她的获胜一定是没有意义的，因为它不代表获胜应该代表的东西，即表现出竞技优势。虽然说所有（或大多数）运动员都希望通过展示运动优势来赢得比赛是有道理的，但我们不能说所有（或大多数）运动员都希望胜利是在他们的对手没有任何抵抗的情况下获得的。大多数体育比赛的考验之一是运动员克服对手抵抗的能力。如果不提供这种抵抗，就没有真正的考验，因此获胜就失去了它的价值。事实上，在许多情况下，体育比赛的胜利并不能表明运动员就具有优势。尼古拉斯·狄克逊（Nicholas Dixon）指出，裁判失误、作弊、比赛技巧、运气不佳，甚至是优秀运动员或团队表现不佳，都是导致这些"空洞"胜利的常见原因。[①] 他的结论是，获胜并不一定表明具有竞技优势。埃德温·德拉特（Edwin Delattre）早在将近25年前就警告说，我们不应该太过于重视体育中的获胜："强调获胜，忽视竞技表现的质量，让我们在竞技运动中的成功感变得寡淡无味。"[②]

对竞技成功的丰富理解也应该超越身体表现，包含道德美德和长期的一致性。然而，即使运动员表现出这样的美德，竞技获胜的客观价值，尤其是他们为此而感到的自豪，也很容易受到质疑。大卫·卡尔（David Carr）

---

① Nicholas Dixon, "On Winning and Athletic Superiority," *Journal of the Philosophy of Sport* 26, no. 1 (1999): 10.

② Edwin J. Delattre, "Some Reflections on Success and Failure in Competitive Athletics," *Journal of the Philosophy of Sport* 2, no. 1 (1975): 138.

指出，为发现一种治疗疾病的方法而感到自豪似乎比为竞技成就而感到自豪更有道理，因为证明竞技成就的社会价值要难得多①。正是当导致竞技获胜（不完全可靠）的美德被应用于更有价值的社会项目中时，竞技才能最好地捍卫它的价值，尤其是作为教育的价值。一位美国橄榄球教练最近说："我告诉队员们，如果我有一个愿望，那就是把记分板干掉，因为这不应该是标准。标准应该是卓越。我认为比记分牌更好的是生活，因为这对他们的生活更有帮助，无论是作为父亲、丈夫、雇员还是邻居。"② 获胜确实重要，但只有在它能激励人们培养高尚品质的情况下才重要。所以，对于运动员来说，努力去赢得比赛，而不是赢得比赛本身，才是一种道义上的责任。文斯·隆巴尔迪的解释是正确的，他的意思是"获胜不是一切，努力去获胜得才是"。③

2. 低效的手段

2009年晚些时候，国际泳联（FINA）禁止使用全身鲨鱼皮式泳衣，因为它可能会把这项运动变成制造商之间的竞争，而不是运动员之间的竞争。2008年，有105项世界纪录被打破，其中79项是由穿着某一特定品牌高科技泳衣的游泳运动员打破的。在北京奥林匹克运动会上，游泳项目中94%的金牌是由穿同一种泳衣的游泳运动员获得的。④ 在这群人中名列前茅的是迈克尔·菲尔普斯（Michael Phelps），但他最终对这些泳衣产生了反感，并威胁说如果下一年度的世锦赛不封杀这些泳衣，他将抵制下一年的世锦赛。

---

① David Carr, "Where's the Merit If the Best Man Wins?" *Journal of the Philosophy of Sport* 26, no. 1 (1999): 2.
② Dean Hood, quoted in Ryan Alves, "Real Life Lessons from the Gridiron," *Eastern Progress*, October 12, 2011, http://www.easternprogress.com/.
③ Lombardi, quoted in Gary M. Walton, *Beyond Winning: The Timeless Wisdom of Great Philosopher Coaches* (Champaign, IL: Leisure Press, 1992), xi.
④ British Broadcasting Service, "FINA Extends Swimsuit Regulations," *BBC Mobile Sport*, March 19, 2009, http://news.bbc.co.uk/.

当它们被禁时,他松了一口气:"到明年1月1日,我们所有人几乎都能穿同一套衣服,这将会很酷……然后我们再来谈谈游泳,而不是泳衣。"① 自20世纪90年代早期水动力紧身衣出现在比赛中以来,它们在改善成绩的同时也引发了争议——尤其是因为这些早期泳衣是为顶级明星定制的,并不是每个人都能使用。正如西格蒙德·洛兰德在讨论提高绩效技术的伦理时指出的那样,"实现公平有效结果的关键原则似乎是实现机会均等"。② 不过,随着时间的推移,这种泳衣变得更便宜,也更容易买到。生产商甚至为买不起泳衣的奥运游泳选手免费提供泳衣。如果每个人都有平等机会获得一项合法的提高绩效的技术,那么道德问题又会是什么呢?此外,像迈克尔·菲尔普斯这样的冠军无论如何都会赢,他为什么要抱怨呢?

一种解释是,菲尔普斯的抱怨是有吃不到葡萄说葡萄酸的心理,因为他的泳衣不再是最快的,而且他最近输给了不那么有名的对手③。他想获胜,而这项运动的目的就是要游得更快,所以他只是嫉妒有些选手游得比他快。然而,一个更好的答案是,他在乎他的游泳,他认识到其低效的价值。众所周知,在游泳池中游泳是一种效率低下的方式,因为游泳者在岸上跑要比在水里游更快,消耗的能量也更少。但根据休茨对游戏的描述,这种低效恰恰使这项活动成为一项运动。"玩游戏是为了达到一种特定的状态,只使用规则允许的手段,**规则禁止使用更高效的手段,只允许使用更低效的手段**,并且规则被接受只是因为它们使这种活动作为一项运动成为可能"。④(黑体是我加的)某些低效构成了游戏和体育形而上学的一部分,当与义务论伦理原则相结合时,它们就具有了道德的分量。

根据康德的定言命令,不能理性地将提高效率以达到比赛目的的运动

---

① Michael Phelps, quoted in Associated Press, "FINA Moves Up Bodysuit Ban," *ESPN Olympic Sports*, July 31, 2009, accessed October 20, 2011, http://sports.espn.go.com/.
② Sigmund Loland, "Fairness in Sport: An Ideal and Its Consequences," in McNamee, *Ethics of Sports*, 117.
③ Associated Press, "FINA Moves Up Bodysuit Ban."
④ Bernard Suits, *The Grasshopper: Games, Life, and Utopia*, 2nd ed. (Peterborough, Ontario: Broadview, [1978] 2005), 54–55.

装备（即使比赛更容易获胜）作为普遍法则，因为同样，如果一个运动员的目标是获胜，那么他就不能理性地将他从他的装备中获得的任何优势也提供给他的竞争对手，因为这会抵消他使用这一装备的优势。一旦每个人都穿着水动力泳衣，我们虽然在玩着同样的体育运动，可是体育纪录就处在危险之中了，因为每个人都能更快到达终点线。但是快速到达终点本身并不是游泳运动的目的。考虑到规则带来的低效，关键是要尽快完成比赛。规则制定者的工作就是在保留这项运动内在价值的情况下，实施合理的低效。例如，为了低效而让游泳者将一只手绑在背后，或让小船在水中拖动，这可能是不合理的。但这并不是没有道理的，事实上，否认他们使用诸如马达、脚蹼或水动力连体衣等增效手段可能是当务之急。为什么？这有什么区别呢？

　　体育规则中蕴含的低效可不是随意要求的；相反，它们的目的是通过挑战来激发运动员可能拥有的某些技能和美德。例如，蛙泳是一种速度最慢、效率最低的竞技游泳姿势。有一段时间，游泳运动员发现他们可以通过尽可能长时间地水下潜泳来赢得蛙泳比赛，实际上他们可以避免传统的蛙泳。水下憋气是一项技能，但这不是蛙泳比赛中所要测试的技能，所以国际泳联改变了规则，限制了这些比赛中可以在水下潜泳的距离。技能和美德只是体育成绩的一部分。获得专业指导、优质食材和体育设施的机会很重要，装备、天气甚至运气也助益多多。

[112]

　　用洛兰德的话说，合乎道德的体育应该做的是"消除或补偿人与人之间的根本不平等，这种不平等不能被个人以任何重要的方式控制或影响，个人也不能被视为对此负责"。[①] 例如，在篮球运动中，身高的不平等是一种优势。但是规则制定者可以通过给予远距离投篮的额外价值来弥补这一点，从而降低了身高对投篮能力的重要性，而投篮能力是一种可以通过训练和实践来影响的宝贵技能。我们努力使装备和技术在所有竞争者那里都

---

① Loland, "Fairness in Sport," 118.

是一样的，或至少尽可能使其标准化，以达到类似的目的①。当然，就装备的差异而言也存在着探讨空间，因为这种差异［有时也］有助于个人弥补无法控制的不平等。例如，玻璃纤维撑杆使这项运动更容易为女性运动员和青少年运动员所接受。但是，只要用以提高体育成绩的技术减少或消除了作为体育核心的可训练的技能和美德，或使比赛机会变得不那么平等，这些技术就应该被禁止。

3. 规则：文本与精神

规则是休茨游戏的第三个特征，它具有明显的伦理意义。用康德的表述就是，如果不愿意这种违反体育规则的行为成为普遍法则，那么违反这种规则就是毫无道理而言的。但在某些情况下，某些违反规则的行为可能是普遍存在的吗？正如我们所见，对体育伦理的形式主义方法持有"逻辑不相容论点"，根据这个论点，故意违反规则的运动员不能［被视作是在］参加比赛。这一立场表明，所有故意违反规则的行为，无论多么无害，都是作弊。但对许多人来说，这一立场似乎站不住脚。约翰·拉塞尔（John Russell）指出，在许多体育项目中，无关紧要的违规行为是不被称为违规的，他甚至宣称，篮球比赛"不可能在不经常性地违反规则的情况下进行"②。的确，在篮球比赛中，为了让赛时中止而犯规是故意犯规的一个范例，而故意犯规被认为是比赛中合法的一部分。这种犯规的球员很少试图掩饰自己的行为，并心甘情愿地接受处罚。在这两个细节中，战术犯规反映了马丁·路德·金（Martin Luther King Jr.）对道德上正当的公民不服从的定义。③ 但是，公民不服从是故意违反不公正的法律，以促进社会公正和

---

① Loland, "Fairness in Sport," 121.
② J. S. Russell, "Are Rules All an Umpire Has to Work With?" *Journal of the Philosophy of Sport* 25, no. 1 (1999): 39.
③ Martin Luther King Jr., *I Have a Dream: Writings and Speeches that Changed the World* (New York: Harper Collins, 1992), 90.

更广义地促进法律的完整性。这个目标似乎比试图赢得一场比赛更崇高,当然,战术犯规不是为了吸引人们的眼球,也不是意在移除不公正的规则。然而,认为所有故意犯规的行为都是作弊的观点似乎太过严格。

另一方面,仅仅用违反规则来定义作弊可能不够严谨。通常,体育中明显不道德的行为在技术上并不是非法的——正如我们在本章开头的击剑例子中所观察到的,在第4章中,美国自行车队在1984年奥林匹克运动会比赛前进行了输血,此举可以提高成绩。震惊职业棒球界的类固醇丑闻可以追溯到该项运动禁止使用药物之前的一段时间,它涉及饮食补充剂和睾酮前体,目前仍在零售市场上广泛使用。然而,这些"合法的"提高成绩的技术却被犯规者所掩盖,这一事实表明,他们已经意识到自己的不道德行为。但这也可能只是战术上的——试图在竞争对手不知情的情况下获得合法的优势。体育中的各种合法行为对对手都是保密的。球队经常秘密训练,在比赛中经常隐匿队友间的交流——有时使用秘密的标志和信号。在大多数棒球和垒球联盟中,只要不调用视频回放技术,规则就不禁止偷垒行为(stealing signs)。尽管如此,这种做法在道德上仍存在争议,因为许多运动员和教练认为,它会干扰比赛对运动员技能的测试。

对于那些显然不道德的行为但却是合法的案例,一种形式主义的回应就是简单地写明规则来反对它们。长期以来,足球比赛中,在球门附近手臂触球或拦截对手都要判罚点球,但在这种情况下故意犯规是有战术意义的,这样能够防止本来是一个确定的进球,因为点球的射门机会较低。意识到这个问题后,国际足联将规则从单纯的罚点球改为红牌罚点球,将犯规的球员逐出比赛,迫使他们的球队人手不足。这样,他们就消除了犯规的战术动机。完善规则的想法有一定的吸引力,但至少存在两个问题。首先,正如罗伯特·西蒙所指出的那样,承认游戏规则存在问题本身就意味着游戏超出了规则的范畴,但如果游戏只是游戏规则,那么我们又要从哪里获得这样的标准呢?[1]

---

[1] Robert Simon, *Fair Play: The Ethics of Sport*, 2nd ed. (Boulder, CO: Westview, 2004), 48.

体育哲学导论

[114]　　第二，正如中国古代哲学家老子所理解的那样，道德行为难以立法。相反，规则和法律的繁增只会减少人们对它们的尊重。正如老子所说："天下多忌讳，而民弥贫；民多利器，国家滋昏；人多伎巧，奇物滋起；法令滋彰，盗贼多有。"① 事实上，欧洲职业足球的现状似乎证实了这一观点。由于裁判无法同时监控整个球场，球员们在他背后做着各种非法动作——常常是在摄像机的注视之下。他们的态度似乎是"如果没有被抓住，那你就不是在作弊"——这是对不道德行为的一种明目张胆的辩解。此外，在世界杯资格赛中，蒂埃里·亨利（Thierry Henry）故意手球的行为，有时也令人钦佩。亨利说："说实话，那是一个手球。但我不是裁判，我打了，裁判允许。这个问题你应该问裁判。"②

然而，即使是体育官员也应该能够看到，体育伦理不仅仅包括规则和处罚。在争论规则并不是裁判员所必须处理的全部问题时，约翰·拉塞尔回忆了美国职业棒球大联盟的一个案例。乔治·布雷特（George Brett）有一个可能制胜的两分本垒打被判无效，因为他的球棒涂的松焦油树脂超过了规则所允许的最高限度18英寸（约45.7厘米）。③ 后来人们认识到，对于打本垒打的目的来说，过量的松焦油树脂如果有什么影响的话，将会是一个不利因素，而基于这一技术原因，拒绝这种击球实际上等于把规则置于游戏本身之上。按照形式主义的思维方式，最后这句话是没有道理的，因为比赛只不过是规则，但拉塞尔和其他许多人认为，还有更多的东西：一种内在的逻辑，也许最好从公平竞争原则的角度来理解，这是体育规则的基础并为体育提供了依据。拉塞尔建议根据这些原则来解释体育规则，他列举了这些原则：卓越、竞争均势、公平竞赛和善好的游戏行为。④ 无论这个列表是否准确地抓住了体育背后的公平竞争的原则或精神，我们都能

---

① Lao-Tzu, *Tao Te Ching*, trans. S. Addiss and S. Lombardo (Indianapolis: Hackett, 2003), 57.
② Thierry Henry, quoted in Peter Singer, "Is It Okay to Cheat in Football?" Project Syndicate, June 26, 2010, accessed April 10, 2011, http://www.project-syndicate.org/.
③ Russell, "Are Rules All?" 30.
④ Russell, "Are Rules All?" 35–36.

认识到这一点，在体育中做出道德决策时应该考虑到这一点。规则只是故事的一部分。

4. 嬉玩的态度：尊重游戏

毫不奇怪，体育伦理的最后一道防线是态度。休茨认为，正是这种"嬉玩的态度"（lusory attitude）使游戏得以进行，而格雷厄姆·麦克菲则声称，正是人们选择以这种方式来使用规则，才使得规则真正起到了作用。① 前面提到的松焦油事件是由对方球队的经理比利·马丁（Billy Martin）挑起的，他在本垒打被击出后要求检查布雷特的球棒。至少有一种说法是，马丁早在赛季初就注意到了松焦油违规，但他在等待一击致命的时刻来指出这一点。② 这种条文主义式的策略似乎包含对运动风尚、体育精神或不成文规则有意地置若罔闻，其动机是狭隘地专注于获胜。著名的道德哲学家彼得·辛格（Peter Singer）注意到，对球员和球迷来说，在职业足球比赛中，派系之争似乎压倒了道德。"球迷们似乎并不介意自己球队的队员是否成功地作弊，"他说，"他们只会在对方作弊时表示反对。这不是一种道德态度。"③ 既然体育本身在很多方面取决于态度，那么对体育的道德态度是什么呢？

让我们回到康德的问题上来，他的定言命令，在他的第一种形式中禁止我把自己当作道德上的例外；在他的第三种形式中要求我决不仅仅把别人当作手段，而始终还当作他们自己的目的。简而言之，康德的义务论要求一种尊重他人和尊重他所谓的"普遍法则"的态度。将其应用到体育中，特别是应用到休茨的"嬉玩的态度"概念中，我们可以将体育中的伦理态度概括为对比赛的尊重。休茨称，这种嬉玩的态度是游戏中的一个元素，

[115]

---

① Graham McFee, *Sports, Rules and Values: Philosophical Investigations into the Nature of Sport* (London: Routledge, 2004), 69.
② Rick Weinberg, "Pine Tar Nullifies Home Run, So Brett Goes Ballistic," *ESPN*, 2009, accessed October 20, 2011, http://sports.espn.go.com/.
③ Singer, "Is It Okay?"

它"将其他元素统一为单独的准则"①，他把它描述为一种针对过程的态度，而不是目标，"因为它愿意接受那些让目标的实现变得更困难的规则"。② 尊重游戏意味着，首先要尊重游戏的规则，但也要求我们尊重上面所讨论的游戏的其他元素：争取胜利，接受手段的低效。简而言之，我们需要尊重游戏的过程。此外，它要求我们认识到其他玩家在游戏中的利害关系以及我们在促进他们参与游戏的过程中所扮演的角色。在玩游戏的时候，把别人当作目的而不是手段，这就要求我们把他们看作同事或共同奋斗的人（这是竞争对手的根本意思），而不是为了追求自己的目标而被排除的障碍。

正如罗伯特·布彻和安杰拉·施奈德在他们关于公平竞争即尊重比赛的论述中总结的那样，"尊重比赛的运动员希望尽可能地与一位值得尊敬的对手竞争……这意味着你要让你的对手抓住每一个（游戏规则所定义的）机会，让他或她发挥出最好的水平"。③ 虽然这种态度在体育道德方面是有道理的，但对于那些更习惯于利用竞争对手以发挥最佳水平机会的运动员来说，这似乎有些奇怪。心理战术，如"谩骂"（trash talking）或"辱骂"（sledging），正是为了让竞争对手"退出比赛"。在美式足球中，当对方球队试图射门时，通过叫暂停来"冷却冻结"射门者，从而打乱射门者的节奏，给他时间来自我怀疑，这是很流行的做法。网球运动员也以拖延或延迟比赛来中断对手的节奏而闻名。这类战术有时被认为是比赛的一部分，只要不像某些辱骂事件所表现的那样失去对人的基本尊重，那么一个运动员对这些战术具有抵制能力就可以算作他的竞技技能之一。

更糟糕的是，竞技中打战术实际上剥夺了运动员检验自己技能的机会。在棒球比赛中，故意将球投到击球区之外，从而使击球手几乎不可能击球的战术，似乎就是这样的一种做法。这些规则为保送击球手提供了一个优势，但这种做法规避了对击球手和投手技能的测试。在板球运动中，有一

---

① Suits, *Grasshopper*, 50.
② Suits, *Grasshopper*, 17.
③ Robert Butcher and Angela Schneider, "Fair Play as Respect for the Game," *Journal of the Philosophy of Sport* 25, no. 1 (1998): 15.

种类似于"臂下投球"的战术,可以防止多次跑垒——尤其是在多次跑垒可能赢得比赛的情况下。这种做法经常受到观众的嘲笑,就像在足球比赛中把球回踢给守门员来拖延时间,或者在美式足球中通过单膝跪地来拖延时间一样。格雷厄姆·麦克菲说,有知识的观众对他们认为不合适的游戏方式表示不满是正确的。他称这种游戏是"破坏",因为尽管游戏规则在技术上允许这样做,但它否认了对手"根据游戏精神进行游戏的可能性"。①有时,它是一个盟友而不是一个其玩耍机会被破坏了的对手,就像当骑手被要求牺牲自己的获胜机会,将领骑者拖拽到队伍的最前面时,或当追求新纪录的赛跑者被"领跑兔"带节奏,把赛跑者带入非稳定竞赛的节奏中,然后在比赛结束前退出时。所有这些行为都不违反体育规则,但从某种意义上说,它们都是对体育精神的不尊重。

公平玩耍有时被理解为道德原则在体育领域的应用。然而,研究表明,正是体育的结构催生了公平玩耍的理想,而公平玩耍后来成为社会道德的一部分。②公平作为一种伦理原则,起源于体育与游戏的形而上学,正因如此,我们可以看到,将休茨对游戏的定义与康德的义务论伦理学相结合,可以告诉我们体育中的道德行为。最初的结果是自相矛盾的,因为这意味着获胜是竞技比赛的目的,但需要注意,依照康德的表述,获胜是不能被普遍化的:我们不能从逻辑上希望每个人都能赢得一场只能有一个获胜者的比赛。然而,我们可以理性地希望每个人都努力去赢得比赛,并以此来达成一个可行的体育伦理原则。然而,我们很快就会认识到,这种对获胜的竞取意味着我们必须尊重游戏规则,更具体地说,必须尊重规则所规定的技能测试的低效,因为正是这些低效使活动首先成为游戏。我们也看到,规则本身并不能决定游戏的道德,而是有着更深层次的原则在支撑着它们,

---

① Graham McFee, "Spoiling: An Indirect Reflection of Sport's Moral Imperative?" in *McNamee, Ethics of Sports*, 146.
② Claudia Pawlenka, "The Idea of Fairness: A General Ethical Concept or One Particular to Sports Ethics?" *Journal of the Philosophy of Sport* 32, no. 1 (2005): 57.

[117] 并支配着它们的应用和解释。最后，我们认识到公平玩耍最重要的是一种态度。这是一种尊重比赛和尊重对手的态度，这种态度使人们对故意保送和拖延耗时等常见做法产生了怀疑，但也肯定了在体育运动中发挥最佳水平和重视个人成功的竞技精神。

5. 讨论问题

（1）你认为贝斯比斯拒绝参加击剑比赛在道德上存在什么问题？如果是这样的话，国际击剑联合会将如何制止这种行为呢？

（2）请用一个例子来说明以下几种不同版本的隆巴尔迪观点的区别："获胜不是全部，但获胜是唯一重要之事"；"获胜不是全部，但努力去获胜才是"。

（3）你认为通过装备获得的优势，比如水动力泳衣，与通过自然获得的优势，比如身高或天赋，在道德上有区别吗？

（4）有人认为，试图干扰对手的技术展示（故意保送或抢点）有违比赛精神。你能提出相反的观点吗？这样的行为符合游戏的精神吗？

第 10 章　美德与丑恶

2011 年春，日本相扑协会（Japanese Sumo Wrestling Association）在爆出丑闻后，做出了一个非同寻常的决定——取消了一场大型比赛。问题倒不是跟暴力、赌博或有组织犯罪有什么牵连；相反，以手机短信形式出现的证据证实了人们长期以来的怀疑：相扑选手故意输掉比赛，要不然对手就会以失败告终，继而会被降级。以西方体育丑闻的标准来看，这种丑闻似乎还不算太过离谱。但日本首相菅直人（Naoto Kan）称这是"对人民的严重背叛"，尤其因为相扑是国民运动，它代表着传统的美德理想。① 人们严肃认真，从不懈怠，就是为了保持体育在道德上的纯洁，为了与现代生活腐化的现实划清界限。摔跤选手在所谓的"马厩"中生活和训练，在他们的比赛中被期望表现出对获胜喜怒不形于色，并且举行庄严肃穆的仪式。尽管西方体育明星肆无忌惮的无耻行径已经司空见惯，但在东方传统体育中，尤其是在备受尊崇的大师级赛事中出现不道德行为，这是一种严重的公然冒犯。毕竟，武术传统上被视为一种培养美德的方式，这种价值通常也被人们投射到其他体育活动之中。在东方，竞技比赛的冠军也被认为是美德的冠军。相比之下，在西方，体育明星似乎更像是丑恶的冠军。艾伦·贝克（Allan Bäck）反驳说："在体育中达到美德的方法是放弃［西方的］运动——也许应该代之以习练［东方的］武术。"②

西方体育与道德发展的实证数据表明，竞技比赛不仅没有培养美德，

[119]

---

① Naoto Kan, quoted in Cable News Network, "Sumo 'Fixing' Scandal Rocks Japan," CNN International Edition, February 4, 2011, accessed October 21, 2011, http://edition.cnn.com/.

② Allan Bäck, "The *Way* to Virtue in Sport," *Journal of the Philosophy of Sport* 36 (2009): 217.

实际上反而助长了丑恶。① 事实上，有些人认为日本相扑界的丑闻可以作为证据证明西方式的体育如何能够败坏沁润于道德纯正传统的古老竞技实践。传统主义者认为，金钱的日增、媒体的关注以及外国相扑选手的涌入是相扑问题产生的原因。② 与此同时，纯粹主义者则质疑相扑作为一种真正的武术的地位，因为它强调竞争。③ 事实上，当中国传统武术被拒绝申报奥林匹克运动会项目时，许多人松了一口气。人们不无担心，尽管［现代］奥林匹克运动会是古希腊竞技运动的遗产，但它（依然）会破坏武术对美德培养的关注。"当武术试图成为奥运项目时，"武术冠军赵长军说，"它们必将以某种方式失去武术真正所是的那种品质。"④ 事实上，武术向竞技体育转型的同时，包括贿赂裁判和操纵比赛在内的腐败现象也在与日俱增。⑤ 尽管如此，包括保罗·维斯、沃伦·弗雷利、罗伯特·西蒙、迈克·麦克纳米、马克·霍洛切克和我在内的许多西方体育哲学家仍将体育称颂为一种提升美德的方式。那么，它到底是哪一种呢？竞技体育是在培养美德还是在助长丑恶？也许更重要的一点是，在什么情况下体育是促进美德而不是助长丑恶？

　　这里的伦理问题不仅涉及人们的行为，还涉及体育的实践及其支持的制度是否以及如何促进和酬报对美德的培养或丑恶的助长。第5章所讨论的作为一种社会实践的体育形而上学理论，借鉴了古希腊思想家柏拉图和亚里士多德以及中国哲学家老子和孔子的美德伦理学理论。美德伦理学关注

---

① Bäck, "The *Way*," 217. 贝克引用的实证研究，因其方法论和关于道德本质的理论假设，受到了迈克·麦克纳米的质疑。参阅 McNamee, *Sports, Virtues and Vices: Morality Plays* (London: Routledge, 2008), chap. 4.

② Justin McCurry, "Sumo Threatened by Scandal and Crime," *Guardian*, July 4, 2010, accessed October 21, 2011, http://www.guardian.co.uk/.

③ 贝克说，武术是一种"通过仪式化的技术实践中和暴力，以启蒙人类状况的方法"（"The *Way*," 217）。

④ Zhao, quoted in Gene Ching and Gigi Oh, "Where Wushu Went Wrong," *Kungfu Magazine*, November 3, 2006, accessed October 21, 2011, http://ezine.kungfumagazine.com/.

⑤ Anthony Kuhn, "Chinese Martial Art Form Sports Less Threatening Moves," *Los Angeles Times*, October 16, 1988, accessed October 21, 2011, http://articles.latimes.com/.

的是行为者的道德品质，而不是行为者遵循的原则（如伊曼努尔·康德的义务论）或行为者行动的后果（如约翰·斯图尔特·密尔的功利主义）。在希腊和中国的传统中，美德都被理解为履行善好行为的倾向或力量，而美德伦理学通常是对涉及如何培养这种倾向所做的扩展讨论。① 亚里士多德将培养（ethos）确定为品质（ēthos）的来源，反映了在其文化中美德（灵魂卓越）和竞技训练（身体卓越）之间的传统联系。② 同样，孔子也将美德培养与礼仪践行联系在一起。③ 柏拉图在体操馆里建立了他的学园，老子的道家学说构成了几种武术的基础。在近代，麦金太尔的社会实践理论复兴了美德伦理学，尤其是与体育相关的美德伦理学。也许，如果我们把传统的美德伦理与对体育作为社会实践的形而上学理解结合起来，我们就会明白体育和武术在什么时候、为什么能够促进美德，以及为什么不能促进美德。在那里，我们能够确定改进这些实践的方法。

首先，让我们回想一下麦金太尔将社会实践描述为一种合作活动，它通过在该活动中追求并达到卓越的标准来实现内在的善好。④ 实践产生实践共同体，正是通过对这些共同体全身心的参与，诚实、正义、勇敢等社会美德得以锻炼和培养。⑤ 东方哲学长期以来因其对共同体的优先考虑而备受称赞，然而亚里士多德也强调美德伦理学的公共方面，将人类归为"政治动物"⑥，并断言共同体的目的是促进美德行为。⑦ 对一个实践共同体的参与不仅需要与当前的实践者（如队友和对手）建立关系，也需要与此前的实践者（如教练员和前冠军）建立关系，他们的成就帮助建立了实践者为之

[121]

---

① 海瑟·里德认为，在古希腊和中国哲学中，美德的概念 aretē 和 de，分别被理解为通过训练培养的精神力量的形式。参见 "Athletic Virtue: Between East and West," *Sport, Ethics and Philosophy* 4, no. 1 (2010): 19。
② Aristotle, *Nicomachean Ethics*, trans. Terence Irwin, 2nd ed. (Indianapolis: Hackett, 1999), 1103a15 - 18.
③ Confucius, *Analects*, trans. E. Slingerland (Indianapolis: Hackett, 2003), 1.12, 2.3, 9.10.
④ Alasdair MacIntyre, *After Virtue* (Notre Dame, IN: University of Notre Dame Press, 1981), 175.
⑤ MacIntyre, *After Virtue*, 180.
⑥ Aristotle, *Nicomachean Ethics*, 1097b9 - 1.
⑦ Aristotle, *Politics*, trans. C. D. C. Reeve (Indianapolis: Hackett, 1998), 1281a2 - 3.

奋斗不息的传统技术标准和伦理卓越标准。①

此外，值得反思的是，我们自己的技术和伦理成就构成了我们后代标准的一部分。所有这些最终都需要我们把体育这样的实践看作是伦理的，而不仅仅是技术的，我们要把我们参与其中的目标看作美德。贝克声称，传统武术自然而然就能做到这一点，而盯着输赢的西方体育则使得它们"危害着你的道德健康"。② 在接下来的论述中，我们根据产生麦金太尔的美德纲目（诚实、正义、勇敢和正直）方面的理论可能性对体育和武术做出比较，同时与显而易见的丑恶的竞技现象，如欺骗、利己、暴力，以及把竞技美德迁移至玩耍场域之外的失败做出比较。

1. 诚实与欺骗

让我们从诚实或坦诚的美德开始。孔子认为诚实是五主德之一，孟子则认为"声闻过情，君子耻之"。③ 同样，亚里士多德也赞扬诚实（apseudeia），认为它是介于自夸的过度和自贬的不足之间的一种中庸之道，它关涉一个人的自我评价，同时涵盖其行为和言语。④ 麦金太尔认为，诚实对于那些内嵌于社会实践的人际关系来说异常重要；没有它，我们就无法获致卓越的相关标准，这就使得实践"毫无意义，仅只是作为一种实现外在善好的手段而已"。⑤

如果我们想想运动员在体育运动中与教练员、裁判员甚至对手之间的重要关系，我们就会发现诚实在他们每个人身上是那么的重要。在武术中，紧

---

① MacIntyre, *After Virtue*, 181; McNamee, *Sports*, *Virtues*, 18.
② Bäck, "The Way," 225.
③ Confucius, Analects, 17.6; Mengzi, *Mencius*, trans. Irene Bloom (New York: Columbia University Press, 2009), 4B18. 我在这里想说的诚实并不是西方所说的坦率和不请自来地讲真话；这种想法与中国文化中"留面子"（saving face）的观念相抵触。相反，我在思考的是准确的自我评价——很像亚里士多德的真诚（apseudeia）。
④ Aristotle, *Nicomachean Ethics*, 4.7.
⑤ MacIntyre, *After Virtue*, 191.

要的关系是徒弟与师父的关系,而其中诚实似乎是最为基本的。在《箭术与禅心》(*Zen in the Art of Archery*)一书中有这样一个故事,作者欧根·赫里格尔(Eugen Herrigel)暗地里决定不去理会他师父的教导,而只专注于让自己变得浑然忘我,替代的做法是凝神注目于箭靶。师父立马就明白了他的伎俩并为此惩罚了他,而赫里格尔也发现他对箭靶的竭力瞄准实际上适得其反。① 同样,体育通常会酬报那些对教练员诚实的运动员,惩罚那些对教练员不诚实的运动员。例如,在篮球队中,球员为了争取更多的上场时间而隐瞒了自己受伤的事实,这最终会损害到球队获胜的机会,同样,自贬的球员也是如此,他听命于不太称职的队友。有时,教练员可能会通过欺骗运动员来激励他,例如,告诉运动员他比自己认为的更优秀。但是教练员和运动员之间的关系严重依赖于信任,而不诚实几乎总是会破坏信任。因此,至少就队友和教练的关系而言,诚实的美德似乎在体育中获得了成就,就像在武术中一样。

[122]

　　裁判员的情况略有不同。当然,裁判员的工作是执行游戏(成文的和约定的)规则。通过欺骗手段干扰裁决的玩家实际上可以说是作弊。传统武术强调荣誉,没什么规则,也就不需要裁判员。② 高尔夫在这一点上也有类似之处,球员有望对自己做出惩罚——这一传统表明,在公平耍玩的游戏中,大家怀有共同的兴趣。2010年,职业高尔夫球手布赖恩·戴维斯(Brian Davis)因自己的一个小小违规动作而自判两杆罚球,该违规动作需要用慢动作重播才能确认。因为这样做,他放弃了他的第一个美巡赛冠军和随之而来的百万美元奖金。③ 戴维斯的行动之所以引起人们的关注,是因为牵涉到利害关系,而不是因为他所自称的惩罚是罕见的。它们在高尔夫运动中是常见的,就像它们在以前讨论过的职业足球比赛中是不可想象的

---

① Eugen Herrigel, *Zen in the Art of Archery*, trans. R. F. C. Hull (New York: Vintage, 1999), 50 – 52.
② Bäck, "The Way," 218. 当然,这种情况与武术体育不同,武术体育通常会聘请裁判员和多个评判人。
③ Jay Busbee, "Davis Calls Penalty on Himself, Gives Up Shot at First PGA Win," Yahoo Sports, April 18, 2010, accessed October 21, 2011, http://sports.yahoo.com/. 值得注意的是,戴维斯确实以第二名的成绩赢得了超过一半的奖金。

一样。这并不是说高尔夫比空手道更高尚,而是说美德和丑恶都是在共同体中培养出来的,正如亚里士多德所说的那样,整个共同体都从他们的锻炼中受益。就体育运动这一共同体对其卓越标准的看重而言,它希望这些标准得到恰到好处的衡量。有些人可能会考虑在游戏所要测试的技能中对裁判员进行战术欺骗。旁观者开玩笑说,假装受伤中断比赛或罚点球的足球运动员应该因其行为而被奖励,不可否认,比赛有时奖励这样的行为。但是与其他形式的欺骗相比,这些滑稽行为仅仅具有战术效力,它们并不能被转化为游戏技能。一个纵容这种战术行为的共同体实际上是在破坏它自己的实践。体育共同体应该尽一切努力制止欺骗裁判员的行为。

相比之下,欺骗对手似乎是大多数体育运动的一部分。就连武术哲学之父——孙武也对此表示赞同。他宣称"兵者,诡道也"。① 以假动作和误导性提示形式出现的欺骗行为在几乎所有的比赛中都是被期待的、被宽恕的,并且会得到报酬,尽管是在规则规定的范围内。例如,在棒球比赛中,假装把球投给守垒员来阻止跑垒员盗垒,或在开球前跳投,这些都是可以接受的。但这种战术有着严格而复杂的限用范围。

[123] 为什么允许这样的欺骗?限制它的理由又是什么?首先,虽然欺骗通常是一种丑恶现象,但能够在他人身上辨识它并做出相应的反应,无疑是一种值得拥有的技能。武术也是如此。根据这一思路,在体育比赛中,对手之间的欺骗应该是允许的,也是可以预期的,因为它可以培养运动员不容易被欺骗的素质。有人甚至会说,在某些情况下,欺骗也可以作为一种美德——比如,为了制止犯罪,我必须欺骗一个想要绑架我的人,谎称我下有小上有老。事实上,柏拉图把撒谎理解为一种技能,既可以用来行善,也可以用来作恶。② 在体育比赛中欺骗运动员在培养有用技能方面是被允许的,但在干扰其他被测试技能方面应该被禁止。先前讨论过的棒球比赛中

---

① Sun Tzu, *The Art of War*, trans. Lionel Giles (Hong Kong: Forgotten Books, 2007), 1.18.
② Plato, *Hippias Minor*, in *Complete Works*, ed. John M. Cooper (Indianapolis: Hackett, 1997), 364c – 370e.

阻断规则，似乎是为了防止这种骗术游戏压倒该项游戏，取代棒球运动的基本投球和击球技能。

最后，体育中诚实的美德应该被理解为孟子和亚里士多德所认定的那种东西，即对个人的能力或配得（worth）进行准确评估的一种价值。只要体育和武术试图测试参与者不断提高的技能，它们就会从根本上支持这种诚实的美德。出于同样的原因，只要它干扰到游戏（也就是说，对相关技能的准确评估），战术欺骗就应该被游戏的奖励结构所制止。这并不总是容易做到的，就像在职业足球比赛中假装受伤的情况一样——裁判员们不能简单地无视这种表现，因为球员实际上可能真的需要医疗照顾。然而，运动员以这种方式欺骗裁判员的能力也不应该被认为是该项运动的合法部分。这是在滥用那些旨在保护运动员安全的规则。

另一方面，运动员之间的欺骗被一些人认为是一种"合法"的体育技能——特别是当它有助于提高运动员避免被欺骗这一能力时。在竞争关系中，某些形式的欺骗，如头部假动作或佯装投球会被使用，这是意料之中的。但是，即使欺骗教练员或裁判员，以及一些偷偷摸摸地欺骗对手的形式，比如假装受伤，可能会增加一个人获胜的机会，这些也应该被视为比赛中的缺陷。通过培养恶习而获得的胜利对于实践或践行者来说都没有价值，两者都应该以培养美德为目的。因此，不应在共同体的实践中对它们加以重视或赞扬，而应尽可能地由游戏规则对它们加以禁止。①

2. 正义与利益

在柏拉图的《理想国》开篇，诡辩家色拉叙马霍斯（Thrasymachus）将正义定义为"强者的利益"。② 这是对正义所做出的一个广为人知的描述，这

[124]

---

① M. Andrew Holowchak and Heather L. Reid, *Aretism: An Ancient Sports Philosophy for the Modern Sports World* (Lanham, MD: Lexington Books, 2011), 176.

② Plato, *Republic*, trans. G. M. A. Grube (Indianapolis: Hackett, 1992), 338c.

一观点被有关世界通常如何运行的愤世嫉俗的观察所支持。今天，人们用"强权即公理"表达了类似的观点。当然，柏拉图并不认可这一观点——相反，他将其作为一个具有挑衅性的起点，以此来阐述一种正义理论，认为他所阐述的正义才是城邦也是个人的最高美德。当麦金太尔把正义视为体验社会实践内在善好所必需的社会美德时，他考虑的也是人们的某一属性，而不是游戏或制度。① 亚里士多德将正义描述为一种关系到我们与他人交往的美德，并将其总结为"按照相关差异的比例，平等地对待平等的，不平等地对待不平等的"。② 这种描述非常符合体育的逻辑和结构，为所有参与者提供了平等的机会，并试图根据成绩进行奖励。因此，一个公正的运动员可能平等地尊重竞争对手，并亲切地认可获胜者的优点，也就是说，一个运动员表现出了"良好的体育道德"。但体育中竞争态度的现实似乎更类似于色拉叙马霍斯的定义：你要利用一切你能利用的有利条件来赢得比赛，从而证明你比别人优越。运动员需要被劝诫"做一名好的运动员"，这一事实揭示了竞争的自然情感与被理解为体育精神美德的、对正义的道德期望两者之间存在着明显的冲突。

也许问题出在竞争本身。大多数社会实践活动，如传统武术，并不像竞技体育那样强调竞争。也许体育中正义的美德实际上与竞争精神背道而驰，而体育精神实际上就是对竞争的冷漠。也许好的体育就像孔子所说的："君子无所争，必也射乎！"③ 他可能会去参加射箭比赛，但对比赛结果并不感兴趣。传统武术通过避免竞争来反映这种态度。事实上，贝克声称，如果体育想要培养像正义这样的美德，它们就必须把竞争抛在身后。④

在某种程度上，这种对待竞争态度的对比似乎是文化上的。电影《勇

---

① 然而，他很难解释到底什么是正义，因此他专门出了一本书来讨论这个问题。参见 Alasdair MacIntyre, *Whose Justice? Which Rationality?* (Notre Dame, IN: University of Notre Dame Press, 1989)。
② Aristotle, *Nicomachean Ethics*, 1130a8-10, V.3 1131a10-25.
③ 子曰："君子无所争，必也射乎！揖让而升，下而饮，其争也君子。"参见 *The Analects of Confucius*, trans. Arthur Waley (New York: Vintage, 1989), 3.7。
④ Bäck, "The *Way*," 223.

往直前》(Running Brave)讲述了美国本土跑步运动员比利·米尔斯（Billy Mills）的真实故事，他努力适应大学体育无情的竞争。米尔斯在印第安保留区长大，为了赢得比赛，他只是拼命奔跑，从而避免其竞争对手以巨大的获胜优势带来的羞辱。然而，当他在大学比赛最后阶段让另一名印度运动员追上时，尽管他取得了胜利，大学教练还是斥责了他。"你要打败他，这样他才会知道你更好！"教练吼道。[1] 米尔斯起初对这种态度非常反感，最终他融入了美国体育运动的激烈争抢风格，尽管被激烈的对手挤到跑道边缘，但他还是在1964年奥林匹克运动会上获得了令人惊讶的金牌。这个故事的寓意很清楚：真正的竞争对手要毫不留情，好人总是最后一名。

在西方，就连孩子们也被教育要以这种方式竞争——有时甚至会以一种让人感到被羞辱和流泪的方式，在与较弱对手的比赛中赢得分数。在我那据说和善的家乡——艾奥瓦州，周五晚上的体育赛会上，高中篮球比赛110∶22的比分屡见不鲜。哲学家们在争论这种现象的道德性时指出，一方面，被"吊打"的失利者不应感到被羞辱，只要他们尽了他们最大的能力[2]；另一方面，那些自命不凡的运动员可能会在体育比赛中受到或多或少的羞辱。[3] 可以说，一个正直的运动员想要的只是准确的比赛结果。如果结果是可笑的一边倒，那就顺其自然吧。体育毕竟是求知的活动。[4] 使人难堪的知识依然是知识。

但可以肯定的是，乐于看到竞争对手受辱的倾向并不是一种美德。把快乐建立在别人的痛苦之上（幸灾乐祸），正如迈克·麦克纳米所说，是"对人类同情心的咄咄逼人、极度摧残，无法证明是人类对正义的热爱"。[5]

---

[1] Coach Bill Easton in *Running Brave*, dir. D. S. Everett and Donald Shebib, Englander Productions, 1984.

[2] Nicholas Dixon, "Why Losing by a Wide Margin Is Not in Itself a Disgrace," *Journal of the Philosophy of Sport* 25, no. 1 (1998): 67.

[3] Mike McNamee, "Hubris, Humility, and Humiliation: Vice and Virtue in Sporting Communities," *Journal of the Philosophy of Sport* 29, no. 1 (2002): 38.

[4] 关于这一理论的阐述，参阅 Heather L. Reid, "Sport, Philosophy, and the Quest for Knowledge," *Journal of the Philosophy of Sport* 36, no. 1 (2009): 40–49.

[5] Mike McNamee, *Sports*, *Virtues*, 159.

体育哲学导论

　　一个公正的运动员通常看重正义，而不只是像色拉叙马霍斯那样只看重利益。吊打对手是不公平比赛的结果——比赛没有公平考虑参赛选手的相对实力和匹配性。无论分数在反映这一差距时显示出怎样的准确性，都不能证明比赛的价值，正直的运动员不会太看重这种比赛的结果，即使结果是获得了胜利。一旦获胜得到了保证，他们就不会全力以赴，甚至会提前结束明显存在缺陷的比赛，这与正义并不矛盾。

　　为了弘扬正义的美德，体育运动并不需要完全放弃竞争。相反，它需要强调良性的竞争。最好的竞赛，就是那些践行美德并产生内在善好（如"心流"），而且几乎总是势均力敌的竞赛。① 贝克观察到，亚洲文化更喜欢势均力敌的比赛，泰国拳击手如果在比赛中占了上风，就会因为缺少回合而被迫退役。② 这种说法似乎暗示，西方竞技体育和运动员通常更喜欢轻松取胜，更喜欢那些不会挑战自己技能的胜利，或者可能是通过对手的霉运而获得的胜利。③ 当然有这样的情况。我的父亲是南加州大学的忠实球迷，在玫瑰碗（Rose Bowl）开始时他宣称，"我不想让它成为一场精彩的比赛。我不想让对战双方势均力敌。我就想看一场吊打暴虐的比赛！"这是一种可以理解的情绪，但它不是对体育的冷静反思——尽管这确实表明他至少知道什么是"一场精彩的比赛"。

[126]　　此外，他的情绪是一个球迷的情绪，他的潜在回报主要是快乐，这与运动员截然相反，他们可以从竞争激烈的比赛中学习和成长。人们很容易忘记，运动员的生活通常是由训练而不是比赛主导的。他们的训练不仅仅是为了获得最终的胜利，否则他们只会参加比他们弱得多的对手的比赛——这种做法甚至在西方体育中被嘲笑为"柿子专拣软的捏"（cherry picking）。相反，他

---

① Susan A. Jackson and Mihaly Csikszentmihalyi, *Flow in Sports* (Champaign, IL: Human Kinetics, 1999), 6.
② Bäck, "The *Way*," 234 n. 1.
③ 我很难相信，即使是传统的武术家，在面对一场比武时，也没有哪怕一丝一毫希望他的对手下盘不稳的想法。事实上，武术格斗中对风险的看重似乎比西方竞技运动中"好玩"情景更有利于以任何必要的方式存下去。

们通过训练提高自己的竞争优势，并参加能够公正测试其优势的比赛。说竞技运动员只想获胜，无异于说武术家只想打架。他们想要的是拥有与公正地战胜有价值的对手相关的美德。这种欲求本身就反映着正义的美德。

3. 勇敢与狂妄

体育竞赛也因其具有培养勇敢这一美德的能力而受到称赞。因为运动员必须面对失败的风险，而且经常面临身体受伤的风险，竞争需要勇敢这样的美德，这样体育就可以作为亚里士多德式美德训练的一种方式。但在某种意义上，现实世界的风险与体育运动的风险是完全不同的。你可能会输，但你只是输掉一场比赛。你冒着受伤的风险，但是（通常）会有一个训练有素的医护人员在场边待命，满足你的需要。与传统武术家不同，他们为可能致命的搏斗而训练，但他们希望永远不会亲身体验，现代运动员几乎永远不会面对试图杀死他们的对手。[①] 一个严重的问题是，体育中培养出来的勇敢是否与现实生活中所需要的美德相同。在贝克看来，武术有一种危险性，这是体育和玩耍所缺乏的。[②] 它们的目的是培养一种在现实世界中应对严重风险的勇气：一种不是提倡暴力和支配他人的勇气，而是寻求消除暴力和支配的勇气。贝克解释说："［一项］武术的目的是通过改变情势来处理暴力，使暴力和与他人的冲突完全消解。"[③] 武术大师的形象当然不是攻击性和暴力的形象，即使在西方体育中也可以欣赏东方哲学中的"阴"，即承让的力量。但是，西方体育的独立性和嬉戏性使我们对暴力漠然置之，并实际地阻止了勇敢这一美德的培养，这是真的吗？

当然，这取决于我们所说的勇敢的含义。当麦金太尔认为勇敢是社会实践所需要的美德之一时，他似乎并没有想过击剑；相反，他提到我们有

[①] 说实话，大多数现代武术家也不会。事实上，如今，登山和水肺潜水等西方冒险运动似乎比东方同类运动更具危险性。我感谢赫苏斯·伊隆达因（Jesús Ilundáin）的评论。
[②] Bäck, "The Way," 230.
[③] Bäck, "The Way," 230.

必要"冒危及自身的风险",并"认真聆听他人告知我们自己的不足之处"。① 亚里士多德认为勇敢并不仅仅是没有恐惧,因为害怕某些事物,如丢脸,可能也是美德;② 因此,他将勇敢定义为介于(过度)自信和(过度)恐惧之间的中间状态。③ 这种澄清反映了柏拉图对勇敢的讨论:勇敢是追求崇高目标时明智的忍耐④,或灵魂中能够跟随理性引导的精神部分的品质。⑤ 在这些情况下,勇敢在很大程度上依赖于敏锐的洞察力和通过实践培养出来的能力,即在恐惧等情绪下做出理性决定。从这个意义上说,它体现了武术训练让我们从对死亡的恐惧中解放出来这一目标。但在禅宗的语境中,那将是从所有私己的欲望中解放出来——包括名誉、财富和取胜。⑥ 我们的目标是一种"无心"(mushin, no mind)状态,以对自我关注的毫不在意和对比赛结果的无动于衷为特征。相比之下,约翰·拉塞尔和诺曼·费舍尔(Norman Fischer)从西方的角度讨论危险运动的价值时,认为自我肯定和沉着冷静才是那紧要的好。⑦ 东方的无私忘我和西方的私欲满膺两相对比是否说明竞技体育中培养出来的"勇敢"根本就不是一种美德呢?

事实上,在亚里士多德的图解中,傲慢或过度自信是与勇敢相对应的缺点。更暴力的西方体育,如拳击和足球,似乎与运动员逞强好胜的自我膨胀有联系。拳击是世界上最古老的体育运动之一,甚至早于奥林匹克运动会,但它在体育哲学家眼中一直在为合法性而奋斗,因为它的游戏目标,用伯纳德·休茨的话来说,实际上是使对手受伤或致残,也就是说,把他击倒在地,使他无法再战。如果我们把暴力定义为带有伤害意图的武力使

---

① MacIntyre, *After Virtue*, 191.
② Aristotle, *Nicomachean Ethics*, 3.6. 此外,对适当事物的恐惧排除了对像老鼠等不危及生命之物的非理性恐惧。
③ Aristotle, *Nicomachean Ethics*, 1107a.
④ Plato, "Laches," in *Complete Works*, 196d and 192e ff.
⑤ Plato, *Republic*, 430b, 442c.
⑥ Winston King, *Zen and the Way of the Sword* (New York: Oxford University Press, 1993), 177.
⑦ John Russell, "The Value of Dangerous Sports," *Journal of the Philosophy of Sport* 32, no. 1 (2005): 1–19. Norman Fischer, "Competitive Sport's Imitation of War: Imaging the Completeness of Virtue," *Journal of the Philosophy of Sport* 29, no. 1 (2002): 16–37.

第 10 章 美德与丑恶

用,我们就可以得出结论:拳击运动宽恕暴力。传统武术也可以训练践习者们使用武力,意图也是伤害他人,但他们只是为了保护自己或他们的家园,以应对来自他者的暴力攻击,而不仅仅是为了体育竞技或赢得比赛。武术背景下的勇敢涉及现实生活中的威胁。但是,拳击所需要的勇敢与制造暴力的机会密切相关,而这种暴力行为并没有充分的理由,因此在道德上是不可接受的。① 古希腊人的傲慢恶习涉及过度的自信或骄傲,尤指愿意违反社会公认的包括暴力在内的规范。② 实际上,它代表了一个错误的假设,即常规惯例对你并不适用。由于暴力在市民社会中通常是被禁止的,因此拳击运动的推广可以被视为在培养傲慢的恶习,而不是勇敢的美德。

然而,应该注意的是,并非所有体育运动中对武力的使用都是暴力的,在除拳击以外的几乎所有其他运动项目中,武力的使用都是为了防止运动员故意受伤或致残。与此同时,体育竞赛中固有的风险确实有可能培养出柏拉图和亚里士多德所描述的那种基于智慧的勇敢。首先,失败的风险培养了苏格拉底对智慧理解的谦卑基础,即自知无知,以及老子所说的"能成其大"的条件,即"终不自为大"。③ 通过参加比赛来面对自己的易错性需要勇敢,探索自己能力的极限也需要勇敢。拉塞尔认为,从事危险运动是一种寻求自我确认的方式,他的理由是,它们有能力"通过创造可以挑战我们生活中一些日常界限的情境,来直面并扩展自我的边界"。④ 拉塞尔可能不相信危险的运动能产生勇敢,但他从体育中看到的那些好处似乎都取决于勇敢。

那么傲慢这一恶习呢?迈克·麦克纳米有力地指出,体育对预防傲慢

[128]

---

① Paul Davis, "Ethical Issues in Boxing," *Journal of the Philosophy of Sport* 20 - 21 (1993 - 1994), 56.
② 一个最典型的例子就是俄狄浦斯在一个十字路口的通行权纠纷中杀死了他的父亲(他不认识他的父亲)。
③ Plato, *Apology*, trans. G. M. A. Grube (Indianapolis: Hackett, 1980), 22e; and Laozi, "Daodejing," in *Readings in Classical Chinese Philosophy*, ed. P. Ivanhoe and B. Van Norden, 161 - 206, 2nd ed. (Indianapolis: Hackett, 2001), 179, chap. 34.
④ Russell, "The Value of Dangerous Sports," 1.

大有裨益。他讲述了休格·雷·伦纳德（Sugar Ray Leonard）和罗伯托·杜兰（Roberto Duran）之间一场著名的拳击比赛。在这场比赛中，伦纳德的技术优势让罗伯托·杜兰感到难堪，尽管他本人并未受伤，但还是输掉了比赛。根据麦克纳米的说法，杜兰以任性的姿态和嘲弄的言辞所表现出来的傲慢，为他在这场拳击比赛中的失败做好了准备，这是他应得的。[1] 如果拳击确实通过支持暴力助长了傲慢的恶习，那么它也有能力纠正这种恶习，并将真正的勇敢作为一项竞技体育来推广。

4. 贯通与孤立

即使有理由说体育运动培养或锻炼了诚实、正义和勇敢等美德，如果这些美德仅仅局限于体育运动，那么它们的价值也是有限的。许多运动员似乎只在训练和比赛中展现他们的美德。我记得有一次看我的一个运动员学生训练，她的行为堪称典范：她早早到达训练场，积极地与队友互动，在每次训练中都心无旁骛、全力以赴，并向教练员提出了很好的问题，澄清了大家的理解。尽管身患流感，但她还是做了这一切。有一次，她从演练中抽身出来，对着垃圾桶呕吐不已，然后回来继续训练。相比之下，课堂上的她与训练场里的她大相径庭。她会因为一点小事就旷课，或者毫无理由地迟到。为了避免与同学和教授互动，她坐在后排，一个人待着。她几乎从不按时交作业，即使交了，也总是马马虎虎，错误百出。不用说，她在体育方面的巨大成功伴随着难以理清的学术纠结。对于这样的例子，我们该怎么说呢？这个学生的竞技美德到哪里去了？我们是否可以说，她有选择地在体育馆里展现自己的美德，却没有选择在生活的其他领域去践行这些美德？还是她无法将这些美德表达到其他地方？竞技美德难道是与竞技运动相孤立的吗？

如果美德被孤立于一项活动中，那么它们根本不是真正的美德。麦金

---

[1] McNamee, "Hubris, Humility, and Humiliation," 38–53.

太尔说:"一个真正拥有美德的人,可以在非常不同的情境中表现出来。"①根据贝克的说法,通过武术培养的美德不会被孤立,因为武术本身并不孤立于一个人的生活的其余部分。这是一种终生的追求,是一种通往精神启蒙的道路。② 因为竞技场是人造的环境,贝克继续说道:"对许多人来说,即使在体育中获得了卓越的成绩,也可能因此被限制在这个人造的环境和人造的规则之中。"③ 就体育是游戏而言,除了劳作和生存这样整肃严正事情之外,贝克总结道:"谈论在某项运动中为我们的一生创造美德多少显得有点奇怪。"④

以我的运动员学生为例,体育更像是她生活中的严肃部分,而学校只是使体育成为可能的必要之恶。而其他学生运动员则认为体育是让大学成为可能的"必要之恶"。无论如何,他们作为运动员的人格与作为学生的人格有着明显的差异,这种差异影响着他们美德的真实性。对麦金太尔来说,真正的美德被理解为"社会和道德生活的特征,必须遵照这些特征来定义和解释"。⑤ 它们必须"通过构成一个整全之人生活的善好,超越实践的有限善好,将一个人的生活的善好设想为一个整体"。以这种方式想象一个人的生活还需要一种额外的美德,他将其描述为"一以贯之,持之以恒或一心一意"。⑥

虽然,正如我们所看到的,体育通过空间、时间以及态度和仪式的某些界限与生活的其他部分区分开来,但没有理由认为它就是与个人生活相分离的、相孤立的东西。但要说,当我们进入教堂或儿时的家(或者我想是一个武术道场)时,如果说我们所得到的特殊感觉使这些场所以某种方式孤立于我们的生活,这无疑是荒谬的。这些不同的场域与活动结合起来,

---

① MacIntyre, *After Virtue*, 191.
② Bäck, "The *Way*," 218.
③ Bäck, "The *Way*," 221.
④ Bäck, "The *Way*," 222.
⑤ MacIntyre, *After Virtue*, 174.
⑥ MacIntyre, *After Virtue*, 189.

反而构成了我们的生活。在所有的场域和活动中我们从根本上说是同一个人。

不同的环境和活动需要不同的行为，在心理学等实践中面临的挑战需要一套与攀岩所面临的挑战略有不同的美德。我的运动员学生可能会说，体育就是她的生命。她不认为自己的生活是一个整体，用麦金太尔的话说，这意味着她并不具备一以贯之这一额外的美德。然而，如果体育真的是她的生命，并且她在体育中表现出一以贯之、持之以恒和一心一意，那又该如何呢？这将引发我们做出如下错误的假设，即某项特定的活动就可以构成完整的生活，进一步说，损害所有其他活动而在某项活动中获得卓越的成绩应该是某人生活的目标。正如亚里士多德在《尼各马可伦理学》中解释的那样，每一项活动都以某种善为目标，而最终的善或目的是幸福（eudaimonia），这是一种只有在完整的一生中才能被充分理解的快乐（happiness）或兴旺（thriving）。[①]

因此，把一个人的生活仅仅看作某项运动，或者把体育运动看作一种与某人生活相分离的东西，是错误的。实际上，它要求我们将生活的各个方面整合成一个连贯的整体。因为幸福是美德行为的产物，亚里士多德认为，我们必须选择并从事一种能够培养和锤炼美德的活动。[②] 据贝克的介绍，这正是人们从事传统武术的原因。但根据我们目前所看到的，这也可能是人们参与西式体育的原因。在美德伦理体系中，培养和锤炼美德应该是从事各种活动的原因，而不仅仅是体育或武术。同样，一个拥有麦金太尔那样一以贯之美德的人，至少会努力连贯地做每一件事——即使是那些他并不特别喜欢的事。我们可以回想一下加缪的西西弗斯，他找到了一种方法来自愿地履行众神对他做出的永罚——把一块巨石滚到山上，从而找到了幸福。[③] 一以贯之意味着选择用美德去做每一件事，因为这是你生活的一部分，也

---

① Aristotle, *Nicomachean Ethics*, 1094a, 1097b.
② Aristotle, *Nicomachean Ethics*, 10.7.1.
③ Albert Camus, *The Myth of Sisyphus and Other Essays*, trans. Justin O'Brien (New York: Random House, 1955).

第 10 章 美德与丑恶

是你作为一个人的一部分。

问题是,体育是否真的酬报这种美德,但遗憾的是,答案是,往往不是这样。尤其是运动员学生,他们被要求同时进行两种截然不同的训练,然而对运动员表现的酬报结构——比如奖学金、比赛时间和起跑位置——显然是与其卓越程度挂钩的,而对其学术水平的期望——通过平均绩点和取得学位的进步——则被最小化了。许多运动员学生在这两个领域都表现出美德,但酬报制度显然更倾向于孤立而非贯通。

如果本章开头叙述的日本相扑丑闻表明,即使是以美德为导向的武术也会被西式体育价值观所败坏,那么我们接下来对体育中美德的讨论则表明,西式体育可能会从以美德为导向的方法中受益。在贝克所认为的传统武术比现代体育更能培养美德的论证中,最令人信服的一点是,根据他的定义,传统武术是有意识地为了这一目的而进行的。贝克声称,关于习武,它本身就有一些内容,"礼仪,依礼而做的操练,依礼而练的套路(kata,即形),与日常生活的直接关联",说明武术具有培育美德的能力。[1] 但是,当武术因被纳入西式体育而"腐化"时,这些方面也被包括在内(尽管可能被销蚀淡化)。从美德伦理的角度来看,问题并不在于武术实践的本性。几乎任何具有卓越标准的实践都可以用来培养美德,几乎任何活动也都可以合乎美德地践行。但问题是,我们如何看待武术实践以及如何将它融入我们的生活。

在《美德主义:一种朝向现代体育世界的古代体育哲学》(*Aretism: An Ancient Sports Philosophy for the Modern Sports World*)一书中,我和安德鲁·霍洛切克认为,为了使体育成为一种善好,为了培养美德,它的目的必须是培养美德,不仅使参与者受益,而且通过培养更有道德的公民而使更大的共同体受益。[2] 在此过程中,我们追随了当代体育哲学家弗雷利、西蒙和

[131]

---

[1] Bäck, "The *Way*," 228.
[2] Holowchak and Reid, *Aretism*, 168 – 69.

麦克纳米，以及古代美德伦理学家柏拉图、亚里士多德、老子和孔子。在现代世界中，体育在激励和酬报美德方面并不可靠，然而一个有美德的人不应该被诸如金钱和地位的外部善品所激励。事实上，东西方美德伦理学家都认为，对名利的追求妨碍德性的修炼。① 麦金太尔还指出，管理体育运动等实践活动的机构，例如美国大学生竞技体育协会（NCAA）或国际足球联合会（FIFA），往往受到财富、权力和地位等外部善品的引导，而不是去追求美德。② 因此，应该从体育从业者的心灵和实践共同体自身的价值观中寻找体育道德问题的解决办法。美德之美作为体育竞赛的真正奖赏，不仅使获胜者受益，而且使整个共同体受益。

5. 讨论问题

（1）将高尔夫运动中自称的处罚与许多体育项目中欺骗裁判员的倾向进行对比。你认为高尔夫运动员会不会比其他项目的运动员更不可能在体育之外的生活中实施欺骗，比如在纳税申报单上少报收入？

（2）你曾经在一支球队中遇到过比你强的对手吗？你是否曾经在双方实力悬殊的比赛中处于失败的一方？你的团队是如何应对这种情况的？你认为竞技体育应该有防止这种行为的仁慈规则吗？

（3）在亚里士多德的理论中，过度自信是与勇敢相对应的缺点。你能想出一个类似于休格·雷·伦纳德和罗伯托·杜兰的拳击例子来说明竞技体育是如何惩罚过度自信，从而鼓励真正的勇敢吗？

[132]

（4）你认为为什么学校和大学倾向于要么鼓励在体育方面取得优异成绩，要么鼓励在学业方面取得优异成绩，但很难兼顾实现这两个目标？你认为它们可以如何改变以促进一种更为贯通的美德观念形成？

---

① Reid,"Athletic Virtue," 25.
② MacIntyre, *After Virtue*, 181.

第11章 伦理盛演

公元1世纪的哲学家吕齐乌斯·安涅·塞涅卡（Lucius Annaeus Seneca）对罗马竞技场的看台并不陌生。他在那里所看到的，即使按照现代惊悚电影的标准，也会令人反胃：人类对异域怪兽的活体屠杀，异域怪兽对人类的活体屠杀，甚至是人类之间的活体屠杀。相比之下，我们［今天］对拳击中的暴力行为有着道德关切就显得相当古怪了。事实上，早在古代，塞涅卡就以对罗马竞技盛演进行道德批判而闻名。庞贝遗址上的铭文称他为"唯一谴责血腥游戏的罗马作家"，[1] 在第7封信中，他警告说，竞技场中成为一个［道德冷漠的］旁观者会带来腐化的后果：

[133]

> 没有什么比坐在竞技盛演前对角色无动于衷更为有害的了——因为只有通过娱乐这个媒介，罪恶才会比平常更容易浸入人身之内。你以为我是什么意思？难道我身处私室时会更自私、更利己、更放纵？确乎如此，但更为关键的是，一个人是通过与人的接触才变得更加残忍、更不人道的。[2]

作为斯多葛派哲学家，塞涅卡认为美德是最高的善。那些今天关心道德的人可能会把他对罗马竞技场的谴责看作对观看现代体育可能腐蚀道德的一种预警。这样的警示并不少见。人们将观看体育比赛归结于人类的陋

---

[1] Corpus Inscriptionum Latinarum 4.4418, quoted in Allison Futrell, ed., *The Roman Games* (Malden, MA: Blackwell, 2006), 240n55.
[2] Lucius Annaeus Seneca, *Letters from a Stoic* (Epistulae Morales ad Lucilium), trans. R. Campbell (London: Penguin, 1969), 7.2–3.

习，包括从懒散怠惰到家庭暴力。另一方面，第 6 章讨论的体育与艺术的密切关系表明，观看体育比赛也可以成为一种社会和道德教化的来源。那么，体育伦理与审美究竟是什么关系？在什么条件下观看体育比赛才能成为一种道德建构活动？

[134] 我们应该像塞涅卡一样，从对竞技盛演的批判态度开始探究这些问题，不过不一定要以得出否定的结论结束。塞涅卡在对竞技盛演进行谴责的同时也对作为斯多葛学派美德之典范的角斗士充满了溢美之词，尽管他的上述谴责还被经常引用。这位哲学家所发现的在审美上令人反感和在道德上有害的那些事件是被公开组织并上演的，特别是那些被判死刑的罪犯被武装起来，在没啥技术含量、毫无尊荣，也没有任何存活希望的情况下相互残杀。在塞涅卡看来，比这种悲惨盛演更为糟糕的是观众们嗜血的尖叫，就像现代的体育迷一样："杀死他！抽死他！烧死他！"① 相比之下，角斗士的行为反而得到了塞涅卡的反复咏叹，因为他们在面对死亡时英勇地战斗，并且由于他们身被奴役，这种战斗使得他们象征性地从主流社会的邪恶欲望中解放出来。② 塞涅卡说："角斗士认为与水平低于他们的对手厮杀是不光彩的，因为他知道打败一个不费什么工夫就可以打败的人是没什么荣誉可言的。"③ 在一场模拟海战中，目睹一个野蛮人将一把刀刺入自己的胸膛后，塞涅卡称这一表现"更引人注目的是，人们从中吸取了这一教训：死亡比杀戮更光荣"。④ 我们能不能依照塞涅卡所倡导的道德价值对现代体育的盛大演出予以同样的赞扬和谴责呢？

看起来确实可以这样做。1977 年，克里斯托弗·拉施（Christopher Lasch）哀叹，市场的力量和价值观，以及将体育理解为一种娱乐形式，导

---

① Seneca, *Letters*, 7.5.
② 关于这一论点的详细讨论，参阅 Heather L. Reid, "Seneca's Gladiators," in *Athletics and Philosophy in the Ancient World: Contests of Virtue*, 90 – 98 (London: Routledge, 2011).
③ Seneca, "On Providence," 3.4, in Futrell, *Roman Games*, 95.
④ Seneca, "Letters," 70.20 – 27, in Futrell, *Roman Games*, 148.

第 11 章 伦理盛演

致了现代美国体育的"堕落"。① 大约三十年后,威廉·摩根把体育描述为一种道德的荒原,在这片荒原之上:

> 获胜压倒了公平竞赛;坚定的利己主义战胜了相互的道德敬重;"只要我不被抓住,我就可以为所欲为"的态度超过了对他人表达善意;一种普遍的不信任毒害了竞技体育中大多数的互动和关系,削弱了共同体内部的凝聚感。②

在积极的一面,迈克·麦克纳米把现代体育比作中世纪的道德戏剧,表演这些戏剧是为了对文盲施加教育,以使他们了解美德的价值和丑恶的危害。③ 格雷厄姆·麦克菲认为,体育起到道德实验室的作用,在那里,美德和丑恶在风险相对较低的人为创设的竞赛中受到挑战和检验,为人们在游戏之外接受更为严酷的道德挑战做准备。④ 斯蒂芬·芒福德运用审美伦理学将体育描述为"美德的较量",观众在其中可以观察到真实生活场景中美德与丑恶之间的搏斗,并从中吸取有意义的道德教训。⑤ "美德竞赛"这个词来自我的书——《古代世界中的体育和哲学:美德的竞赛》(*Athletics and Philosophy in the Ancient World: Contests of Virtue*),这本书讲述了自米诺斯国王和埃及法老时代以来用于公开测试和展示美德的竞技运动和竞技精神。一言以蔽之,观众一直是体育道德评价的一部分。在本章中,我们将批判性地搜索体育在道德上讨喜或讨嫌的那些条件,重温先前讨论过的体育与

[135]

---

① Christopher Lasch, "The Degradation of Sport," *New York Review of Books* 24, no. 7 (1977), reprinted in *The Ethics of Sports: A Reader*, ed. Mike McNamee, 369–81 (London: Routledge, 2010).
② William Morgan, *Why Sports Morally Matter* (Abingdon, UK: Routledge, 2006), 26.
③ Mike McNamee, *Sports, Virtues and Vices: Morality Plays* (London: Routledge, 2008), introduction.
④ Graham McFee, *Sports, Rules and Values: Philosophical Investigations into the Nature of Sport* (London: Routledge, 2004), chap. 8.
⑤ Stephen Mumford, *Watching Sport: Aesthetics, Ethics, and Emotion* (Abingdon, UK: Routledge, 2011), chap. 10.

艺术的亲和性，以发掘体育伦理审美的可能性。

1. 生成架构

艺术和体育有一个共同的特点，那就是在某种程度上它们都不同于日常生活。我们在第6章中观察到，这种与日常生活的分离是以物理边界为标识的，如网球场的边线和仪式，又如赛后握手，但实际上它还发生在观众的脑海之中。这些边线和仪式向观众（和运动员）发出信号，要求他们采取一种特殊的态度——创造一种心智架构，将我们的注意力集中在我们于此场景中所看到的事情上，并降低我们对赛场之外世界的意识。在戏剧剧场中，这种转变被称为一种"怀疑的悬置"。的确，一场篮球比赛的开场与一场戏剧的开场并没有什么不同，幕布拉开，让我们全神贯注于特定空间和时间架构之内所要发生的事情。

尽管消遣和娱乐是我们期望从这样的体验中得到的构成部分，但审美态度才是一种真正有高度的意识。正如拉施所观察到的，"（游戏）抹去了对日常现实的意识，但它们不是通过拉低意识，而是通过把注意力提高到一种新的境界来做到这一点。"① 这种注意力境界的提升足以让运动员感受到，他们常常会因此而日新又新，因为他们发现自己的表现达到了更高的水平。他们的反应与大多数日常劳作任务（比如教学和园艺）形成对比，在这些任务中，[意识到被] 外部观察可能会使劳作者心怀忧惧，这会导致较差的表现。汽车维修技师开玩笑地说，如果顾客在一旁看着的话，他们的人工费率（labor rate）就会翻倍。竞技体育和表演艺术的不同之处在于，观众期望看到优秀的表演。球员们得到了这种期望，然后竭尽全力去迎合这种期望。② 我认为，在某些情况下，人们对卓越的期望与道德有关，于

---

① Lasch, "Degradation of Sport," 369.
② 卓越在这里指的是它与古希腊德性（aretē）的联系，这在第10章中讨论过。一个更能将卓越的表现与美德联系起来的术语是"技艺精湛"，但"艺术大师"这个术语很少用在体育运动中，我们寻找的是一种相对普遍的品质。

第 11 章 伦理盛演

是，旁观者的行为就变成了一种道德行为。

因此，使体育和艺术具有审美价值，要务之一便是观众愿意认为它们与众不同——把它们划分为预期会发生特殊事情或预期会发生意外的空间。的确，正如我们前面所观察到的，艺术和体育的空间以自由和可能性的感觉为特征。这不仅使艺术和体育广受欢迎，摆脱了"现实世界"那种令人窒息的可预测性，而且强化了一个共同体对自由和可能性的价值观——不仅仅是受到它们有能力实现卓越的启发。毫无疑问，天才的品质是得到重视的，在比较艺术和体育方面的天才概念时，特雷莎·拉塞尔达（Teresa Lacerda）和斯蒂芬·芒福德注意到它与创造力和原创性之审美价值相关联，而创造力和原创性反过来又取决于具有自由和可能性的氛围。① 如果我们套用伯纳德·休茨的术语，把体育理解为"一种克服非必要障碍的自愿努力"②，那么体育天才或艺术大师就可以被理解为"能够找到克服……障碍的新方法，或者能够通过他们的创造性行为来应对其不可预测性"。③ 因此，体育的审美道德性同时将体育构想为与日常世界相分离的事物，并通过在该架构中重申诸如自由和可能性之类的价值观来提高对卓越的期望。④ 拉施观察到，戏剧的优点之一是"它有能力对现实进行戏剧化，并为共同体的价值观提供令人信服的表演"。⑤ 同样，在体育方面，对自由的欣赏和它所创造的卓越机会要求有特定类型的知识。

[136]

是否有能力运用更高的智性力量，是某些人期望用以区分艺术和体育的一个标准，但是正如我在第 6 章中所说的，如果拥有适当的背景知识，体育和艺术同样有能力运用这些智性力量。即使是观看一场精彩的篮球比赛，

---

① Teresa Lacerda and Stephen Mumford, "The Genius in Art and in Sport：AContribution to the Investigation of Aesthetics of Sport," *Journal of the Philosophy of Sport* 37, no. 2 (2010)：182.
② Bernard Suits, *The Grasshopper: Games, Life, and Utopia*, 2nd ed. (Peterborough, Ontario：Broadview, [1978] 2005), 55.
③ Lacerda and Mumford, "Genius in Art," 187.
④ 马西娅·米尔德·伊顿（Marcia Muelder Eaton）声称，审美吸引力通常与文化价值观和传统有关。参阅 *Merit, Aesthetic and Ethical* (New York：Oxford University Press, 2001), 13。
⑤ Lasch, "Degradation of Sport," 380.

更不用说欣赏,观众也需要对这一游戏有着很好的理解。因为现在许多观众在年轻时就玩过像足球和篮球这样的流行游戏,这样的知识并不匮乏。但随着大众营销的兴起,尤其是电视的兴起,观众的数量不断增多,于是出现了"让事物简单化"的需要。摩根说,电视"不得不帮助球迷降低理解力的水平",① 而拉施观察到"当观众对他们观看的比赛越来越不了解时,他们就会变得感性和嗜血"。② 两位批评人士都指出,随着职业曲棍球运动向温暖气候带的市场扩张,人们对比赛的容忍度有所提高,因为在那里,观众缺乏比赛体验。古罗马人(尤其是与古希腊人形成鲜明对比的人)的体育参与度较低,这与他们骇人的暴力场面也存在类似的关联。③ 这里所担心的不是暴力本身——它出现在各种文化和时代,包括我们自己的——而是暴力对原始激情的吸引,不是理解。这也是柏拉图批判模仿性诗歌和戏剧的基础。他认为,通过对理性的脱嵌,我们可能会失去辨识艺术和现实的能力。④

这把我们带回了架构生成的问题:把体育从日常生活中分离出来,并拥有去欣赏在这个架构之内所展示的卓越的知识。体育审美若要作为一种道德教育模式发挥作用,就必须包含对自由等一般价值观的肯定,并确定二者与卓越之间的联系。这需要知识渊博的观众,他们能够从审美上辨识那些肯定这些价值观的表演和那些并非肯定这些价值观的表演。事实上,观众在古希腊的作用恰恰是在见证和肯定这一点:胜利是根据竞技成绩而授予获胜者的⑤——去确认游戏是公平的,这一观念在许多语言文化中承载着审美和伦理的内涵。辨识公平需要理解游戏,并使用现代社会实践理论的语言,欣赏它的"内在善好",这是当下和此前的践习者们最

---

① Morgan, *Why Sports*, 30.
② Lasch, "Degradation of Sport," 381.
③ 在我看来,这是一个过于简单化的解释,要了解更详细的情况,参阅 Heather L. Reid, "Was the Roman Gladiator an Athlete?" *Journal of the Philosophy of Sport* 33, no. 1 (2006): 37–49;以及 "The Epicurean Spectator," *Sport, Ethics and Philosophy* 4, no. 2 (2010): 195–203, reprinted in *Athletics and Philosophy*, 81–89。
④ Plato, *Republic*, trans. G. M. A. Grube (Indianapolis: Hackett, 1992), 569b–608e.
⑤ Heather L. Reid, "Olympia: Running towards Truth," *Sport, Ethics and Philosophy* 4, no. 2 (2010): 136–45.

容易获得的。[1]

将观看体育比赛降低到与暴力、性或贪婪相关的令人可疑的娱乐价值层面之上，不仅会将体育从吸引更高智性的审美领域移出，而且不能将体育与日常生活分开，使其成为一个期待卓越之地。事实上，摩根将体育的失败与社会更大的道德失败联系起来。他指出，职业体育已不再是让人们从日常生活抽身出来的一种颇受欢迎的活动。他说，"在当下的日常生活和体育活动中，无论人们是在做什么，工具性的关注是常规而不是例外，就像把不怎么体面的交易给合理化一样，这也是这种以自我为中心的生活的重要组成部分"。[2] 体育的审美框架归根结底是一种伦理行为，观众在理解和期待运动员卓越上的失败，最终是道德上的失败。

2. 自目的性

正如摩根在上面的引述中所暗示的，工具主义——将体育视为达到目的的一种手段，而不是其本身的目的——是我们未能恰当地将体育定义为自目的性之物的一部分。自目的性是体育与艺术的另一个重要联系，的确，美的价值和体验似乎与工具主义是对立的。亚里士多德清楚地指出，美（kalon，善好的或高尚的）因其自身之故而成其所是。[3] 然而，正如我们在第6章中所观察到的，像大卫·贝斯特这样的学者认为体育的内在工具性——为胜利而比赛的需要——是区分艺术和体育的关键。在艺术中，目的和手段是无法区分的。[4] 虽然游戏的内在目标，在休茨的术语即游戏目标，

---

[1] 塞萨尔·托雷斯（Cesar Torres）认为，竞技运动的审美价值恰当地源自其内在价值。参见 Cesar Torres, "Furthering Interpretivism's Integrity: Bringing Together Ethics and Aesthetics," presidential address to the International Association for the Philosophy of Sport, Rochester, New York, September 2011, 21。

[2] Morgan, *Why Sports*, 26.

[3] Aristotle, *Nicomachean Ethics*, trans. Terence Irwin, 2nd ed. (Indianapolis: Hackett, 1999), 1120a24.

[4] David Best, "The Aesthetic in Sport," in *Philosophic Inquiry in Sport*, ed. W. Morgan and K. Meier, 377–89, 2nd ed. (Champaign, IL: Human Kinetics, 1995), 379.

是与手段分开定义的，但这并不意味着自目的之美在体育中就没有价值。

虽然有意地向观众表演是不受鼓励的，有时还会受到处罚，但在体育中，优雅而有个性的动作通常是很受重视的。"丑陋地获胜"永远比不上漂亮地获胜。不是所有的运动项目都对运动员的风格予以奖赏，虽然风格仍然很重要。塞萨尔·托雷斯（Cesar Torres）关于南美足球比赛风格的辩论就说明了这一点，在那里，人们更喜欢"艺术足球"，而不是"得分足球"。① 当然，足球的绰号是"美丽的游戏"，托雷斯认为，基于规则和各种对高质量比赛的批判性解读，体育之美与"前瞻性或创造性"的进攻和技巧相联系，而不是防守以及保守、消极、比赛（play）——即使后者更倾向于［能够］获胜。② 这些品质与自由和可能性的审美价值以及卓越的伦理价值联系在一起，并非巧合。

如果获胜最为核心的紧要之处无须破坏体育的审美自目的性，那么对经济效益的追求又如何呢？自由、可能性、创造力甚至天才的伦理审美价值并没有得到市场的可靠支持。拉施观察到，那些商业管理机构致力于弱化甚至消除位于体育审美价值这一中心的风险和不确定性：

> 当人们不能再尽情地参玩体育运动时，体育运动就失去了振奋运动员和观众精气神的能力，也失去了将它们提升到更高境界的能力。老成持重、谨小慎微和精打细算在日常生活中意义重大，但对游戏的精神却是如此有害，它们型塑体育，就像它们型塑其他一切一样。③

布拉德利·威金斯（Bradley Wiggins）在 2012 年环法自行车赛上的获胜可能就是一个很好的例子。埃文斯（Evans）于最终的计时赛中在个人冲刺或个人突破上几乎没有花费什么精力，而是依靠他预判的优势，参加了

---

① Torres, "Furthering Interpretivism's Integrity," 9–10.
② Torres, "Furthering Interpretivism's Integrity," 20.
③ Lasch, "Degradation of Sport," 380.

一场精心盘算的比赛。这是一场精明的胜利，但并不是真正的壮美（spectacular）。

把体育作为一项以营利为目的的生意，这种观点是一种工具主义的观点，在某种程度上关注获胜却不是，因为它的最终善品——用阿拉斯代尔·麦金太尔的话来说——是在该游戏之外的。为了赢而参加一项运动从根本上来说仍然是参加一项运动，但仅仅为了赚钱而参加一项运动却带来了出卖这项运动内在价值的可能性——就像拳击手或相扑手为了赌博利益而参加比赛时所做的那样。事实上，赌博显示了一种极端形式的观众工具主义——这种兴趣不仅与比赛的质量无关，有时甚至与一支球队的获胜无关。参与赌博的观众的兴趣被严格限制在他们下注的结果上。我最近参观了日本的一个凯琳（Keirin）自行车赛车场，观众对他们所下注的运动项目缺乏参与，这让我感到非常震惊。在人们发现置身其中的大赌场里也笼罩着与此类似的阴影。每个人都在纸上涂鸦，盯着显示胜率的屏幕——几乎没有人在真正观看比赛。观众肯定不会把这项运动看作一个肯定自由等价值的地方。爱嬉戏的可能性已被转化成毫无意义的赌运气。卓越与观众的期望没有什么关系，就像他们在喂老虎机一样。

在日本的凯琳赛道上，观众与体育的脱节也可能是市场所驱动的以自我为中心的病态表征，摩根认为这是现代体育的核心问题。跟随拉施，他称之为"彻底的自恋……他们自私自利的方式在体育运动中几乎没有给他人留下任何空间，也没有给这些行为本身带来更大的善好"。[1] 有人可能会反驳说，某种以自我为中心或个体性是体育之美的一部分，我想到的例子有迪克·福斯伯里（Dick Fosbury）非传统的跳高技术或朱利叶斯·欧文（Julius Erving）的上篮打法。事实上，维克多·杜拉-维拉（Víctor Durà-Vilà）认为这种独创性具有审美和伦理价值。"（一种）足球哲学提倡一种审美上令人满意的踢球方式，反过来，它将鼓励创造性、技巧、技术、远

[139]

---

[1] Morgan, *Why Sports*, 25.

见而不是纪律,即兴而不是单调,个性而不是一体的积极价值。"① 但是这并不是摩根想要的个人主义。"问题在于,"他说,"市场催生了一种超级个人主义,这种超级个人主义对体育造成了严重破坏,因为它们把体育变成了自我推销和自作主张的愚蠢行为。"② 工具个人主义不关心游戏的善好,甚至不太关心获胜;它更像是一种不择手段地增加自己市场价值的态度。在很多情况下,这并不需要运动员或道德上的卓越,而是一种浮夸的、令人讨厌的或"坏男孩"的个性,这种个性甚至能吸引那些对足球知之甚少的球迷。摩根补充说,观众倾向于把体育仅仅当作商业活动,这导致我们对体育的"道德期望极低"。③ 观众对体育工具主义的接受在道德上与工具主义本身一样是成问题的。

3. 道德维度

人们可能很容易相信,所谓的体育道德沦丧与观众身份无关,更普遍地说,道德与审美无关。我们能责怪那些在银幕前被动地看那些毁三观的电影的观众吗?可能不会。但是我们应该注意不要犯马西娅·伊顿(Marcia Eaton)所说的"分离主义错误",即假设审美和道德是分开的。④ 正如托雷斯所解释的那样:"将审美与道德分离,会威胁到在艺术、体育等领域中经验和价值的统一性。"⑤ 当然,体育似乎是道德和审美之间联系的一个特别明显的例子。芒福德认为,道德上的考虑不可避免地会干扰体育的审美:道德上恶的特征会削弱体育的审美价值,而道德上善的特征会增加体育的

---

① Víctor Durà-Vilà, "Why Playing Beautifully Is Morally Better," in *Soccer and Philosophy: Beautiful Thoughts on the Beautiful Game*, ed. T. Richards, 141 – 48 (Chicago: Open Court, 2010), 146.
② Morgan, *Why Sports*, 31.
③ Morgan, *Why Sports*, 25.
④ Eaton, *Merit*, 57.
⑤ Torres, "Furthering Interpretivism's Integrity," 10.

审美价值。① 他指出，我们意识到本·约翰逊滥用类固醇，这削弱了他在首尔奥林匹克运动会上赢得 100 米短跑冠军时的审美享受；我们意识到兰斯·阿姆斯特朗战胜了癌症，这增加了他在环法自行车赛 7 次夺冠时的审美享受。②

我们不仅想知道谁赢了，而且想知道他们是否值得赢，这是体育的特点。对作弊者的察知和惩罚（至少被认为）是优先考虑的问题，甚至与体育无关的不道德行为也会损害运动员的形象，影响他或她的成绩。游泳运动员迈克尔·菲尔普斯在北京奥林匹克运动会上夺得的 8 枚金牌在许多粉丝眼中失去了光彩，因为此前他被拍到在一个聚会上服用违禁的消遣性药物。高尔夫球手泰格·伍兹（Tiger Woods）被曝光对婚姻不忠，此事不仅玷污了他的形象，而且似乎影响了他的赛果。③

对运动员的这种道德审视，证明了运动员和道德卓越之间存在着挥之不去的概念联系。我说"挥之不去"是因为，正如我们在第 1 章中所看到的，竞技与美德之间的联系至少可以追溯到古希腊尽善尽美（kalokagathia）的理念，这个词把美与善结合在一起，并明确地与竞技和体育馆生活联系在一起。希腊运动员的美体现了自制这样的道德美德、谦卑这样的宗教美德和自由这样的公民美德。换句话说，它肯定了重要的共同体价值。就像运动员美的身体会产生美的行为一样，亚里士多德认为道德美德是产生高尚行为的能力，这些行为不仅本身是美的，而且是为了美而做的。④

不幸的是，像尽善尽美这样的道德审美可能并不是现代世界中媒体对运动员进行道德审视的动机。正如摩根所观察到的，报刊和媒体的体育评论员"早就放弃了道德评论的外衣，转而支持一种可以用刻薄的吹毛求疵

① Mumford, *Watching Sport*, 61.
② Mumford, *Watching Sport*, 66-67. 我可能会补充一点，如果围绕阿姆斯特朗的兴奋剂指控被证明属实，那么这些胜利的美就会打折扣。
③ 菲尔普斯和伍兹的例子应该与马拉多纳和约翰逊的例子区别开来，因为相关的伦理失范行为是发生在竞技运动之外的。
④ Aristotle, *Nicomachean Ethics*, 1120a.

来形容的东西：被一些人称为愤怒产业的一部分。"① 换言之，媒体在体育全域中，尤其在体育赛场上，不是坚持高标的道德期望，它们反而利用道德丑闻来吸引观众并带来收入。这就像赌徒赌一支球队会输一样。他们对高质量的游戏或支撑它的价值观不感兴趣，只关心他们的个人利益。如果媒体在宣扬道德美德上能赚到和他们在大肆渲染罪恶上一样多的金钱，他们才可能实际上会去促进伦理审美事业的发展。同样，如果评论员能在比赛的细微差别上对观众进行教育——例如，赞扬良好的团队合作，而不是个人的轰动效应——那么对体育美德的审美欣赏可能会更广泛。

然而，这一切最后都又回到了观众，以及他们欣赏比赛的道德方面的能力，这是基于他们对体育作为一种促进美德和基本价值观之工具的理解。

[141] 用克里斯托弗·科特纳的话来说，体育就像艺术一样，"设计或实现人生价值"。② 这种能力也是艺术作为道德教育价值的基础。据说，艺术通过向我们呈现复杂的特殊情况，"展示"而不是"告诉"我们世界的道德相关特征。尤其是文学和戏剧被认为是道德教育的一个有用部分，因为它们锤炼了我们做出良好道德判断的能力。③ 在这方面，体育实际上可能比艺术更好，因为在赛场上所上演的美德竞赛既不是照本宣科，也不是刻意为某一特定结果而做出的设计。芒福德建议，观众不要把体育看作个人之间为获胜或奖品而进行的争抢，而应该把它看作美德之间的较量——既包括诸如高度或技能的竞技美德，也包括诸如勇气和自制的道德美德。④ 这种方法能让我们在观看体育比赛时体会到比简单结果更多的东西。它甚至可能使体育发挥"道德实验室"的作用，通过它，我们可以反思我们在一个相对无害和并非紧要的环境中看到的道德事件。⑤ 将体育中的伦理和审美联系起

---

① Morgan, *Why Sports*, 32.
② Christopher Cordner, "Differences between Sport and Art," in Morgan and Meier, *Philosophic Inquiry in Sport*, 429, 434.
③ Jeffry Dean, "Aesthetics and Ethics: The State of the Art," *Aesthetics Online*, 2002, accessed November 1, 2011, http://aesthetics-online.org/.
④ Mumford, *Watching Sport*, 81-82.
⑤ McFee, *Sports, Rules*, 137.

第 11 章 伦理盛演

来，可能是体育作为对观众实施道德教育的潜在形式的关键。

"但我只是想享受体育观看，"一个粉丝可能会反驳说。要求观众正确地构建体育，欣赏它的自目的性要素，并采取道德批判的眼光，这似乎与纯粹的体育审美享受背道而驰。快乐，而不是道德，似乎是一个观众真正的目标，而且对体育运动的道德批判态度似乎会从观众的体验中夺走所有的快乐。然而，事实并非如此，因为很明显，了解游戏可以让观众更密切地参与到行动中，并最终更享受游戏。许多体育运动，如棒球、高尔夫球、冰壶和板球，对不熟悉的人们来说几乎没有吸引力。此外，有过一场特定游戏的要玩经历会提高观众的审美能力，因为他们理解并重视这项体育运动的内在价值。最后，美德和体育之间存在着挥之不去的联系，影响着我们对体育的审美体验。比起运动员，人们更容易忽视音乐家、艺术家或著作家的不道德行为。审美和伦理在体育运动中并不是独立的，如果柏拉图关于美与善的本体论联系是正确的，① 那么我们就根本不应该试图将审美与道德分开。

作为观众，我们应该像对待艺术一样对待体育——也就是说，对体育怀着高度的道德期望，并努力从中吸取道德教训。毕竟，体育戏剧的真实性是仅作为现实之单纯表现的艺术和文学所不能宣称的。让我们回到古罗马的例子，政治领袖们为了操纵民众，上演公开处决、猎捕怪兽、重现海战和死亡角斗等场面，他们的目的是展示国家对罪犯的毫不姑息、帝国的辽阔疆域、军队的赫赫威力和统治的绝对权威——毕竟，这些伟大的角斗士只有在最高官员明确的指示下才可以处决他们的对手。

[142]

然而，通过采取一种道德批判的方法，塞涅卡能够欣赏角斗士和其他"低调"表演者的美德，并从中找到灵感，而不被宣传者所裹挟。他之所以能够这样做，第一，是他将竞赛的框架设定为对超凡美德的期望；第二，

---

① Plato, *Two Comic Dialogues: Ion and Hippias Major*, trans. Paul Woodruff (Indianapolis: Hackett, 1983), 297bc.

是他明白角斗士的困境与日常生活的挑战之间有着象征性联系；第三，是他有必要的道德鉴别力，在美德展示中发现美，并对那些战技生疏的角斗士采取无端暴力行为表示反感和厌恶。最后，从道德和审美的角度来欣赏体育运动的能力应该会让观众从中获得更多的乐趣，甚至现代体育运动也会变得值得推崇。体育迷们［对抗现代工具化体育］最有力的武器就是电视遥控器上的关闭按钮。

4. 讨论问题

（1）运动员丑陋的行为，如在曲棍球比赛中斗殴，部分是由观众缺乏知识和低道德期望造成的。如何教育观众更好地欣赏像曲棍球这样的比赛，并对运动员有更高的道德期望？

（2）找出一个符合摩根定义的超级个人主义的运动员——只关心个人的市场获益，而不关心这项运动的价值和优点。现在想象一下，你的孩子把这位运动员当作榜样。对此你有什么反应？你能举出一个积极的个人主义的例子来鼓励你的孩子去效仿吗？

（3）你认为体育媒体让运动员接受比赛之外的道德审查公平吗？你能想到这样一个例子吗？这种审查越过了界限，成为耸人听闻的"愤怒产业"的一部分，而不是合法的新闻行业。

（4）最近，一名球迷在一场篮球赛中因在记分台后的座位上大声批评裁判的判罚而被逐出赛场。他的被逐说明这项运动对观众的道德期望是什么？你觉得这样公平吗？

第四编
体育中的社会政治问题

[143] 　　形而上学和伦理学揭示了体育作为一种社会活动的本质，但它们并不一定要求我们从共同体的角度来思考运动。正如排球运动员，我们不仅要考察运动员的个人表现，还要考察其所在团队的集体表现，体育本身也必须从社会和政治的角度来进行考察。体育运动最常见的社会政治作用是它在教育中的应用。第 12 章展示了体育在教育中遭到分裂的诸种形式。身心分裂，与形而上学相似，导致身体教育从智性教育活动中分裂出来。与此同时，道德教育遭受理论与实践的分裂，在课堂上教授的伦理概念很少在实践中得到检验或体验——因为它们可能是通过体育媒介进行的。最后，校际体育存在着学术与体育的分裂，这种分裂没有将教练视为教育者，而是倾向于将体育和运动员视为达到商业目的的手段——这种行为除了对教育产生消极影响外，没有任何助益。

　　体育挑战社会分层的历史可以追溯到古希腊。正如第 13 章所述，单纯从体育的角度来看，社会分层是无关紧要的，因为体育只根据成绩来衡量。尽管如此，古代和现代的体育实践都基于阶级、种族、性别和残疾对人们进行了隔离和排斥。这样的做法可能是为了让体能弱势群体得到好处，但它们也提出了关于公平的重要问题——就像奥斯卡·皮斯托留斯（Oscar Pistorius）的高科技假肢"猎豹腿"的使用一样，它可能比[144] 自然肢体更具机械上的优势。与任何社会公益活动一样，体育应该对每个人都开放，但分配正义的问题比比皆是。

　　第 14 章讨论了体育与传统政治的关系。奥林匹克运动喜欢将体育与政治分离，但奥林匹克运动会或许是最受政治利用的赛事。然而，当奥林匹克和其他运动爱好者说"体育应该远离政治"时，他们的意思是，政治意识形态（无论是法西斯主义、共产主义、资本主义还是其他什么）不应该影响体育的内在关切（比如对运动员优秀程度或参赛资格的判断）。我们可以观察到体育价值（如有权能去做的自由，freedom）和政治价值（如免于被干涉的自由，liberty）之间的概念联系，我们也可以试着让体育为政治理念服务，如促进和平。但是，我们也应该认识到，体育本身就有其政纲，这源于它作为一种非工具主义活动的形而上的性质，这使它能够抵制政治剥夺。

体育还扮演着类似"煤矿里的金丝雀"[1]的政治角色，作为对未来更大社会挑战的一种考验。第 15 章讨论了体育与全球化、技术驱动下社会生存萎缩的关系。全球化倾向于支持那些已经拥有权力和特权的人，这挑战了体育的价值和全球的政治前途。像足球这样的体育运动已经在单一的规则下风靡全球，然而无论是体育领域还是世界的其他领域，都存在着将诸多文化差异同质化为一种势不可挡的全然一体的文化的风险。因此，体育界必须保持警惕，要坚守其多样性。如果两支球队之间的唯一区别只是球衣的颜色，那么世界杯会是什么样子呢？体育的多元文化并不意味着不加批判地接受所有文化差异，无论这些差异是多么令人反感。体育所需要的是一项共同的事业，例如体育生态的可持续性，以凝聚其各种价值观和努力。无论是在国际层面还是在本地层面，体育的社会和政治潜力都不会是无意而成的，我们应该用与胜利者一样的热情对之孜孜以求。

---

[1] 由于金丝雀对瓦斯比较敏感，因此以前工人会在煤矿里放上金丝雀作为示警工具。——译者注

第 12 章　体育与教育

　　某个哲学家曾为他那些资质平平、不愿学习的学生感到沮丧,但当他 [145] 走进一个体育馆时,却被某个年轻运动员的精湛球技所吸引。这个年轻人看起来生活困顿、心态弱势,但显然有学习复杂运动技能的能力,于是哲学家想出了一个教育他的计划:只要他同意每天上哲学家的课并坚持一段时间,哲学家就会为他的训练提供资助。由于年轻运动员很需要这笔资助,就接受了哲学家的提议,于是开始了他的日常学习,并通过每天认真上课获得一点资助。然而过了一段时间,哲学家注意到运动员的学习动机已经从金钱转变为智性荣誉。因此哲学家巧妙地宣布,他不会再为该学生完成学业提供资助。不过,运动员却提议,哪怕不要资助他也要继续学习课程。但令哲学家感到遗憾的是,他的课程使学生放弃了更多的实用性工作,于是他宣布要停课,以便学生可以找一个正常的工作。然而这个学生对他的学习产生了极大的热情,因此断然拒绝了哲学家的提议,并转而提出向哲学家支付费用来听课。

　　这不是现代电视电影的桥段,而是将体育与学术活动融入青少年教育中这一漫长史诗的古老开端。我们说的那个体育馆就在希腊的萨摩斯岛,时间大概是公元前 535 年,课程是关于几何的,那个哲学家的名字叫毕达哥拉斯。[1] 众所周知,这个学生的名字也叫毕达哥拉斯,据说他和他那即将成名的老师一道移居到意大利南部的希腊殖民地克罗顿(Kroton),而后他们为了招收学生再次去了那个体育馆,并最终在那里建立了可能是历史上第一个学术兼竞技(academic-athletes)的机构。其实,在毕达哥拉斯到来之

---

[1] 该故事记载于 Iamblichus, *The Pythagorean Life*, trans. Thomas Taylor (London: Watkins, 1818), chap. 5。

195

[146] 前，克罗顿就已经以盛产运动员而四海闻名。在公元前576年的奥林匹克运动会中，克罗顿公民已经在久负盛名的跑步比赛中占满前七名。古希腊俗语"克罗顿的最后一名是所有其他希腊人的第一名"便由此而来。[1] 然而，毕达哥拉斯学派的存在可能是克罗顿继续占据［古希腊竞技赛事］主导地位的原因之一。克罗顿与摔跤手米洛（Milo）[2] 有着特别的关系——他可是该城邦最为有名的运动员。毕达哥拉斯学派的毕业生在非体育方面的表现也同样出色，尤其在医学、数学、音乐和政治上。

当苏格拉底去世后不久，柏拉图前往意大利时，他受到毕达哥拉斯学派的极大影响。很可能是他在参观了其中一所学校之后才想到要在阿卡德米体操馆里创建自己的学园。[3] 事实上，柏拉图是我们最常联想到将体育应用于教育中的哲学家。他的《理想国》把体操（gymnastics）视作一种教育灵魂的工具，[4]《法律篇》提出了面向所有性别和年龄段的各种体操教育和游戏。[5] 我认为柏拉图是将哲学本身视作为竞技拼搏的一种反映。[6] 他经常使用竞技活动的隐喻，并将苏格拉底描述为对智者活动的对抗与胜出。柏拉图甚至激发了他一名运动能力不强的学生亚里士多德，让他看到全能运动员的形体美中反映出的伦理美德。[7] 古希腊竞技兼学术（athletic-academic）教育的最终目标始终是德性（aretē），一种在任何工作与职业中的获取成功的品格。

---

[1] Strabo, *The Geography of Strabo*, ed. H. L. Jones (Cambridge, MA: Harvard University Press, 1924), 6.1.12.

[2] 根据斯蒂芬·米勒的统计，公元前588年至488年奥运会体操（即非马术）项目的冠军中有28%来自克罗顿。米洛在公元前540年到公元前520年赢得36次奥运摔跤冠军，毕达哥拉斯大约在公元前530年到达克罗顿。见 *Ancient Greek Athletics* (New Haven, CT: Yale University Press, 2004), 217.

[3] 柏拉图到访意大利的故事见于书信三和书信七。

[4] Plato, *Republic*, trans. G. M. A. Grube (Indianapolis: Hackett, 1992), 410bc.

[5] Plato, *Laws*, trans. Trevor Saunders (London: Penguin, 1970), 805cd, 833cd.

[6] Heather L. Reid, "Wrestling with Socrates," *Sport, Ethics and Philosophy* 4, no. 2 (2010): 157–69.

[7] Heather L. Reid, "Aristotle's Pentathlete," *Sport, Ethics and Philosophy* 4, no. 2 (2010): 183–94.

第 12 章　体育与教育

尽管有这么一条主线，体育这种教育的整体观念依然是零散的。尽管学术（academics）的名字来自柏拉图的体操馆，但［时至今日］它却变成了在体操馆之外进行的教育活动。与此同时，体操被称为"身体教育"（physical education），这一名称反映出由形而上学二元论所支撑的身心分裂，这一点我们在第 7 章中讨论过。当我们主张体育运动是一种品格教育的观念时，也遭遇到理论与实践分裂的困扰，正如我们在第 10 章中所看到的那样。教练、父母和哲人依然坚信体育运动可以塑造品格，但对运动员道德发展的实证研究表明这在实践中是失败的，而且体育运动可能会助长邪恶。最后，美国对跨校运动员大规模调查结果同样遇到学术与体育运动分裂的问题，这种分裂已成为制度文化的一部分。在某些方面，现代大学运动员类似于古代毕达哥拉斯的学生：他们是被训练资助的承诺引诱到竞技训练之中的。与毕达哥拉斯使他的运动员成为学者不同，现代机构似乎对从运动员那里获利更感兴趣。不论体育运动含有怎样的教育价值，它们都不是自发的或内在的。从共同体的政治角度来看，我们必须问如何才能使体育运动成为更有效的教育工具。答案似乎首先在于如何弥合这些分裂。

1. 体育教育与身心分裂

古希腊和现代社会将体育运动应用于教育方面最深刻的区别是看待身心之间关系的不同态度。我们在第 7 章已经看到，尽管大多数古希腊人是二元论者，也就是说，他们相信身心分离，他们珍视灵魂（psychē）胜过肉体，然而他们把人的动作位移（movement）视作灵魂的起源。因此，体育训练被理解为一种精神训练，运动员身体运动中产生的美被理解为美德（aretē）的反映。希腊的这种观念与许多东方哲学相去不远，后者避免在身心之间做严格区分，并把武术训练中的动作理解为一种精神提升的方法。但是，希腊的体系具有明显的竞争性和管理规则。在《理想国》中，柏拉

［147］

197

图规定，儿童游戏应该严格遵守规则，以便他们长大后成为守法的成年人。[①] 在护卫者的教育中，竞技比赛被用来选择具有一定品质的学生，比如果断和坚毅，这对他们进行更高水平的学习来说是必备的。[②] 柏拉图的预设与先于他的毕达哥拉斯一致：那些在追求竞技卓越中显现出优秀品质的学生具有学术上达至卓越的潜质。

相比之下，当今流行的预设是，体育上的卓越是一种学术潜力低的表征。人们认为在肌肉和智力之间存在一种负相关，这种现象通常被称作"头脑简单，四肢发达"[③]。这种转变背后的形而上学原因肇始于笛卡尔二元论，他不仅主张身心分离，而且把思维视作我们的本质功能。而形而上学的物理主义同样存在一个问题：认为非物质的心灵或灵魂并不存在，人类可以完全用物质性的术语来解释。这种观点受到经验主义的启发和认可，后者将其研究限制在可以观测的现象的范围内。这里的问题不仅仅是形而上学的，更是文化的，因为这种文化倾向于从身体方面理解运动员，而将训练中思考的部分留给其他人，尤其是科学家。这里最典型的就是严格的生理学训练方法，后者关注的重点是肉身参数，例如体脂率、摄氧量、快肌纤维百分比，却无视道德发展。运动员被视为标本和实验对象，而他们自己的心灵几乎对这种刻苦训练的智性方面不会有啥贡献。当然，这在某种程度上是符合实际的，因为运动能力的高峰通常要比智性能力的高峰早几十年。

社会和政治问题是，在这种文化中几乎没有人会全力对运动员进行智性方面的教育。运动生理学、运动营养学乃至运动生物力学在不同的学部中进行研究，这些学部通常与体育设施位于校园的不同区域。更有甚者，

[①] Plato, *Republic*, 424e.
[②] 例如，Plato, *Republic*, 502d – 503e。详细的解释参见：Heather L. Reid, "Sport and Moral Education in Plato's Republic," *Journal of the Philosophy of Sport* 34, no. 2 (2007): 166 – 69。
[③] 原文为 dumb-jock myth，为英语俗语，字面意思是"迟钝的运动员神话"，常用来形容那些简单的、迟钝的、毫无吸引力却运动能力很强的人，符合中文俗语中"头脑简单，四肢发达"的称呼。——译者注

所谓的运动科学（sport sciences）倾向于边缘化甚至排斥人文学科和社会科学的课程。学生运动员不仅可以免于研究其训练和运动表现背后的经验科学，而且运动生理学等运动相关专业的学生通常对历史、哲学、社会学和运动心理学知之甚少。[1]

在这种鸿沟的另一面，许多运动科学领域的学生和学者现在并不积极参与，过去也未曾参与竞技运动。甚至赛场上积极活跃的运动员有时也会被排除在他们比赛的智性活动方面之外，比如在教练把他们叫到赛场一边来做出战术决定的时候。赛场上用来交流的遥控音频（tiny radios）只能进一步限制运动员的智性活动。阿拉斯代尔·麦金太尔的社会实践理论为体育运动作为道德教育形式发挥作用提供了一个框架，可用于理解实践中有意义的参与活动，包括我们对活动的历史、传统和基本性质的理解，正如我们在第 5 章中所说的那样。剥夺运动员对其运动智性方面的参与权利，就是剥夺他们对这种意义的参与权利，继而也就剥夺了体育运动的许多教育潜力。

教育中的体育运动应有意识地弥合身心的分裂，而不是强化这种分裂。即使是东方哲学也不期望它的身心合一（或天人合一）学说被理所当然地理解成形而上学的事实。相反，正如我们在第 7 章中谈论的那样，东方哲学把这种合一视为一种成就，是一种通过身体运动来培养和表达的智慧。有些教育工作者认识到现代学校过分强调智性的方面，但大多数教育工作者不加批判地认为教育就是一种纯粹的智性活动。然而，不可否认的是，人有身体，我们是用身体来支撑并表达我们的智性的。例如，保罗·维斯认为体育训练可以教会我们在行动中贯彻自己的想法，从而"纠正身心的不平衡"。[2] 吉姆·帕里（Jim Parry）同时指出，诸如信任之类的道德经验的概念是通过体育运动中的身体来传达的，从而超越了仅仅是理论上的理解。

---

[1] 此外，当运动人文课程成为这些项目的一部分时，它们通常是由退休的教练或管理人员讲授的，而他们对这一学科缺乏训练或兴趣。

[2] Paul Weiss, *Sport: A Philosophic Inquiry* (Carbondale: Southern Illinois University Press, 1969), 41.

他说，当我们通过参与团队体育项目学习信任时，"责任从对他人的身体意识中萌生，并在冒险中产生对他人的需要与关切"。① 皮埃尔·德·顾拜旦认为道德品格主要是在身体内形成的。他说，在体育运动中"肌肉是用来做道德教育者的工作的"。② 从东方的视角看，美德是一个显而易见的具身化概念，而不仅仅是一个抽象理解的问题。③ 实际上，包括音乐和其他表演艺术在内的众多学科，是通过一套将身体践行与智性训练相结合的方法来习得的。体育将自身与智性分离的倾向不仅不会促进、反而会阻碍其教育潜能。

2. 道德教育与理论－实践的分裂

体育运动作为一种道德教育的证据几乎都是轶事传闻。最著名的证明可能来自存在主义哲学家加缪，他曾经评论说，体育运动是他真正学习道德的场域。④ 正如我们之前提到的，社会科学证据持相反的观点：体育运动弊大于利。⑤ 有些人将这些发现归结于对竞争的过分强调，认为竞争本质上是不道德的。另外一些人将矛头指向金钱和大学招生这种高风险游戏，这甚至影响到了初中。还有一些研究会为这些理论提供证据。同时，从哲学

---

① Jim Parry, "Sport, Ethos and Education," in *The Ethics of Sports: A Reader*, ed. Mike McNamee, 316－26 (London: Routledge, 2010), 319.
② Pierre de Coubertin, "The Olympic Games of 1896," in *The Olympic Idea: Pierre de Coubertin—Discourses and Essays*, ed. Carl-Diem Institut, 10－14 (Stuttgart, Germany: Olympisher Sportverlag, 1966).
③ Chung-Ying Cheng, "On the Metaphysical Significance of *ti* (Body-Embodiment) in Chinese Philosophy: *benti* (Origin-Substance) and *ti-yong* (Substance and Function)," *Journal of Chinese Philosophy* 29, no. 2 (2002): 147.
④ Albert Camus, "The Wager of Our Generation," in *Resistance, Rebellion, and Death*, trans. Justin O'Brien (New York: Vintage, 1960), 242.
⑤ 在回顾了 40 多年来关于这一主题的社会科学研究后，珍妮弗·贝勒（Jennifer Beller）和莎伦·斯托尔（Sharon Stoll）说："我们发现了一个不变的事实：无论如何定义，体育运动似乎都不能塑造性格。"参见 Sharon K. Stoll and Jennifer M. Beller, "Do Sports Build Character?" in *Sports in School: The Future of an Institution*, ed. John Gerdy, 18－30 (New York: Columbia University Press, 2000), 20。

第 12 章　体育与教育

的角度来看,道德的问题及其与诸如体育之类的人类习俗之间的关系极为复杂且有争议。对于同一件事存在一些相对立的伦理理论,其中一些理论可能支持那些有利于竞赛成绩的品质,而其他理论可能会谴责它们。正如大卫·卡尔指出的,"对一个人来说是合作,但对另一个人来说可能只是从众"。① 此外,诸如勇敢和自律之类的道德价值,似乎还取决于活动的性质与目的。例如,一个勇敢而恪守规则的凶手不会成就公共的善。

技能与美德之间的这种二分法,存在于美德伦理中,这就是柏拉图所理解的技艺-德性(technē-aretē)的区分。正如我们所看到的,在说谎和欺骗的情况下,一项技能的道德价值取决于其服务的目的。在体育运动中,技术技能与勇敢和自律等争竞美德相结合促成胜利,并经常性地获得回报。但是大多数运动的技能,例如单脚射门技术几乎没有独立于体育运动的实际价值。技艺-德性的区分意味着我们不能把竞赛的胜利看作道德德性的证明,因为胜利可能更多地取决于技术技能对道德品质的胜出,正如麦金太尔指出的那样,道德德性实际上可能会阻碍某些实践获得成功。以篮球比赛为例,取得比赛的胜利,部分上取决于对规则的有意突破。曾经有一个女运动员拒绝严守规则,因为她认为严守规则会使她在竞争中处于劣势。

然而,值得注意的是,柏拉图的《理想国》建议用竞技比赛来发现潜在的、有天资的学生和哲学家,并不表明竞技比赛的获胜者可以提升他们的阶层,而仅仅表明运动员在比赛中的表现揭示出了他们具有相关品质的重要事实,包括淡泊名利,因为追名逐利有悖于德性。② 运动员在追求胜利时拒绝对自己做出妥协的道德原则比胜利本身更能体现品质。就教育中的体育运动而言,如果它首要甚至仅仅关注竞技成绩,那么它至少会阻碍道德品质的养成,甚至会造成道德品质的败坏。

[150]

---

① David Carr, "What Moral Educational Significance Has Physical Education?" in McNamee, *Ethics of Sports*, 308.
② Plato, *Republic*, 502d-503a.

另一方面，与基于课堂的方法相比，体育具有学习伦理和道德的巨大优势，因为在体育中人们体验到最原初的道德困境。道德行为并不是来自对理论、规则或原则的学习；相反，它是通过体验来学习的。[1] 哲学家们批评了一些实论研究，这些研究认为把体育作为道德教育是失败的，之所以是失败的，乃是因为它们测试的是人们关于道德原则的知识或者道德理解的水平，而不是他们的道德行为。[2] 体育作为道德教育的潜能在于它能为人们提供在实践中使用诸如公平等道德概念的机会，亲自检验道德概念本身，以面对那些无法把道德概念付诸行动的人，甚至对他们自己无法付诸行动的原因进行剖析。正是由于体育是在相对受控的环境中进行的，它提出的与道德相关的可能性就可以得到检验和探索。这就是格雷厄姆·麦克菲把体育称为道德实验室（moral laboratory）的原因。[3] 他认为，即使是抽象的道德规则，如"汝勿杀人"之类，也必须在具体情境中才能得到理解；我们通过将它们应用于我们生活的场景中来学习它们。[4] 在体育中，我们不仅要学习规则，更重要的是学习如何在规则下运动；最重要的是，学习如何按照支撑这些规则的道德原则（例如公平）行事。[5] 公平竞赛和公平竞争的观念不是体育的专有概念；相反，它们是需要通过体验来学习的真正的道德概念；被认为是道德实验室的体育，提供了体验这些观念的机会。

问题在于，体育运动一般不被认为具有潜在的道德教育意义。实际上，其教育功能很少受到质疑或辩护。教练员和体育老师几乎从未被当作德育教师来培训，有时他们甚至都不被当作教师。他们被逼着去获胜，并仅仅

---

[1] Graham McFee, *Sports, Rules and Values: Philosophical Investigations into the Nature of Sport* (London: Routledge, 2004), 142.

[2] Carwyn Jones, "Character, Virtue, and Physical Education," *European Physical Education Review* 11, no. 2 (2005): 140–42; Robert Simon, "Does Athletics Undermine Academics? Examining Some Issues," *Journal of Intercollegiate Sport* 1, no. 1 (2008): 48.

[3] McFee, Sports, *Rules*, 140.

[4] McFee, Sports, *Rules*, 142.

[5] McFee, Sports, *Rules*, 145.

通过获胜与否而被评估。正如卡尔指出的那样,教练作为道德施教者的身份源于他们与年轻人之间特殊的专业关系,并且这种身份的有效性几乎完全取决于他们"在对生活和价值观念的更广泛的关注中"[1] 对待工作的个人意愿。

帕里建议我们要有意识地将学校里的体育运动和体育教育(physical education)"看作人类发展卓越和美德的清净的实践,并将它们看作对那些让人品行端正的品质的培养。"[2] 这样的建议无疑会对教练和体育老师的培养和待遇,以及学校的体育实践产生影响。正如麦克菲所说:"在教授游戏(例如板球)规则时,对原则敏感的教师也可能会强调那些原则……于是,这就是将从体育运动的具体场景里(和在其中)学到的抽象原理运用到具体道德中的特定实例。"[3] 也许体育教育不仅要努力提高技术技能,而且要提高道德品质。也许它的目标不仅应该是赢得比赛,还应该是公平地比赛,并且对某些行为是否公平展开讨论而不是被动地把这一决定权交给别人。

3. 大学体育与学术－竞技的分裂

也许将体育与教育相结合的最伟大的实验是美国高校的竞技体育现象。在很多情况下,高校的体育运动是在众目睽睽之下开展的。在某些学科中,冠军头衔吸引众多的电视观众,而丑闻会引发无休止的政治辩论。然而,关于竞技体育的教育问题很少被提出,甚至上述的那些机构也没有对这个问题进行讨论。学术造假、运动员和教练的不当行为、招生违规以及私相授受等吸引眼球的种种丑闻,引发一些批评人士得出结论:声势浩大的高校体育没有正当理由,唯一的解决办法就是废除它们。

捍卫校际体育教育价值的学者,包括哲学家罗伯特·西蒙和德鲁·海

---

[1] Carr, "What Moral?" 313.
[2] Parry, "Sport, Ethos and Education," 324.
[3] McFee, *Sports*, *Rules*, 140.

兰，经常将自己的赞美限制在规模较小的非奖学金项目上，并建议进行各种改革。西蒙建议限制赛季时长和出行时间，以免赛事活动主宰学生的生活，① 而海兰鼓励各种机构将竞技体育视为教育计划的重要组成部分，而不是商业活动。② 重要的是两位哲学家都将批评的目标对准了诸如美国大学生竞技体育协会（NCAA）的机构和各大学本身，而不是学生运动员。在他们看来，学生运动员的行为不端，虽然通常在媒体报道中是由于个别行为不端引起的，但也折射出其所在机构价值观念的碎片化，后者往往是分裂的。

第一个分裂显然是在竞技和学术之间，或者更一般地说，是这些机构的学术使命与它们设想并支持的竞技体育的实际作用之间的分裂。在最高层次上，门票和电视转播的收入有很大的经济收益潜能，此外全国性赛事可以通过徽标许可、校友捐赠和招收付费学生获得间接收入。绝大多数的大学竞技体育项目能够并且确实利用体育活动来提高他们所在学校的外在形象和知名度——虽然只有很少的项目能够赚钱。可以说，整个体育事业带动更多潜在的学生对高等教育以及获得大学学位产生兴趣。但是这些实际的行业效益取决于赢得比赛和夺得冠军，以至于竞技体育学院往往围绕该目标进行组织，而其他教育计划却不是如此。最糟糕的情况是，比赛项目就像微型职业体育项目，只是恰好放在大学校园里。根据海兰的说法，这种出于商业动机对比赛获胜的过度强调所造成的真正后果在于，"它允许我们，不，促使我们忘记曾经让我们引以为荣的事，即竞技体育是一种强大的教育力量"。③ 如果大学本身都不把体育作为一种教育手段，那么教练员和运动员为什么要这样认为呢？

正如我们已经观察到的，大学很难不受智性卓越与身体卓越之间明显不相容的影响。运动员不仅与学者之间保持距离，而且，即使是在许多体

---

① Robert Simon, *Fair Play: The Ethics of Sport*, 2nd ed. (Boulder, CO: Westview, 2004), 157.
② Drew A. Hyland, "Paidia and Paideia: The Educational Power of Athletics," *Journal of Intercollegiate Sport* 1, no. 1 (2008): 67.
③ Hyland, "Paidia and Paideia," 70.

第 12 章 体育与教育

育相关领域，学生运动员的学术需求也经常被认为是与他们的体育成绩不相符合的，反之亦然。教授和教练有时会发现自己在争夺运动员学生的时间和注意力。教授们认为教练们在安排训练和客场比赛时漠视了学生的课堂学习；而教练们则认为教授们在学术上对学生运动员有偏见。同时，学生们则不可避免地利用着教授与教练之间的这种紧张关系。有些学生很擅长背着一个"父母"去愚弄另一个"父母"。最近，我注意到我们棒球队的一个成员在上一门课，他的队友因为去看比赛而请假。我在课堂上问这个球员他是否也要去看比赛。"当然，"他说，"不过公共汽车要到 12：15 才开。"教练和教授之间的这种紧张关系就像竞技运动与学术研习之间普遍存在的脱节情况一样，这两者之间所存在的真实可感的分歧在很大程度上导致了相互沟通和理解的缺乏。也许教练应该被视作教授，注重学生的学习成效，而不只是输赢记录。①

此外，我们可以把教育的观念从智性知识的获取扩展到在体育中各种运动技能的获取。美国大学生竞技体育协会前主席迈尔斯·布兰德（Myles Brand）指出，身体技能在音乐、舞蹈和戏剧等表演艺术中具有重要性，这也证明了在大学中保留竞技体育具有合理性。② 认为表演艺术是合适的学术科目而体育运动则不是的观点可能起源于社会精英主义。如果运动表现与表演艺术一样成为一门学术专业，就需要一个类似的综合研究方法，包括历史、哲学、心理学等。同样，对实践和体验式学习发展的进一步强调，可能会提高其他学术主题研究水平。外语是另一门需要实践、坚持和互动表现的传统学科。③

[153]

如果前面的论点是正确的，那么伦理学也需要那种具有体育特征的实践与经验。事实证明，大学最有效地教授道德的方式是在道德上善待（或

---

① 这一观点被海兰和西蒙认可。见 Hyland, "Paidia and Paideia," 71; Simon, *Fair Play*, 162。
② Myles Brand, "The Role and Value of Intercollegiate Athletics in Universities," *Journal of the Philosophy of Sport* 33, no. 1（2006）: 20.
③ 事实上，在美国校园里，作为毕业要求，以及更普遍的科目，外语的受欢迎程度正在下降；需要不断实践才能取得成功可能是其中一个原因。

205

虐待）学生。① 当大学将运动员视为达到制度目的的手段，它们也在教运动员把他人当作实现目的的手段，无论伊曼努尔·康德反对这种行为的道德法则在课堂上被多么频繁地提起。同样，如果大学打着业余爱好者的幌子在经济上盘剥运动员，那么它们其实也是在教大家说道德上是允许这种盘剥的。② 在最坏的情况下，校际竞技体育可能不仅不能为大学的既定使命做出贡献，实际上反而会破坏它们。

幸运的是，这种情况似乎很少，而且大学体育确实对许多学生的教育做出了重要贡献。这要归功于深思慎虑的教练、善解人意的教授的个人努力，当然还有学生自身的优点。然而，这些机构显然可以而且应该做得更多，从而认识到并提升体育的教育潜能，尤其当它作为一种道德教育的方式的时候。罗伯特·西蒙声称竞技价值观可以协调并强化学术价值观："参加竞技运动需要智性上的诚实和对真理的关注，包括对自己的价值和才能进行精准判断，这是与学术探究齐头并进的。"③ 海兰回应了西蒙关于自我认知的观点，同时在体育带来的教育收益中增加了"深沉的、热情的承诺"的体验和对诸如种族主义等社会问题的敏感性。④ 他为实现这样的教育目标开出的处方包括加强学院与运动队之间的联系，特点在于弥合前面提到的学术规划与竞技安排之间的分裂。确实，弥合分裂已成为本章一以贯之的主题。

看来，体育的教育价值似乎取决于一种整体性的方法。毕达哥拉斯在历史上是把体育植入教育的创始人，他采用了一种超整体性的方法，不仅将体育和学术努力结合在一起，还将学生生活的各个方面，从饮食到信仰，

---

[1] Derek Bok, "Can Higher Education Foster Higher Morals?" in *Social and Personal Ethics*, ed. W. H. Shaw, 493 – 503 (Belmont, CA: Wadsworth, 1996), 501.

[2] 大学生运动员是否在经济上受到盘剥的问题目前正通过法院解决；有关这个问题的分析，请参阅 Taylor Branch, "The Shame of College Sports," *Atlantic Monthly*, October 2011, http://www.theatlantic.com/。

[3] Simon, *Fair Play*, 167.

[4] Hyland, "Paidia and Paideia," 67.

从作息到恋爱，努力结合在一起。虽然没有必要通过恢复毕达哥拉斯或柏拉图的体操馆来恢复体育的教育潜力，但我们应该认识到其中存在着的那些分裂问题，并寻求弥合这些分裂。首先，我们必须质疑身心分裂，这种分裂本身并不危险——毕达哥拉斯和柏拉图是热情洋溢的二元论者——甚至质疑后来关于智性能力和运动能力不相容的假设，以及由此产生的一种倾向：将运动员视为在他们身上可以进行训练实验与战术理论检验的被试样本。其次，体育运动作为道德教育的潜力是巨大的，但它取决于通过参与运动和对参与的反思来有意识地学习道德概念，从而弥合理论与实践之间的分裂。从这个角度来看，体育运动可以发挥道德实验室的作用，在这个实验室中，人们可以学习应用伦理原则，并在较低风险的环境中处理违反伦理原则的行为。最后，大学校园中普遍存在的学术-体育分裂现象需要通过修复来重新定位，使之朝着特定的教育目标发展。教授、教练和管理人员可以首先通过将学生视为一个整全的人格，理解他们的教育，将理论和实践结合起来努力缩小这一鸿沟。正是这种古希腊模式启发了体育可以具有教育意义的理念，这一模式值得复兴。[154]

4. 讨论问题

（1）音乐、戏剧和舞蹈等艺术活动，通常有专门的专业，将表演与理论和技术研究相结合。你认为体育在大学里应该像这些学科一样被对待吗？

（2）您是否曾通过体育进行过（正面或负面的）道德的学习？什么因素导致您对这种体验进行反思？它改变了你后续的行为吗？

（3）如果高校的体育教练员首先被视为道德教育者，那么当前教练员的教育和评价体系会发生怎样的变化？

（4）可以采取什么措施弥合学校中的体育与学术的鸿沟？为此学生运动员应该扮演什么角色？

第 13 章　体育与社会分层

[155]　　虽然卡莱尔工业学院地处穷乡僻壤（backwater），其纪念足球上却题写着"1911：印第安人 18，哈佛大学 15"。卡莱尔是一所为美洲世居民族开设的学校，它对哈佛大学的不满不禁让人联想到种族和社会阶层问题。这场比赛的胜利在很大程度上要归功于卡莱尔工业学院的明星选手——一个名叫吉姆·索普的混血运动员，他在次年的奥林匹克运动会上横扫赛场。在斯德哥尔摩奥林匹克运动会上，索普在五项和十项全能比赛中都获得了冠军，在个人赛的 15 个项目中赢得了 8 个项目的冠军。瑞典国王古斯塔夫五世（Gustav V）宣布他为世界上最伟大的运动员，他回到美国时，人们举办了一场盛大的游行来欢迎他。但显然不是每个人都为他的夺冠感到高兴。1913 年晚些时候，一些报纸披露，索普和当时许多大学生运动员一样，曾打了几个夏天的职业棒球，这违反了美国业余体育联合会（AAU）的规定。尽管官方的抗议期早已结束，但美国业余体育联合会的官员还是撤销了索普的业余运动员身份，随即他的奥运奖牌和冠军头衔也被剥夺。

　　毫无疑问，至少有一部分谴责是出于对种族主义和社会精英主义的考虑，而不是对体育纯粹真诚的关心。索普的奥运队友之一埃弗里·布伦戴奇成为奥林匹克运动会业余体育的热心倡导者，这种体育最终被揭露为企图将工人阶级——并非碰巧，其中多是少数种族（racial minorities）——排除在竞技比赛之外。这种社会偏见在体育中并不新鲜。古代的奥林匹克运动会也曾被贵族用来验证他们所谓的高贵血统。然而，从长远历史来看，这并没有奏效。下层社会的运动员在古代和现代奥林匹克运动会上都取得了成功，关于社会优越感的神话也逐渐被销蚀。1983 年，美国印第安人冠

[156]

军吉姆·索普的奥运奖牌和冠军头衔被恢复了。

如果体育要发挥道德实验室的作用,也就是要在其中体验到公平原则和平等机会,那么,似乎要提供一个特殊的推理来确保体育包含这些原则。然而,无论在历史上还是在今天,基于等级、种族、性别和残疾,体育一直是各种形式的社会排斥和边缘化的一部分。这种边缘化在多大程度上反映和加强了社会偏见,又在多大程度上代表公平和尊重的待遇,需要从历史和当代的角度加以审视。在能力差异显著的体育中,机会均等到底意味着什么?虽然人们已不再接受基于种族或民族的体育排斥,但基于性别和残疾的隔离仍随处可见。与此同时,经济意义上的社会等级依然持续影响着运动员们参与竞技的可能——尤其是就全球范围来说。业余体育的限制仍然适用于美国大学生运动员,尽管大多数奥林匹克运动已经取消了这种限制。

根据体育的内在价值,在体育中使用分层是合理的。以运动员不能担责的变量对他们进行区分,可以提高比赛的竞技性。正如西格蒙德·洛兰德所说:"只有在不平等的个体依赖性问题(person-dependent matters)对运动员的表现产生了系统性、重大的影响,并且它们不能为此承担责任时,才应该对运动员进行等级划分。"[1] 这证明了摔跤的重量级别和游泳的年龄级别是合理的,但是性别和残疾分级呢?尤其是在女性或残疾运动员的表现要优于那些理应受到特殊保护的运动员的情况下呢?当杰基·鲁宾逊(Jackie Robinson)的棒球技术比美国职业棒球大联盟的大多数球员都强的时候,依然把他限制在黑人联赛中,这公平吗?分级和分类的运用,及其与更广泛社会问题的联系,是对体育公平原则的一项重要考验。

1. 体育与社会层级

让吉姆·索普和其他许多人饱受折磨的现代奥林匹克业余体育规则,

---

[1] Sigmund Loland, *Fair Play in Sport: A Moral Norm System* (New York: Routledge, 2001), 60.

通常被辩护为古希腊体育的一个映射。事实上，从现代意义上讲，古希腊运动员从来都不是业余运动员，① 虽然在声名不显的"金钱"游戏和闻名四海的"桂冠"游戏（如奥林匹克运动会）之间有所区别，但是，没有什么比将一个绿叶花环（正式地）授予获胜者更有价值的事情了。在古代世界中，更为接近现代业余主义的毋宁说是，贵族试图保留自己的高贵运动血统的幻觉，以此作为他们卓越美德和领导才能的证据。正如我们在第1章中所看到的，运动能力和社会权利之间的联系甚至比体育更古老，可以追溯到公元前3000年古代国王如吉尔伽美什、舒尔基和埃及法老的传奇运动壮举。② 就像神话中的赫拉克勒斯一样，这些壮举既不是训练的结果，也不是竞赛的结果。相反，它们是国王的高贵血统和蒙神恩宠的或真实或想象的展示，旨在打动和安抚他的臣民。即使在荷马史诗中，体育竞赛通常也只是酋长和其他贵族们的专属活动。

直到公元前8世纪左右出现奥林匹克运动会，人们才开始对相对公平和公开的竞赛产生兴趣。从那时起，人们对贵族成员天生优越的信念开始遭到侵蚀。我们可以从有夺冠希望的年轻运动员越来越多地使用教练和赞助商，以及马术项目的兴起中找到证据。在这些项目中，成功主要取决于财富，胜利的桂冠归赛马主人所有，而不是驭手、骑师或马匹本身。斯巴达公主茜妮斯卡（Kyniska）在马术比赛上的胜利被吹捧为女性主义在男权社会的胜利，但在一些古代作家看来，这只说明了奥林匹克运动会的获胜取决于财富而不是美德。③ 同时，从某种程度上说，下层阶级在非马术项目上

---

① 要了解完整的讨论，请参阅 David Young, *The Olympic Myth of Greek Amateur Athletics* (Chicago: Ares, 1984)。
② Heather L. Reid, "Athletic Heroes," *Sport, Ethics and Philosophy* 4, no. 2 (2010): 125–35.
③ 这些解释请参阅 Xenophon, *Agesilaus* 9.6, 和 Plutarch, *Ages* 20.1；两者都载于 *Arete: Greek Sports from Ancient Sources*, ed. Stephen G. Miller (Berkeley: University of California Press, 1991)。古代奥运会排斥女性的动机和程度是学术辩论的主题；简明扼要的概述，请参阅 John Mouratidis, "Heracles at Olympia and the Exclusion of Women from the Ancient Olympic Games," *Journal of Sport History* 11, no. 3 (1984): 41–55；和 Thomas F. Scanlon, *Eros and Greek Athletics* (New York: Oxford University Press, 2002), esp. chaps. 4–7。

的成功导致古希腊阶级差异的缩小,并最终引发了民主的出现。①

古代世界的体育运动以其追求真理的逻辑,从一种强化社会等级的手段转变成一种促进民主的方法。在古代的奥林匹亚,竞走冠军要被象征性地献祭给宙斯,选出最配得冠军的获胜者承带着共同的社会利益。因此,人们全力推进公平竞赛,并向那些尚未处于社会阶层顶端的、看起来能够夺冠的候选人开放机会。② 最终,这一现象提供了一个展示美德的机会,甚至对那些不被期望拥有美德的人来说也是如此。事实上,奥林匹克运动会获胜带来的荣耀激励着城邦去招募和支持来自下层社会的运动员。到了罗马时代,上层阶级基本上已经远离了竞技运动,尤其是在避免人们怀疑他们的社会权利是否公正时。但是,罗马的体育运动继续作为一种证明社会价值的手段,特别是对那些通过在竞技场上展示自己的美德而从奴役中获得自由的角斗士而言。③

如果今天将体育运动视为一种相对容易获得的攀爬社会阶梯的手段,那么,这种功能仍取决于平等竞赛的机会和比赛的公平管理。当然,巨大的经济差距依然存在,它们依然影响着个人参与体育的机会和运动表现的水平。在全球范围内尤其如此,这促使国际奥委会成立了奥林匹克团结委员会,该委员会将奥林匹克运动会电视转播收入的一部分用于帮助有需要的运动员和国家奥委会,为其提供训练器械、教练和装备方面的资金。④ 在国家层面上,许多国家招募和支持贫困运动员进行训练。在某些情况下,这个过程意味着把孩子们从父母那里带走,到遥远的城市接受训练,这一

[158]

---

① 这些论点更为详细的探讨,请参阅 Heather L. Reid, *Athletics and Philosophy in the Ancient World: Contests of Virtue* (London: Routledge, 2011), chaps. 1–3. 民主理论最初由斯蒂芬·米勒提出,请参阅 Stephen G. Miller, "Naked Democracy," in *Polis and Politics*, ed. P. Flensted-Jensen and T. H. Nielsen, 277–96 (Copenhagen: Festschrift, 2000)。

② Heather L. Reid, "Olympia: Running towards Truth," *Sport, Ethics and Philosophy* 4, no. 2 (2010): 136–45.

③ Heather L. Reid, "Was the Roman Gladiator an Athlete?" *Journal of the Philosophy of Sport* 33, no. 1 (2006): 43.

④ International Olympic Committee, "Olympic Solidarity Commission," Olympic.org, accessed November 28, 2011, http://www.olympic.org/.

切都是为了国家的荣誉。当这种献身精神得到经济补贴和顶级大学的录取机会时，这些年轻人在体育方面的进步就可以转化为社会进步，但［仅凭］体育本身很少能带来这样的好处。此外，各国往往忽视为广泛的体育参与提供机会，而倾向于为精英体育发展计划提供资助，这已司空见惯。

在美国的体制下，当运动员被招募参加大学体育比赛时，作为交易的一部分，大学通常会提供免费教育或者对教育费用打折。从表面上看，这是贫困或社会边缘青年提升社会地位的绝佳机会，当然，许多运动员也曾从这一机会中受益。然而，与此同时，在一些项目中过于强调竞技体育，相应地削弱学业教育的价值，这使职业体育成为一些学生摆脱贫困的唯一可行的职业选择。但成为职业球员的机会微乎其微，即使是顶尖的大学球员。根据美国大学生竞技体育协会的统计，[1] 在篮球、足球和英式足球等这些主要男子运动项目中，能够继续从事职业体育的大学生运动员的比例在1.0%至1.7%之间。如果这些体育运动被当作准职业项目，那么这一比例是非常糟糕的。显然，体育运动减少社会阶层差异的持久潜力不会自发产生，这一点需要被认识并引起警惕。

2. 体育与种族

在体育运动中，种族始终是一个重要的社会问题，尽管它已不再是隔离和排斥的标准，也不再被许多生物学家认为是一个有效的分类概念。[2] 尽管习俗偏见和刻板印象挥之不去，依然在阻碍着传统的成功之路，但对世界各地的少数民族来说，尤其是对非洲人的后裔来说，现代世界的体育运

---

[1] National Collegiate Athletic Association, "Estimated Probability of Competing in Athletics beyond the High School Interscholastic Level," NCAA.com, 2011, accessed November 21, 2011, http://www.ncaa.org/.

[2] 这个问题仍有争议，最近的一次讨论，请参阅 Koffi N. Maglo, "The Case against Biological Realism about Race: From Darwin to the Post-Genomic Era," *Perspectives on Science* 19, no. 4 (2011): 361-90。

动为他们取得成就并展示卓越提供了相对不受限制的机会。在美国，黑人在毕业率和收入等方面虽然仍落后于白人，但他们在体育运动方面的成就非常突出。尽管非洲裔美国人只占总人口的12%，但他们在大学生球员中所占比例超过了三分之一，在职业橄榄球和篮球运动员中甚至超过了一半。[①] 评论人士指出，黑人在体育运动上的成功为贝拉克·奥巴马（Barack Obama）当选总统奠定了基础，因为它打开了美国人的心灵，让人们知晓黑人能够做什么。[②] 体育运动被许多人视为对抗种族偏见的强大社会工具。

[159]

体育运动通常不鼓励种族成见，许多人通过参加体育运动学会了克服种族偏见。德鲁·海兰注意到，运动员是校园里唯一一会在混合种族群体中进行社交和用餐的学生群体，他向他所在学院的篮球队询问了校园里其他学生之间自愿隔离的问题。运动员们解释说，他们对球队的忠诚使他们能够"把种族问题放在正确的位置上"。海兰建议球队尝试与校园的其他学生群体分享他们的见解，他指出，他们"已经开始明白，他们不应该，道德上也不能，认为他们在休戚相关的共同体里取得成功只是因为他们是'幸运的少数人'，相反，他们被赋予的天资给予了他们尽可能广泛地分发这些天资的责任"。[③] 不幸的是，这样积极主动的故事实在太少了。更重要的是，黑人在体育运动方面的成功并没有带来更大的平等感，而是导致了一种修正了的刻板印象，即四肢发达、头脑简单。[④]

具有讽刺意味的是，美国的体育联盟最初是存在种族隔离的，因为人们认为黑人体格较差，不足以与白人同场竞技。现在的风险是，人们认为

---

① National Collegiate Athletic Association, *2009 – 2010 Student Athlete Ethnicity Report* (Indianapolis: Author, 2010); Richard Lapchick, *2010 Racial and Gender Report Card* (Chicago: Institute for Diversity and Ethics in Sport, 2010).
② 例如，Jim Litke, "Black Athletes Eased Obama's Presidential Path," *NBC Sports*, November 5, 2008, accessed November 21, 2011, http://nbcsports.msnbc.com/。
③ Drew Hyland, "Paidia and Paideia: The Educational Power of Athletics," *Journal of Intercollegiate Sport* 1, no. 1 (2008): 69.
④ John Hoberman, *Darwin's Athletes: How Sport Has Damaged Black America and Preserved the Myth of Race* (Boston: Houghton Mifflin, 1997), 146.

白人没有能力与黑人同场竞技。① 职业篮球运动员比尔·拉塞尔（Bill Russell）的职业生涯就经历了这种转变。1957年，作为新人，他是球队中唯一的黑人球员，后来当他成为西雅图超音速队的教练时，他的球队中只有两名白人球员。拉塞尔说："在篮球界，［黑人］从圈外（outhouse）到进群（incrowd）可是花了20年的时间。"② 黑人在体育上的成功可能有生物学上的解释，也可能没有，但有许多看似合理的社会解释。只要体育是公平的，给所有人提供平等的机会，刻板印象所造成的心理障碍就可以通过竞赛的体验来打破。克利斯托夫·勒迈特雷（Christophe Lemaitre）就是一个很好的例子，他是第一位在100米比赛中突破10秒大关的白人短跑运动员。根据短跑专家阿托·博尔登（Ato Boldon）的说法，"勒迈特雷对短跑很重要，就像黑人四分卫在职业橄榄球大联盟中很重要一样，这与传统观念相左。"③ 勒迈特雷认为，心理障碍可能会阻碍其他白人短跑运动员的发展，他希望他的成绩能够表明，"这与你的肤色无关，而只是一个有关作为、意愿和抱负的问题"。④ 种族在体育运动中仍然是一个问题，尤其是在教练、裁判和管理领域。与此同时，体育运动消除种族成见的力量是完整无损的，而且有潜力做得比它已经做的更多。

3. 体育与性别

考虑到体育运动中种族融合对教育的好处，人们必须质疑在体育运动中继续实行性别隔离的正当性。一方面，男性和女性之间似乎存在着实实在在的生理差异，这些差异严重影响到运动成绩，因此有理由将其分为不

---

① Hoberman, *Darwin's Athletes*, 99-114.
② Bill Russell, *Second Wind: The Memoirs of an Opinionated Man* (New York: Random House, 1979), 188.
③ Ato Boldon, quoted in Christopher Clarey, "A French Revolution in the Fast Lanes," *International Herald Tribune*, November 18, 2011, Kindle edition.
④ Christophe Lemaitre, quoted in Clarey, "A French Revolution."

同组别。另一方面,性征的生物学概念并不像乍看那样一成不变。历史告诉我们,所谓关于女性固有特性的科学事实,往往是基于社会刻板印象和文化建构。① 人们无须再去寻找证据,只需基于体育运动对女性生殖能力存在着或真实或想象的风险,就去反对女性参加体育活动。在排斥女性接受高等教育的问题上,人们使用了惊人的相似论点。人们认为这些体育活动会导致过多的血液流向大脑,导致子宫萎缩。② 事实上,参加体育运动与较低的青少年怀孕率相关,③ 受过高等教育的妇女确实倾向于少生孩子,这可不是因为子宫萎缩。④ 基于男性和女性在体育运动中的性别差异的争论可能有类似的文化偏见,即使没有,它们也可能被证明是无关紧要的。女性天生就没有男性那么好斗,这可能是真的,也可能不是真的,但这与她们参加体育的权利问题无关。

那么,有什么好理由不仅支持女性参与体育运动,而且支持消除性别歧视——废除性别隔离呢?就像我们在种族问题上所学到的,一个主要原因是教育——不仅是参与者的教育,还有旁观者的教育。在《理想国》一书中,柏拉图提议将男性和女性都纳入体操教育的课程中,因为他设想女性有完整的公民权利,包括服兵役和实施统治的权利。相比之下,亚里士多德则认为女性没有政治能力,也没有提到要对她们进行体操教育。⑤ 在当今世界的许多地方,既然女性已经在学术、商业、政府和军队中与男性同台竞争,她们为什么就不能在体育运动中也与男性同台竞争呢?

---

① Angela J. Schneider, "On the Definition of 'Woman' in the Sport Context," in *Values in Sport*, ed. T. Tännsjö and C. Tamburrini, 123 – 38 (London: Routledge, 2000), 132.

② Eileen L. McDonagh and Laura Pappano, *Playing with the Boys: Why Separate Is Not Equal in Sports* (New York: Oxford University Press, 2008), 33.

③ Donald F. Sabo et. al. "High School Athletic Participation, Sexual Behavior and Adolescent Pregnancy: A Regional Study," *Journal of Adolescent Health* 25, no. 3 (1999): 207 – 16.

④ 关于这个问题最近的一份报道,请参阅 Gretchen Livingston and D'Vera Cohn, "Childlessness Up among All Women, Down among Women with Advanced Degrees," Pew Research Center, June 25, 2010, accessed November 21, 2011, http://www.pewsocialtrends.org/。

⑤ 详细的比较,请参阅 Heather L. Reid, "Aristotle's Pentathlete," *Sport, Ethics and Philosophy* 4, no. 2 (2010): 191 – 92。

托尔比约恩·滕舍（Torbjörn Tännsjö）注意到，性别仅在某些特定统计特征上与体育运动相关，比如身高、力量和速度，他认为它们理应如此。"如果我们真的要歧视，"他说，"我们应该歧视这种特征本身，而不是性别。"① 我认为，体育比赛本身能够衡量运动员在力量、速度等方面的差异。我们没有必要基于人们的低人一等的假设就心怀偏见地把他们排除在竞赛之外。② 一个身材瘦小的男性可以因为他是个男的就可以参加足球队的选拔，而一个身材高大强壮的女性却因为她是个女的就被排除在外，这似乎不公平。竞技的表现不才是最重要的吗？

有些人怀疑，在体育运动中实行性别隔离的真正动机是，男性害怕失去他们的优越感。③ 他们提到了一些事件，比如在1992年奥林匹克运动会上，一位名叫张山（Zhang Shan）的女性在综合比赛中获得奥运金牌后，人们就对女子双向飞碟射击赛重新实行了性别隔离。此后的八年里，女子双向飞碟射击选手被完全禁止参加奥林匹克运动会，直到2000年才增加了女子双向飞碟赛。在混合式高中的摔跤比赛中，男性经常输给女性。这种想法认为这是一个双输的局面，因为如果男性赢了，他只赢了一个女性，如果他输了，情况会更糟。在2010年艾奥瓦州高中冠军赛中，一名顶级摔跤手在第一轮比赛中输给了一名女性，从而放弃了争夺州冠军的好机会。他父亲解释说这是信仰问题。"摔跤是一项格斗运动，有时候会很暴力，我儿子认为女性不应该参与其中。"④ 两位运动员对这种情况都不满意。从排名

---

① Torbjörn Tännsjö, "Against Sexual Discrimination in Sports," in Tännsjö and Tamburrini, *Values in Sport*, 103.
② Heather L. Reid, *The Philosophical Athlete* (Durham, NC: Carolina Academic Press, 2002), 260–64.
③ John Gleaves, "Too Fit to Fly: How Female Nordic Ski Jumping Challenges the IOC's Approach to Gender Equality," in *Rethinking Matters Olympic: Investigations into the Socio-cultural Study of the Modern Olympic Movement*, ed. International Center for Olympic Studies, 278–88 (London: University of Western Ontario, 2010).
④ Jamie Northrup, quoted in Barbara Pinto and Olivia Katrandjian, "Wrestler Joel Northup Forfeits to Female Opponent in Iowa State Championships," *ABC News*, February 18, 2011, accessed November 21, 2011, http://abcnews.go.com/.

来看，很难说这个男性害怕输。这个案例表明，体育与文化是不容易分离的，它既可以用来支持男女混合的论点，也可以用来反对男女混合的论点。

"把男女平等当作性同化（性盲，sex blindness）的理想，似乎不适合体育领域，"罗伯特·西蒙说，"可操作的原则应是给予所有参与者以平等的关注和尊重，这有时可能会成为实际待遇中存在差异的理由。"① 如果在体育运动中性别融合的结果是女性参与竞争的机会急剧减少，那就很难把此种情况解释为男性和女性的机会均等。在今天的女性金牌得主中，如果她们参加的比赛不局限于女性，那么女性就很少有机会获得奥林匹克运动会的胜利了。在混合精英竞赛中，像杰基·乔伊纳－科西（Jackie Joyner-Kersee）或邦妮·布莱尔（Bonnie Blair）这样的英雄可能也只能充当陪跑。"承认体育运动中的性别差异，"西蒙说，"使女性摆脱了传统的限制，并且能够在各种主要的、传统上属于男性的体育中从事高强度的竞技运动。"② 安杰拉·施奈德对此表示赞同："在一个男性的兴趣和力量占主导地位的社会里……将女性排除在精英体育之外（无论基于什么理由）将会进一步限制女性能做的事情，这将会带来道德上的灾难性后果。"③

当然，这些是效果论而不是义务论的论点，但它们明显支持在体育运动中继续保留性别隔离的观点。此外，考虑到更广泛的教育后果，废除性别隔离的利害关系可能更大。正如贝齐·波斯托（Betsy Postow）30 多年前所观察到的，"体育是一种具有社会价值的活动。因此，在运动成就方面，男性真正的生理优势可以赋予男性更高的社会价值，从而有助于维持女性低人一等的形象"。④ 可是，在体育运动中，以废除性别歧视为形式的平等，是否会削弱女性为争取社会平等而进行的斗争？考虑到美德和竞技之间持久的联系，被感知到的在竞技上低人一等可能也会促使人们认为女性在道

---

① Robert Simon, *Fair Play: The Ethics of Sport* (Boulder, CO: Westview, 2004), 136.
② Simon, *Fair Play*, 118.
③ Schneider, "On the Definition of 'Woman,'" 137.
④ B. C. Postow, "Masculine Sports Revisited," *Journal of the Philosophy of Sport* 8, no. 1 (1981): 60.

德上也是低人一等的。如果体育中的性别融合让女性低人一等这一成见永存，那它还有什么教育价值呢？就此而言，如果性别隔离的体育已经使这种偏见固化，那么它又有什么教育价值呢？

让我们回到体育作为道德实验室和寻求知识的社会实践的想法。体育中的性别融合也许清楚地表明男性在竞技方面总体上要优于女性，这似乎无论如何都是我们严重怀疑的事情。但其实它也同样能说明，竞技优势并不等同于社会优势，当然也不等同于道德优势。① 正如我们之前所观察到的，在体育中展示美德并不总是会带来获胜。运动员在应对逆境和失败时可能比在轻松取胜时表现出更多的勇气和自控。事实上，托尔比约恩·滕舍认为，如果在体育中赋予典型的女性美德而不是赋予像体力这样典型的男性品质以特权，那么性别歧视必要性终将被消除。② 很难想象这样的改变会带来什么，但是在像马拉松和铁人三项这样的体育运动中，男性和女性同场比赛，如果不是直接对抗的话，可能会为女性带来更平等的机会以展示她们的美德。男子项目和女子项目的运动队在一起训练，但分开竞赛，也有同样的作用。这就是我在美国奥林匹克训练中心骑自行车时所体验到的模式，也是我们学校男女足球队目前采用的模式。

一些哲学家认为，我们需要改变体育的本性，以便更好地对女性在平衡和耐力等方面所具有的身体优势给予奖励。③ 撑竿跳高就是一个可能的例子。撑竿跳高技术的出现不再强调纯粹的力量，而是更注重诸如敏捷和技巧等体操素质。但是，如果性别分组通过赋予统计上普遍存在的优势特权，或者仅仅是某些群体的假定特征，而不是个人的真正能力，从而使刻板印象永久化，那么让体育更女性化的举措并不能解决［性别偏见］这个问题。归根到底，似乎公平和平等要求体育打开门接纳各种各样的人，不管他们

---

① M. Andrew Holowchak and Heather L. Reid, *Aretism: An Ancient Sports Philosophy for the Modern Sports World* (Lanham, MD: Lexington Books, 2011), 59.
② Tännsjö, "Against Sexual Discrimination," 111.
③ 例如，见 Jane English, "Sex Equality in Sports," *Philosophy and Public Affairs* 7 (1978): 269–77。

的个性是否符合他们性别的期望或理想。一个 120 磅（约 54 公斤）的摔跤手或最轻量级拳击手可能不是男性格斗能力的典范，但是否能够因为他与重量级拳手相比更难夺冠就将他排除在这项运动之外呢？① 如果我们从球类运动的角度来想象，也就是说，从纯粹的成绩而不是运动员的性别来想象比赛的话，我们或许能更好地支持体育具有克服人类偏见的内在倾向这一观点。② 根据体育的逻辑，运动员不应该因为性别而被排除在外，性别分组应该用来增加运动员参与的机会，而不是否定这种机会。

4. 体育与健全/残疾

在特奥会和残奥会等残疾人体育赛事中，为分类提供理由的相关生理差异的存在是毋庸置疑的，这一点并不像根据种族和性别（在较小程度上）进行分类那样受质疑。的确，这些赛事创造了各种各样的比赛类别，它们试图以一种能够实现激烈竞赛这一体育价值的方式来对运动员进行分组。即使如此，公平的问题也很复杂，因为通过运动表现来对运动员进行分组和重组可能无法奖励个别运动员在某一特定分级内的进步。另一方面，试图将各种各样的生理和心理残疾划分为几个简单的类别，可能会引发失衡，继而使得竞赛无法令人满意地进行。③ 与此同时，从更为广阔的社会公正的角度来看，还存在着体育运动和运动员被排除在"主流"活动之外的问题。也许最著名的例子就是奥斯卡·皮斯托瑞斯（Oscar Pistorius），他的膝盖以下被截肢了，但是他仍然能够通过使用一种叫作"猎豹腿"的特殊假肢跑出世界级的成绩。如果他和其他奥运选手跑得一样快，他应该被限制参加残奥会吗？如果没有假肢的帮助，截肢者的表现会比非截肢者更好吗？这

---

① 我很感谢约翰·格利夫斯（John Gleaves）为我举了这个例子。
② Reid, *Philosophical Athlete*, 253.
③ 关于这个问题的概述，请参阅 Carwyn Jones and P. David Howe, "The Conceptual Boundaries of Sport for the Disabled: Classification and Athletic Performance," *Journal of the Philosophy of Sport* 32, no. 2 (2005): 133–46。

些体育正义或社会偏见的案例是否影响了体育运动?

在学术文献中,残疾人运动很少被讨论,也许是因为它被认为是"真正的体育"之外的东西,当然也因为它很少或没有被媒体曝光。当然,一些人对女子体育的态度也是如此。无论将残疾运动与非残疾运动区分开来有多大的实际意义,这种区分立即传递出一种关于残疾人在社会甚至在学校里他们自身处于何种"地位"的教育讯息。我们必须问,当体育在不知不觉中歧视残疾学生时,它在教授什么?[1] 与女性的情况一样,实施残疾隔离的教育讯息也会带来令人不安的后果。事实上,小学体育中实施男女分开教学不能以女性柔弱为理由,因为那个年龄的女孩往往更强壮。相反,如果我们是在保护男孩们不丧失他们的优越感,那么性别隔离还能得到更好的辩护吗?对于对残疾儿童进行隔离教育,我们该说些什么呢?究竟谁受到了保护,又受到了什么保护?

显然,存在着非常复杂的教育理论来解释为什么要将残疾学生分离并纳入学校体育的主流,但这些理论并不总是考虑更深层次的问题,即在体育的情境中什么才是残疾。"残疾的医学分类并不能很好地符合体育的情境,"伊沃·范·希尔沃德(Ivo van Hilvoorde)和劳伦斯·兰德韦尔德(Laurens Landerweerd)解释说,"在'正常生活'中被认为是一种残疾,在精英体育运动中甚至可能会成为一种优势"。[2] 以一些摔跤手为例,比如美国大学生竞技体育协会的单腿冠军安东尼·罗布尔斯(Anthony Robles)、双腿截肢的罗恩·墨菲(Rohan Murphy)和四肢截肢的凯尔·梅纳德(Kyle Maynard),他们在这项运动的主流比赛中取得了成功,部分原因是摔跤的重量等级和对核心力量的强调,使得他们的肢体残缺反倒成为一种微弱优势。墨菲说:"在我开始摔跤之前,我总是把自己的残疾看成一件坏事,但一旦

---

[1] Stanislav Pinter, Tjasa Filipcic, Ales Solar, and Maja Smrdu, "Integrating Children with Physical Impairments into Sports Activities: A 'Golden Sun' for All Children?" *Journal of the Philosophy of Sport* 32, no. 2 (2005): 147.

[2] Ivo van Hilvoorde and Laurens Landerweerd, "Disability or Extraordinary Talent?" in *The Ethics of Sports*, ed. Mike McNamee, 231–41 (London: Routledge, 2010), 232.

我开始摔跤,它就变成了一件好事。"① 在仰卧推举等项目中,截肢举重运动员的表现也能超过同样重量级的健全运动员,有时超出的还很多。② 我们可能会说,这些运动员的残疾在这些运动中构成了不公平的优势。但是,他们非凡的身体状况与一个异常高大的篮球运动员或一个异常轻盈的体操运动员有什么不同呢?

除了残疾和超能力引起的公平问题之外,还有一个涉及残疾合理补偿的问题。在体育运动中,关于让步赛(handicap)的概念由来已久。它是对某些参赛对手优势或劣势的一种补偿,以使竞赛更加激烈。在赛马中,跑得快的马匹被要求承担更多的重量。在高尔夫球比赛中,一个数值差点被计算进每个球员的得分中。在跑步和自行车比赛中,速度较慢的选手可以被允许抢先起跑。然而,当涉及残疾时,补偿措施通常会引发新的分类。例如,一个没有腿、坐轮椅参加马拉松比赛的运动员与那些跑步比赛的运动员就属于不同的类别。如果不加限制,那么他几乎肯定会击败大多数传统马拉松选手。但是在什么情况下对残疾的补偿会变成一种不公平的优势呢?南非短跑运动员奥斯卡·皮斯托留斯迫切地想要解决这个问题,他要在奥林匹克运动会上使用高科技碳纤维假肢参赛,这种假肢设计的目的就是使跑步速度最大化。

皮斯托留斯又名"刀锋战士"或"跑得最快的无腿之人"。2007年,一名科学家宣称,皮斯托留斯的假肢给他带来了不公平的优势,因为它比正常人的腿能释放更多的能量。这项裁决在2008年被体育仲裁法庭推翻,其依据更科学的证据对能量理论提出质疑。最后,由于皮斯托留斯跑步的

---

① Murphy, quoted in Steven Schnee and Astrid Rodrigues, "The Amputee Wrestler: Rohan Murphy Can Take You Down," *ABC Sports*, December 9, 2010, accessed November 21, 2011, http://abcnews.go.com/.
② 21世纪初,残奥会在四个重量级别上保持着举重世界纪录的绝对优势。例如,体格健全的60公斤级世界纪录保持者举起的是190公斤,而来自埃及的残奥会运动员马塔纳·迈特瓦利·易卜拉欣(Mathana Metwaly Ibrahim)则是相同重量级世界纪录保持者,他的成绩是202.50公斤。参阅 International Paralympic Committee, "Powerlifting on an Upswing," *Paralympian Online*, 2000, accessed November 21, 2011, http://www.paralympic.org/。

整个生物力学过程与传统运动员不同,所以判定假肢是否以及如何构成对有正常腿的运动员的不公平优势是非常困难的。①

与此同时,假肢公正性问题的模糊性还进一步引发了一个问题,即试图将皮斯托留斯与其他运动员隔离开来。范·希尔沃德和劳伦斯·兰德韦尔德说:"人们似乎担心,戴着假肢跑步会比'正常'跑步跑得更快。"② 我们是否担心高位截肢运动员会让健全的运动员看起来很糟糕?这和害怕女性胜过男性有什么不同吗?我们可能会说这些假肢不是天然的,但是健全的跑步者也在他们的下肢末端踩着一种叫作鞋子的高科技人造东西呢。看来皮斯托留斯想要的和其他运动员并没有什么不同,也就是一场高水平的有挑战性的比赛。他从未输过一场残奥会比赛,所以他才想要与(世界级)健全的运动员同场竞技,以最好地测试他的技能。他的假肢所提供的优势,就像任何运动装备一样,需要加以规范,但以残疾为理由拒绝他参加奥林匹克运动会这一最具声望的比赛,是有违体育的逻辑和精神的。

人类是一种自然的有机体,全然缺乏均质性,这意味着并非[所有人生而就]整齐划一。他们无视有序的生物分类,却坚持社会分层,任由刻板印象左右自己的判断。另一方面,体育是人类创造出来的,能够反映我们对正义的最高理想或我们对偏见的最低冲动。从历史上看,体育既强化了社会分层,也挑战了社会分层,如等级、种族、性别和残疾。体育中的排斥和边缘化通常是社会力量的结果,而不是体育本身的逻辑。显然,体育最能反映正义的理想,因为它为各种人提供了发现自己能力的机会,而不是根据对自己能力不足的假设来限制机会。

但是,在体育中提供平等的机会并不是简单地取消所有级别和类别,让全部的赛事对所有选手开放。我们需要为不同能力和兴趣的人创造参与

---

① David Epstein, "Double Amputee Pistorius Keeping Olympic Sprinting Dreams Alive," SI. com, June 11, 2011, accessed November 22, 2011, http://sportsillustrated.cnn.com/.

② Hilvoorde and Landerweerd, "Disability or Extraordinary Talent?" 238.

体育的机会，包括身材高大、有进取心的女性和身材矮小、举止优雅的男性。我们应当问一下：当我们把精英水平的分类甚至应用到幼儿活动中时，我们经由体育正在教着什么。我们经由体育教的应该是：不同的人在不同的活动中能有所表现——就像在学术界或商业界一样。在历史上布鲁斯音乐可能是一种非裔美国人音乐，但是音乐家的种族会影响它在收音机里播放出来的声音吗？让不同的人以不同的风格参玩体育，让我们通过竞技游戏而非通过社会臆断来决定谁是卓越的人。 ［166］

5. 讨论问题

（1）你认为大学体育在帮助低收入家庭的学生获得高等教育的机会时会发挥有效的作用吗？或者它们会激励他们牺牲自己的教育去追求一份高风险的职业合约吗？

（2）如果科学研究能证明白人和黑人之间的种族差异会影响体育成绩，那么按种族划分体育课程是否合理？

（3）你认为从体育中去除性别分组是有助于还是会破坏女性争取社会平等？

（4）被截肢的摔跤运动员是否应该被迫参加更高级别的比赛，以补偿他们因失去四肢而获得的那些优势？同样的情况也适用于举重项目，比如仰卧推举吗？

第 14 章　体育与政治理念

[167]　　体育为政治理念服务的臭名昭著的例子必须是 1936 年在德国柏林举行的奥林匹克运动会——如今被称为"纳粹奥林匹克运动会"。那次奥运宣传片将希特勒和纳粹标志的画面与非裔美国短跑运动员杰西·欧文斯（Jesse Owens）微笑的画面放置在一起来装点奥运的盛况。那年奥运火炬首次接力，盛会将古希腊和纳粹德国象征性地联系在了一起。那届奥林匹克运动会也是莱尼·里芬施塔尔（Leni Riefenstahl）所拍摄的电影《奥林匹亚》（Olympia）的主题，这部影片以其唯美壮观和开创性的运动摄影技术而闻名遐迩。我们可以回头看看这些照片，然后选择自己喜欢的解读：或者把它解读为扭曲政权的邪恶野心的暗黑预兆，或者是纯粹的体育成就战胜了种族主义宣传。国际奥委会最喜欢的画面之一是欧文斯和他的德国朋友、竞争对手卢斯·朗（Luz Long）的合影，后者慷慨地帮助他的对手避免因犯规而被淘汰。这个故事旨在说明体育在政治失败的地方如何取得成功。①

　　但在某种程度上，国际奥委会对这一竞技友谊（真实）故事的讲述，与希特勒拒绝与杰西·欧文斯握手（虚假）故事一样具有政治性。这些故事只是支持不同的政治理念。奥林匹克运动可能会努力使自己不受政治的影响，②埃弗里·布伦戴奇可能宣称过"体育超越了所有的政治和种族的情

---

① International Olympic Committee, "The New Exhibition at the Olympic Museum on the Theme of Hope," Olympic.org, March 28, 2011, accessed November 25, 2011, http://www.olympic.org/.

② 国际奥委会成员国宣誓不受政治影响；要求国家奥委会避免政治压力；根据《奥林匹克宪章》(Lausanne, Switzerland: International Olympic Committee, 2010) 第 31、62、98、103 条禁止政治家在奥林匹克场馆进行政治示威或发表讲话。

况",① 但体育现在是、一直是,也许将来在某种程度上还会是政治性的。正如我们在第 1 章中所看到的,早在公元前 3000 年,体育仪式和运动表演就被用于政治。② 古罗马人是政治上利用体育的大师——角斗士格斗（munera）、狩猎表演（venationes）、海战表演（naumachia）向大众展示帝国的实力和疆域,以及皇帝在保护他们安全的同时统治帝国的能力。③ 帝国的凯旋服务于诸如向公众展示美德和正义等目的,这类似于传统的希腊体育。与此同时,广受欢迎的战车比赛让不同种族的人组成四支不同颜色编码的队伍,象征性地把罗马人聚集到一个以皇帝为中心的寰宇之中。④

[168]

说体育具有政治维度并不一定是对体育的谴责。体育和民主之间的联系可以追溯到古希腊。体育和法西斯主义之间还有一种联系,这种联系在纳粹运动会之外也可能存在着。在冷战期间,体育被用来证明共产主义的有效性。最近,体育已经与资本主义的理念和历程联系在一起。然而,无论体育与什么政治理念联系在一起,它似乎都包含着自己的政治力量——一种由其耍玩性、非必要性、非工具性所产生的力量。正如我们对体育形而上学的研究所表明的那样,体育的价值最终来自它外在目的的离场,来自它的自目的性。正是体育这种特有的价值抵制了政治对它的剥夺。毫无疑问,1936 年的奥林匹克运动会对纳粹党具有重大的政治价值。通过体育,德国人的表现超过了之前处于统治地位的美国人,向世界表明极权主义比民主好。⑤ 但是体育也让杰西·欧文斯驳倒了纳粹的种族理论,并通过与卢

---

① Brundage, quoted in Richard Mandell, *The Nazi Olympics* (Champaign: University of Illinois Press, 1987), 289.
② Heather L. Reid, "Athletic Heroes," *Sport, Ethics and Philosophy* 4, no. 2 (2010): 125.
③ Heather L. Reid, "The Epicurean Spectator," *Sport, Ethics and Philosophy* 4, no. 2 (2010): 196.
④ 罗马作家卡西奥多鲁斯（Cassiodorus）将大竞技场作为一个整体,并将其比作宇宙的一个模型。十二道门代表黄道十二宫,两马战车代表月亮,四马战车代表太阳。宣布预赛的侍从扮演着晨星的角色,迎接日出。赛马跑七圈代表一周中的天数,二十四场比赛代表一天中的小时。转向柱象征着像行星一样的赛车在东方和西方的边界上运行。在轨道中心的海豚雕塑代表大海,而埃及的方尖碑标记的转弯是在纪念太阳和月亮。参见 "Variae," 3.51, in *The Roman Games*, ed. Alison Futrell (Malden, MA: Blackwell, 2006), 74。
⑤ Mandell, *Nazi Olympics*, 205.

斯·朗的友谊缓解了国家间的竞争。正如历史学家理查德·曼德尔（Richard Mandell）所言，"将柏林奥林匹克运动会描述为一个非政治性的节日，本身就是一种政治行为，也是一种谎言"。① 将体育描述为非政治性同样是一个谎言，虽然这并不是说体育本身就缺乏政治力量。

1. 体育与民主

据说第一个源于体育的政治理念也许是民主。古希腊的竞技比民主早诞生了几个世纪，民主的许多基本理念在其成为治理理念之前就已经在体育中出现了。考古学家斯蒂芬·米勒认为，法律面前人人平等（isonomia）的概念是体育的创造，也是体育对社会最重要的贡献。② 除此之外，我们还可以在古代体育和民主的共同特征清单上加上免于暴政、法治、平等待遇和公众监督的自由。③ 正如我们前面所讨论的，在古希腊的竞技赛事中，非贵族的参与和夺冠销蚀了这一信念，即卓越和领导才能是与生俱来的。就民主被理解为"民治、民有、民享"而言，它取决于曾经的革命性观念，即普罗大众实际上有领导能力。由于体育是仅有的相对平民可以在与贵族的竞争中展示他们美德（aretē）的领域之一，因此体育为民主理念扎根提供了场所。在现代，体育仍然为下层阶级提供了公开展示他们价值的机会。事实上，彼得·阿诺德在1989年国际体育哲学协会（the International Association for the Philosophy of Sport）的主席演讲中认为，体育是教授民主价值观的理想手段。④

自由通常是与体育联系在一起的第一个民主价值，它与这一理念特别

---

① Mandell, *Nazi Olympics*, xvii.
② Stephen G. Miller, *Ancient Greek Athletics* (New Haven, CT: Yale University Press, 2004), 233.
③ Heather L. Reid, "Boxing with Tyrants," *Sport, Ethics and Philosophy* 4, no. 2 (2010): 146.
④ Peter J. Arnold, "Democracy, Education and Sport," *Journal of the Philosophy of Sport* 16 (1989): 100–110.

相关：体育参与永远是自愿的，而不是强迫的。米勒对那些天生自由的，可能是高贵的人自愿服从体育规则的意愿表示惊奇，如果他们违反了体育规则，他们就有可能在公众面前被鞭打。① 因为在公共场合被鞭打是一种原本只与奴隶和牲畜有关的惩罚，所以参加体育实际上意味着他们放弃了某些与社会地位有关的特权。在古罗马，想要参加角斗士比赛的公民甚至参议员必须通过发誓"被烈火烧死、被铁链锁住、被殴打致死、被刀剑杀死"而正式宣布放弃公民权利。② 为了避免这一切让民主听起来像是一场疯狂的冒险，关键是体育和民主中的自由取决于参与者是否愿意放弃他们的部分自由，让自己服从游戏规则。正如阿诺德所言："体育要求参与者既有责任也有自由，既有负担也有好处，这是符合民主程序的。"③ 正是公众自愿接受和遵守法律，尤其是让每个人在这些法律之下平等地受到惩罚，才使民主成为可能。

因此，民主中的自由并不仅仅是纯粹的自由，就像在没有约束的情况下那样（例如，消极的自由）。它也是因自愿服从法律而免于强加的暴政的自由（积极的自由）。同样，在体育中，运动员对比赛规则的理解和自愿服从，使其在比赛中体验到自由成为可能。重要的是，这种自愿服从是集体承担的——也就是说，我们同意遵守规则或法律，因为我们知道其他人也会遵守规则。正如阿诺德解释的那样，"当一个人自愿选择参加一项体育运动时，他或她可以被视为默认接受了与他人达成的协议，按照规则规定的方式参加比赛"。④ 此外，无论是政治领袖还是高水平运动员，都不能指望在民主或体育领域中［他们自己可以］"凌驾于法律之上"。事实上，体育界的法治往往是由观众间接地执行的。一般来说，观众都知道这些规定，如果裁判没有指出一些犯规行为，他们就会抗议。如今，赛场上的巨型电视屏幕上经常播放慢镜头，让观众更容易看到赛场上的犯规行为。这就产

---

① Miller, *Ancient Greek Athletics*, 233.
② Donald G. Kyle, *Spectacles of Death in Ancient Rome* (New York: Routledge, 1998), 87.
③ Arnold, "Democracy, Education and Sport," 107.
④ Arnold, "Democracy, Education and Sport," 107.

生了人们在民主国家所期望的那种集体责任和集体权威。① 所以体育和民主的自由取决于对规则的自愿服从，而规则的执行又取决于裁判被授权和公众的监督。民主是共同体的努力，每个成员都负有责任。

体育或民主中的平等同样与规则或法律有关。在社会平等几乎闻所未闻的古代语境之中，运动员在绝对的运动标准（比如距离、速度和力量）面前是平等的，由其他竞争者的表现而不是任何人的主观解释来衡量。② 我们可以把它与赢得一场比赛和找到一份工作进行比较。后者的面试过程取决于一个或多个有权力的面试员的主观判断，他们做出选择的原因很少是显明易见的，几乎从未公开过。候选人几乎不知道他们的竞争对手是谁。相比之下，跑步比赛是在露天进行的，每个人都能看到比赛过程，并对比赛的公平性做出判断。同样，民主选举应该是透明的过程，不依赖特别法官，而依赖客观结果。民主的平等表现为机会的平等，它必须根据功绩给予奖励。古希腊政治家伯里克利（Pericles）在描述雅典民主时说："虽然法律确保所有人在私人纠纷中享有平等的正义，但对于美德（aretē）的要求也是必须承认的；当一个公民在任何方面都有突出表现时，他就会被优先录用为公职人员，这不是特权，而是对功绩的回报。"③ 体育平等地对待竞争对手，这是作为奖励配得桂冠的获胜者的先决条件。

"民主，"阿诺德说，"是建立在每个人都值得尊敬的信念之上的。"④ 体育也努力重视每一个参赛者，尽管像民主一样，但在历史上许多值得尊敬的参赛者因他们的性别、种族或社会阶层而被排除在外。另一方面，体育似乎教会了我们一些关于民主理想价值的东西：自愿参与形式的自由、法律面前的平等，以及执行法律的集体责任。民主思想是以共同体为基础

---

① Reid, "Boxing with Tyrants," 149.
② Stephen G. Miller, "Naked Democracy," in *Polis and Politics*, ed. P. Flensted-Jensen and T. H. Nielsen, 277–96（Copenhagen：Festschrift, 2000），279.
③ Pericles, 引自 Thucydides, *History of the Peloponnesian War*, trans. B. Jowett（Oxford, UK：Clarendon, 1900），2.37.1.
④ Arnold, "Democracy, Education and Sport," 101.

第 14 章 体育与政治理念

的,就像古希腊的竞技体育一样,因为它们履行着供奉权势显赫的众神的宗教功能。米勒从古代运动员的裸体参赛中看到了民主平等的根源——只要我们脱下衣服全裸参赛,社会差异就很难为人所察知。① 一旦我们目睹了竞争对手的卓越表现,等级制度的假象就很难维持下去。正是我们愿意平等地服从法律,才使体育和民主成为公正的治理体系。正如阿诺德所观察到的,体育不仅教会运动员遵守共同的规则,而且教会他们"理解只有遵守共同规则,他人以及自己的愿望和利益……才能实现"。② 民主不仅重视个人,而且重视整个共同体。

2. 体育与法西斯主义

考虑到体育和民主在历史和概念上的联系,纳粹党发现奥林匹克运动会是宣传法西斯主义的有效手段,这可能令人惊讶。民主崇尚个人自由,而法西斯主义则提倡民族主义的忠诚。民主是建立在法律面前人人平等的基础上的,而法西斯主义则是专制的、管控的、规制的。民主是基于普遍的人类价值,而法西斯主义则假定某一特定种族的优越性,并试图消灭那些削弱或贬低国家的人。根据哲学家托尔比约恩·滕舍的观点,对软弱的蔑视是法西斯意识形态的核心,同时它也内在于竞技体育。③ 在他看来,体育,特别是我们对夺冠者的钦佩,更接近法西斯主义的理念,而不是民主的理念。滕舍为这一主张给出了意识形态和实用主义的理由。事实上,民族主义领导人利用团体项目在本国人民中制造了一种沙文主义狂热,这种狂热有利于极权政府的形成、对少数族裔的压迫和军事扩张。④ 纳粹在这里是一个明显的例子,但认为体育的法西斯潜力会与他们的政权一起消亡是

[171]

---

① Miller, "Naked Democracy," 283.
② Arnold, "Democracy, Education and Sport," 107.
③ Torbjörn Tännsjö, "Is Our Admiration of Sports Heroes Fascistoid?" *Journal of the Philosophy of Sport* 25, no. 1 (1998): 23.
④ Tännsjö, "Admiration of Sports Heroes," 23.

天真的。甚至民主的政府和教育机构也公开利用体育来促进共同体精神，并为它们的筹划争取公众的支持。那些在脸上涂上球队颜色并高呼反对对方球队的狂热球迷会是现代体育中的法西斯势力吗？

从表面上看，体育在学校、城市、国家甚至民族中产生共同体精神的能力似乎是一种积极的力量。然而，读一下约瑟夫·戈培尔（Joseph Goebbels）的话就会让人清醒。戈培尔是阿道夫·希特勒的宣传部长，也是历史上的一个臭名昭著的反犹分子。1933年4月23日，戈培尔说："德国体育只有一项任务：增强德国人民的品格，使其充盈着为生存而拼搏所必需的战斗精神和坚定的同志情谊。"① 事实上，皮埃尔·德·顾拜旦男爵也出于类似的考虑重振奥林匹克运动会。他认为这是一个增强法国青年力量、防止军事进一步失败的机会。②

也许体育精神建设力量的积极或消极价值取决于相关共同体的最终目标，然而，任何民族主义或共同体精神的宣传，都有诋毁外来者的风险。纳粹提倡的纯雅利安种族不仅排斥犹太人，也排斥黑人和其他少数族裔。德国曾试图在1936年奥林匹克运动会上禁止犹太人进入德国队，更广泛地禁止黑人参赛，而且都取得了不同程度的成功。一家纳粹报纸声称，如果允许黑人参加比赛，古希腊人会"在坟墓里辗转反侧"。③ 正如我们在前一章所观察到的，体育中的种族排斥似乎已经成为过往云烟，但是基于性别和残疾等标准的排斥和边缘化仍然存在。关键是团队精神和民族主义精神也有丑恶的一面。滕舍警告说："从一个足球流氓到加入一个模仿希特勒青年团的法西斯组织，只需要迈出一小步。"④

当民族主义被用来操纵个人，为了非常抽象的、也许仅仅是象征性的

---

① American Israeli Cooperative Enterprise, "The Nazi Olympics," Jewish Virtual Library, 2001, accessed November 25, 2011, http://www.jewishvirtuallibrary.org/.
② Alfred Erich Senn, *Power, Politics and the Olympic Games* (Champaign, IL: Human Kinetics, 1999), 20.
③ 纳粹的主要报纸 *Volkischer Beobachter*，引自 Hugh Murray, "Review of Hoberman's The Olympic Crisis," *Journal of Sport History* 16, no. 1 (1989): 106。
④ Tännsjö, "Admiration of Sports Heroes," 25.

价值而违背自己的利益时,它就成为一种特别危险的力量。在1996年奥林匹克运动会的团体赛上,当美国体操运动员克里·斯特鲁格(Kerri Strug)冒着巨大的个人风险跳起并着地时,她的脚踝受伤了,她被誉为国家英雄。① 但她做出的牺牲对国家到底有什么好处,我们一点儿也不清楚。这甚至没有给她的团队带来好处,即使没有她最后的跳马,他们也会赢得金牌。一个运动员为了他的团队冒着受伤的危险,是一个为了国家冒着受伤甚至死亡危险的士兵的显明写照。但对士兵而言,特别是当战斗是为了保卫自己的家园时,个人利益和国家利益可能是一致的。这位运动员的情况还不是很清楚。相反,对这种为体育献身的精神的赞扬可能被视为一种训练年轻人为国家牺牲自己的利益、盲目服从国家命令的方式。根据滕舍的说法,"当一种民族主义意识形态牢牢地控制着一个民族的成员时,这种牺牲与其说是例外不如说是统治——尤其是当这个国家并没有面临来自其他国家的最小威胁时"。② 《奥林匹克宪章》明确指出,比赛是运动员之间的竞争,而不是国家之间的竞争,③ 但是,运动员为本国球队利益而竞争的意识形态是国际体育的一部分,很难想象没有此种意识形态的运动。

　　滕舍认为,体育中的民族主义正在消亡,很快就会被法团认同所取代。事实上,运动员常常在职业队和国家队之间左右为难。与此同时,代表城市和州立大学的运动队通常包括来自该地区以外的运动员——通常是来自国外。然而,这一事实并不能消除体育的法西斯倾向。根据滕舍的说法,这让事情变得更糟,因为这表明我们对竞技英雄的崇拜并非源于民族主义,而是源于对弱者的蔑视,而蔑视弱者正是纳粹主义的核心思想。④ 法西斯主义,像体育运动一样,颂扬年轻和力量(更不用说男子气概了)。它鼓励我们把那些强壮的人想象成更优秀的人,不仅是在体育方面,而且是全方位

---

① 1996年,亚特兰大奥林匹克运动会上,17岁的美国体操运动员克里·斯特鲁格在严重扭伤脚踝的情况下最后出场,坚持完成了预定的跳马动作,在场的人无不为之感动。——译者注
② Tännsjö, "Admiration of Sports Heroes," 25.
③ International Olympic Committee, *Olympic Charter*, 19.
④ Tännsjö, "Admiration of Sports Heroes," 26.

的。强者也被认为道德高尚。由于这种态度会导致对身体较弱的人的忽视甚至蔑视,滕舍认为我们有道德义务抵制它——实际上是对体育的连带抵制。① 如果体育的法西斯危险真的来自对优胜者的选择和颂扬,那么如果不从根本上变革体育,这种危险似乎就无法消除。

[173]

但是体育真的在本质上就是法西斯吗? 哲学家克劳迪奥·坦布里尼(Claudio Tamburrini) 和 M. 安德鲁·霍洛切克反对滕舍的论点。坦布里尼回答说,首先,国家,至少在体育语境中,不是抽象的符号,而是一群人。② 由此看来,克里·斯特鲁格冒着受伤的风险,不是为了某种空洞的抽象,而是为了一群真实的人的真切的情感利益,他们正在观看她的表演,也许从她展示的勇气中受到了难得的鼓舞。此外,坦布里尼说,把公众对失败者的态度描述为一种轻视或蔑视是言过其实的。③ 最后,在坦布里尼看来,把我们对竞技卓越的崇拜仅仅解释为基于力量,这种观点太狭隘了。④

霍洛切克进一步阐述了最后这一点,指出纳粹理念对力量的崇拜肯定超过了对竞技优越的崇拜。"纳粹主义的核心是野蛮残忍、褊狭固执和不择手段的态度,"霍洛切克说,"有了力量就会有应得的东西,因为一个人在某些体格表现上'更好'(即优于其他人),所以一个人'更好'(即在道德上更好),应该得到生活中更多的美好事物(而失败者理应受到蔑视)。"⑤ 但是,霍洛切克认为,这种态度当然不是体育所特有的。他还说,这种态度违反了伊曼努尔·康德的道德准则,即将他人视为目的而不是手段。⑥ 无论它有什么法西斯倾向,体育都可以通过保持获胜的视角和尊重未获胜者来削弱它们。比赛结束时的真诚握手,在政治上可能比首次见面时

---

① Tännsjö, "Admiration of Sports Heroes," 28.
② Claudio Tamburrini, "Sport, Fascism and the Market," *Journal of the Philosophy of Sport* 25, no. 1 (1998): 37.
③ Tamburrini, "Sport, Fascism and the Market," 39.
④ Tamburrini, "Sport, Fascism and the Market," 43.
⑤ M. Andrew Holowchak, "Fascistoid Heroism Revisited: A Deontological Twist in a Recent Debate," *Journal of the Philosophy of Sport* 32, no. 2 (2005): 104.
⑥ Holowchak, "Fascistoid Heroism Revisited," 102.

的寒暄握手更重要。

3. 体育与共产主义

在20世纪下半叶，国际体育更多地与共产主义联系在一起，而不是法西斯主义。乍一看，竞技运动被一个注重合作与共享的政治体系所接受，这似乎有些奇怪。科学共产主义的奠基人卡尔·马克思几乎没有提到过体育运动。他和他更实际的继任者弗拉基米尔·列宁（Vladimir Lenin）一起，将教育和体育运动作为学校和工作生活的常规部分，这一愿景与世界上大多数社会的愿景并无不同。[①] 1920年，列宁宣布："年轻一代的体育文化是共产主义培养年轻人的总体制度的一个基本要素，旨在创造和谐发展的人以及共产主义社会有创造力的公民。"[②] 早期共产主义者对体育的主张是，希望包括妇女在内的所有社会成员都参与进来。20世纪40年代，竞技运动被苏联设想为实现共产主义理想的一种宣传手段。1947年，苏联部长会议体育运动委员会主席罗曼诺夫（N. N. Romanov）说："体育是一项群众运动，目标是培育苏联运动员为祖国的荣耀而争取国家纪录和世界纪录的能力。"[③]

正如我们所看到的，利用体育进行宣传并不是什么特别新颖之物。另一方面，体育消除阶级差异和社会差异的能力符合共产主义的目标。共产主义在体育领域最显著的影响或许是在训练和资金的分配上男女几乎是平等的，这有效地使来自社会主义国家的女性比来自资源不成比例地分配给男性的那些国家的女运动员有优势。苏珊·布劳内尔指出，中国大约在1955年（大约在美国通过教育法修正案第九条的20年前）就出现了男女运

[174]

[①] James Riordan, *Sport, Politics, and Communism* (Manchester, UK: Manchester University Press, 1991), 25.

[②] Vladimir Lenin, quoted in *Riordan, Sport, Politics, and Communism*, 25.

[③] Romanov, quoted in Robert Edelman, *Serious Fun: A History of Spectator Sports in the USSR* (New York: Oxford University Press, 1993), 122.

动员机会平等的现象，而且效果立竿见影：仅仅两年后，一位中国女性就打破了世界跳高纪录。① 冷战时期，东德和苏联妇女在国际体育中也取得了巨大的成功。此外，世界其他地区对女子体育的资助和关注，至少在一定程度上是为了赶上共产主义女性的成功，这是合理的。事实上，列宁就曾设想过把体育作为女性解放的工具，称其为一项"吸引劳作妇女参与体育的紧迫任务"②。

4. 体育与资本主义

[175]　哲学家安·库德（Ann E. Cudd）认为，在资本主义话语中广泛使用竞技隐喻，例如"一个公平的竞争环境"等，实际上表露了体育和资本主义之间重要的相似性——其中一些应该得到更认真地对待。"与优秀运动员相关的技能，如战略决策和团队合作，"她观察到，"被商业主管、经理和投资者所看重。"③ 资本主义反对共产主义，它允许生产资料的私有制，该方式为几乎所有东西创造市场，包括劳动力。库德指出，体育和资本主义都是自愿的、受控于规则的、具有竞争挑战性的。④ 她还警告说，体育和资本主义都展示了一种竞争文化，这种文化会"滋生一种紧张、贪婪和自负的心理"⑤。尽管竞争，或者至少是玩耍，被认为在体育中具有内在价值，但库德认为资本主义的竞争只重视结果。⑥ 这种工具主义令人担忧。

与体育一样，资本生产主义的竞争需要朝着崇高的目标发展。正如一边倒的胜利无法实现体育的内在价值一样，资本主义竞争如果导致一方控制大

---

① Susan Brownell, *Training the Body for China* (Chicago: University of Chicago Press, 1995), 26.
② Lenin, quoted in Riordan, *Sport, Politics, and Communism*, 26.
③ Ann E. Cudd, "Sporting Metaphors: Competition and the Ethos of Capitalism," *Journal of the Philosophy of Sport 34*, no. 1 (2007): 52.
④ Cudd, "Sporting Metaphors," 56.
⑤ Cudd, "Sporting Metaphors," 58.
⑥ Cudd, "Sporting Metaphors," 60.

部分或全部财富，就会因为不平衡而无法实现资本主义的内在价值，市场随即也就不复存在。因此，在任何有关体育或资本主义的开明观点中，获胜不是也不可能是一切。库德喜欢的一种竞争模式更多地反映罗伯特·西蒙的"共同追求卓越"的理念①，该模式既是更经济的竞争模式，同时也是一种合作互动形式，具有提高社会整体福利水平的效果。② 在体育中，这种模式唤起了两个或两个以上的运动员展开崇高的竞赛，他们互相激励，也激励着其他运动员在运动中取得更高水平的成就。克里斯·埃弗特（Chris Evert）和马丁娜·纳夫拉蒂洛娃（Martina Navratilova）之间的网球之争就是一个很好的例子。她们不仅将对方推向了最高水平，而且把女子职业网球的赛事水平和知名度提升到前所未有的高度，从而惠及更大的共同体。人们可能会将其与计算机巨头苹果和微软之间的商业竞争相比较；它不仅为竞争对手带来了巨大的成功，也为该行业和所有使用这些产品的消费者带来了更好的产品。

[176]

然而，就像在体育中一样，健康的竞争取决于是否有一个公平的竞争环境和遵守规则的意愿。库德认为，成功的资本主义经济依赖于企业、消费者和工人之间的平衡，而这又依赖于公平竞争。③ 将竞争理解为一种疏离的、肆无忌惮的对获胜的追求，对体育和资本主义都是有害的，尤其是因为它忽视了健康竞争中合作和尊重的重要性。④ 不幸的是，根据许多评论员的说法，在当今的体育和资本主义中，普遍存在着一种不健康的有时甚至是粗野蛮横的、不择手段取胜的态度，以至于两者似乎不可分割。教育中的竞技运动有时被认为是让年轻人为投身残酷的商业世界做准备的一种方式，但这可能更多的是对人们野蛮冲动的合理化，而不是在解释体育的教育价值。⑤ 如果库德关于资本主义需要一种追求卓越的合作模式的观点是正

---

① Robert Simon, *Fair Play: Sports, Values, and Society* (Boulder, CO: Westview, 1991), 23.
② Cudd, "Sporting Metaphors," 62.
③ Cudd, "Sporting Metaphors," 62.
④ Cudd, "Sporting Metaphors," 66.
⑤ M. Andrew Holowchak and Heather L. Reid, *Aretism: An Ancient Sports Philosophy for the Modern Sports World* (Lanham, MD: Lexington Books, 2011), 193.

确的，那么体育可能确实是很好的准备——但前提是强调公平竞争的原则，而不是获胜这个最终目标。

在《体育左翼理论：批判与重建》（*Leftist Theories of Sport: A Critique and Reconstruction*）一书中，威廉·摩根认为那些将资本主义的逻辑和精神等同于体育的逻辑和精神的理论过于简单。摩根在这里几乎没有为资本主义辩解——正如我们已经看到的，他对资本主义进行了严厉的批评。① 在他的最新著作《为什么体育在道德上很重要》（*Why Sports Morally Matter*）中，摩根将"资本主义横行"视为我们最大的社会威胁。② "结果是，"他说，"体育被更多地视为一种手段而不是目的，被视为一种追求，其价值的计算方式与任何其他商品相同：通过它们获取的金钱。"③ 在摩根看来，这种超级工具主义的资本主义对美国商业同样有害。然而，重要的是，体育不同于商业，不同于资本主义，甚至不同于政治，因为就其本质而言它们有着非工具性的、非必要的目的。此外，要真正体验体育的伟大之处，你需要在那些非必要的条件下去从事它。④ 从外部来看，可能很难把体育看作外在于资本主义奋斗的任何东西。如果不是为了赚钱，那么为什么要存在呢？但从内部来看，从一名运动员的角度来看，甚至从一个经验丰富、见多识广的观众的角度来看，体育的独特性和内在价值是它的可被欣赏性。

这里的重点并不是说体育不能被用作达至市场目的的手段。在现代世界中，体育已经被工具化了。但更重要的是，它自身包含了抵制这种工具化的力量。摩根用阿拉斯代尔·麦金太尔的社会实践概念（详见第5章）来区分生产和文化。体育作为一种社会文化实践的地位意味着它不仅仅是生产的另一种手段。摩根特别指出，体育的非必要逻辑——设计非必要的障碍——是将其与日常生活区分开来的最大特征，并赋予其有助于解放的

---

① William J. Morgan, *Leftist Theories of Sport: A Critique and Reconstruction* (Champaign：University of Illinois Press, 1994), 29.
② William J. Morgan, *Why Sports Morally Matter* (Abingdon, UK：Routledge, 2006), 7.
③ Morgan, *Why Sports Morally Matter*, 26.
④ Morgan, *Why Sports Morally Matter*, 107.

第 14 章 体育与政治理念

潜能，即使它被用来实现资本主义目标。① 也就是说，体育凭借其非工具性的特性，有能力把我们从晚期资本主义社会普遍存在的工具主义中解放出来。就像麦金太尔认为社会实践的力量可以抵制支配社会实践的机构的工具逻辑一样，摩根也认为体育的力量可以抵制资本主义的力量。② 更普遍的是，体育本身的非必要性可以使它抵制各种剥夺——包括任何政权体制或意识形态的政治剥夺。

然而，这种抵制不是自发产生的。正如我们在第 10 章所讨论的，体育从业者首先必须选择将体育不仅仅视为达到外在目的的手段。这似乎需要文化的改变，特别是当运动员本身被其团队利用以达到体制或商业目的的时候。摩根认为，体育就像宗教和学术一样，应该与资本主义等力量分离开来，以保护其完整性。③ 体育应该由过去和现在的从业者共同体来管理，他们的权威来自对体育本身的共同理解，而不是财富或官僚权力。④ 这并不是一个遥不可及的展望，尤其是在由国际单项体育联合会管理的奥林匹克运动会项目中。关键是那些管理体育的人要认识到它的内在价值，并抵制对它进行工具主义的滥用。体育与政治理念——无论是民主、法西斯还是资本主义——之间的关系往往是剥夺甚至滥用。但体育有其自身的政纲来抵制这种剥夺。杰西·欧文斯在 1936 年柏林奥林匹克运动会上取得的竞技胜利，并不是民主战胜法西斯——毕竟，他在自己的祖国曾遭到严重歧视；相反，这是体育内在价值战胜剥夺性政治力量的一种表现。

5. 讨论问题

（1）从体育中选一个特别的例子，说明民主的以下特征：自愿参与、

---

① Morgan, *Leftist Theories of Sport*, 45.
② Morgan, *Leftist Theories of Sport*, 130.
③ Morgan, *Leftist Theories of Sport*, 204.
④ Morgan, *Leftist Theories of Sport*, 234.

237

法律面前平等、集体执法责任。

（2）当克里·斯特鲁格这样的运动员为自己的国家队冒巨大的个人风险时，你认为他们是法西斯主义剥削的受害者（即为了国家的利益牺牲他们合理的自我利益），还是鼓舞他们共同体的勇敢的引领者？这与运动员是否来自民主国家有关系吗？

（3）苏联与美国之间的冷战对抗因提高了对女性参与体育的支持而受到赞扬，同时又被指责为提高成绩而使用药物。如果没有政治对抗，体育会有什么不同？

（4）1919年世界职业棒球大赛（World Series）发生了著名的"黑袜"（Black Sox）丑闻，一些球员为了赚钱故意输掉比赛，因此被终身禁赛。这个例子是否表明体育和资本主义是对立的？为什么是或为什么否？

第15章 体育与全球化

奥林匹克运动会的闭幕式可能最为理想地表现了全球化背景下体育 [179] 的和谐氛围。在闭幕式上,运动员们不是身着统一的服装整齐划一地排列在自己国家的国旗后、秩序井然地进入体育场,而是离开自己的队伍,相互融合在一起,成群涌进体育场,整个场面色彩斑斓、喧闹非凡而又欢快无比。体操运动员坐在举重运动员的肩膀上;获胜者走近观众,让观众近距离观看他们最新获得的奖牌;韩国游泳运动员摆好姿势与美国篮球巨星合影。这是全球化世界大受欢迎的一幅图景,但最初它并非奥运计划的一部分。相反,它是在1956年的墨尔本奥林匹克运动会上,当地一个名叫约翰·伊恩·温(John Ian Wing)的17岁男孩提出的建议。"我心目中的队列游行方式不同于开幕式上的,它将使本届奥林匹克运动会更加精彩。"温在给奥林匹克运动会官员的信中写道:"在队列游行期间将只有一个国家。战争、政治和国籍都将被人们遗忘,如果全世界都成为一个国家,人们还有什么不满足的?"① 事实上,1956年的世界甚至运动员在奥林匹克运动会上的表现都并不和谐,反而充斥着不断发酵的政治张力和激烈的国家竞争。俄罗斯和匈牙利之间的一场水球比赛由于暴力对抗而不得不被取消,斗殴导致的流血将游泳池的水染得鲜红,这一事件在当时臭名昭著。体育原本可以促进国际关系趋于和谐,但现实与理想往往相去甚远。

体育和全球化之间的联系既是古老的,又是现代的和未来的。这种联系起源于古代的奥林匹克运动,该赛会的宗教目的具有(也可能是无意的)

---

① John Ian Wing, "Letter Saved the Games," National Library of Australia, Papers of Sir Wilfred Kent Hughes, NS 4856/series 19, accessed December 5, 2011, http://www.johnwing.co.uk/.

239

某种安抚和统一古代地中海地区常年交战的各个部族的效果。它被复制到现代奥林匹克运动的哲学根基中,这一哲学根基受到欧洲启蒙运动理想的激发。它又是未来的,因为国际体育尤其是奥林匹克运动会是全球化政治前景的开路先锋。"全球化"一词主要是指"社会存在之时空轮廓的根本变化"。① 尽管国家之间的地理和文化距离遥远,但交通和通信技术的进步"缩小了世界",并大大增强了人与人之间的联系。长期以来,奥林匹克式的体育运动处于这一进程的最前沿。不断增强的跨文化交流借由贸易和航运极大地推动了古代奥林匹克运动的发展,② 电报和火车技术的不断进步则促成了1896年第一届现代奥林匹克运动会的举办。③ 近年来,我们经历了全球化进程的加速发展,可以预见的是,国际体育特别是奥林匹克运动会似乎已经朝向这一图景敞开怀抱。

世界各地的观众都可以通过电视和互联网技术来体验并讨论体育赛事。2008年北京奥林匹克运动会举办时,世界上大约70%的人口(共47亿)通过电视转播进行了收看。④ 相对便宜和日益快捷的交通使得不同级别的运动员都能更容易地与来自不同文化和背景的竞争对手们进行比赛。它还使职业体育成为一种可出口的产品。美国职业橄榄球大联盟每年都会在欧洲举行比赛。环法自行车赛通常是从国外开始的。它的竞争对手——环意骑行赛(Giro d'Italia)甚至考虑将美国华盛顿特区作为起点。一级方程式赛车曾是一项严格的欧洲赛事,如今赛车和设备被装上飞机,运到巴林、印度和马来西亚等遥远国家的赛道上进行比赛。甚至当体育联盟不能旅行时,它们的运动员却会旅行。欧洲足球、美国篮球甚至日本相扑都有来自其他

---

① William Scheuerman, "Globalization," in *The Stanford Encyclopedia of Philosophy*, ed. Edward N. Zalta, Summer 2010 ed., accessed December 5, 2011, http://plato.stanford.edu/.

② Heather L. Reid, "Sport, Philosophy, and the Quest for Knowledge," *Journal of the Philosophy of Sport* 36, no. 1 (2009): 42.

③ Baron Pierre de Coubertin, quoted in Foundation for the Hellenic World, "The Revival of the Ancient Olympic Games," From Ancient Olympia to Athens of 1896, accessed December 12, 2011, http://www.fhw.gr/.

④ Nielsen Company, "Beijing Olympics Draw Largest Ever Global Television Audience," Nielsenwire, September 8, 2008, accessed April 10, 2012, http://blog.nielsen.com/.

地区的运动员，而且通常来自遥远的地球另一半。事实上，体育可能比任何其他人类活动都更多地包含着不同文化之间人们的交往与互动。在这个意义上，体育可以教给我们一些有关全球化的知识——当然这门课程并不总是正面的。关于全球化，我们能从体育中学到些什么？体育的价值又如何得到保护从而免受全球化的危害？

1. 现实：全球化

尽管全球化有潜在的好处，但同时也带来了严重的问题，尤其是它更利于使富有和强大的国家受益，这些国家反过来往往试图将其文化范式强加于其他国家。早在1950年哲学家马丁·海德格尔（Martin Heidegger）就担心，消除人与人之间的距离，并不会增加人们之间更丰富的互动的可能性，反而会将我们的差异性同质化为某种单一经验的集合。① 如果运动员的文化多样性被消除了，剩下的唯一区别只是其服装的颜色，那么奥林匹克运动会将会是什么样子？奥林匹克运动会背后的哲学愿景是世界性的，是建立在全球共同体的愿景之上的。奥林匹克运动会的既定目标是"让体育服务于人类的和谐发展，以期促进维护人类尊严与和平的社会的形成"。②

然而，在实践中，全球体育领域似乎向西方和财富倾斜。体育是一种非常适合强化现有权力结构和传播精英文化价值观的机制。和大多数国际体育赛事一样，奥林匹克运动是由西方文化所主导的，尤其是由北美、大不列颠和西欧文化所主导。这不仅体现在主办城市的选择上（包括北京奥林匹克运动会在内，夏季奥林匹克运动会在西方国家之外仅举办过三次），还体现在奥林匹克运动的文化起源上，以及也许是最明显地体现在国际奥委会本身的民族构成和政治理念上。

[181]

---

① Martin Heidegger, *Poetry, Language, Thought* (New York: Harper & Row, 1971), 166.
② International Olympic Committee, *The Olympic Charter* (Lausanne, Switzerland: Author, 2010), 11.

尽管奥林匹克运动具有普遍主义（universalistic）的理想，但有时仍被指责为是欧洲中心主义。这并不是说这个组织有意赋予欧洲或西方某种特权，而是说其观念受到欧洲文化遗产和一系列设想的制约，而这些设想并不总是世界其他国家所共有的。事实上，世界各地对普遍主义的确切"理解"并不相同。例如，继笛卡尔和康德之后，在欧洲的哲学传统中，对普遍真理存在着一种"放之四海皆准"的理解。即使是复杂的伦理概念也被认为可还原为纯粹理性的公式，传达给每个人并为其所用。① 相比之下，亚洲大部分地区的哲学传统则更倾向于认为普遍真理是无法表达的，他们能够顾及多种不同的表达方式。②问题不在于这个世界包含不同的甚至有时有不相容的观点。问题在于不承认这一点。在当前全球化时代，更富裕、更强大的北美和欧洲国家往往主导着世界经济和政治，西方很容易将自己的文化传统和价值观视为普世准则。

当这种现象延伸到政治理想中时，情况可能尤其令人沮丧。在西方，自由民主制——尤其是法治——通常被视为唯一可接受的政府形式。吉姆·帕里注意到，坚持个人自治（即基于自治的自由主义）的西方自由主义者不能容忍不自由的文化（即那些不允许个人自治的文化）。相反，以权利为基础的自由主义"保护所有能为其成员提供体面环境和生存机会的文化"。③ 即便如此，我们也很难确定跨越文化界限容忍的适当限度。民主政治以信任、承诺和归属感为前提，而这些在国际关系中是很难找到的。④

与此同时，一个人对外国政治的抵制有多少是出于文化原因，又有多少是出于道德原因，这一点也很难弄清楚。许多人认为道德本身受文化差异的制约，或者相信道德完全是相对的。但不加批判地接受所有文化（无

---

① 一个重要的例子是康德的定言命令，有关详细的论证，请参阅 Heather L. Reid, "East to Olympia: Recentering Olympic Philosophy between East and West," *Olympika: The International Journal of Olympic Studies* 19 (2010): 59–79.

② Reid, "East to Olympia," 61.

③ Jim Parry, "Sport and Olympism: Universals and Multiculturalism," *Journal of the Philosophy of Sport* 33, no. 2 (2006): 194.

④ Scheuerman, "Globalization."

论它们的做法多么可恶）在政治上是不负责任的。帕里认为这是一种隐蔽的民族中心主义。"尊重其他文化并不等于不批判它们，"他解释道，"相反，相对主义才是一种不尊重，即认为适用于我们自身的正当理由和论证标准不适用于他人（或拒绝将这些标准赋予他人）。"① 对文化差异的宽容和尊重只是在一定程度上的。一个没有共同道德准则的共同体根本就不是一个共同体。我们需要的是一个既尊重文化差异又坚持某些共有道德准则的共同体。

体育为此提供了一种典范，因为它既能促进诸如机会均等和公平竞争等普遍的公平原则，又为多样化的竞赛方式保留了空间。但是，即使为个人体育竞赛提供了同样的赛场和相同的起跑线，机会均等在地球村中仍然远非现实。国家之间以及国家内部巨大的经济差距使公平分配的理想难以实现。各个国家队在设施、教练、医疗支助甚至出行经费方面都远不平等。国际奥委会奥林匹克团结委员会试图将奥林匹克运动会电视转播收入的一部分分配给最急需的国家的奥委会，以此来缩小国家间的差异，但需求巨大，且资源有限。②

奥林匹克运动会上令人欢欣鼓舞的场面不应让我们理所当然地以为，全球体育竞赛真的是公平的。例如，根据奖牌数量对国家进行排名的排行榜，就没有体现出体育中所期望的公平原则。参赛队的运动员人数不一样，他们也没有参加所有的项目。此外，奥运奖牌榜排名与国内生产总值（GDP，衡量规模和财富的指标）的相关性比任何其他变量都高。③ 有些国家可能会骄傲它们超过所预测的排名，一些来自相对小而贫穷国家（如牙买加）的运动员，可能会胜过来自大而富有的邻国的竞争对手，但这既不能纠正全球化的趋势，也不能证明全球化更青睐那些——借用一个流行的

---

① Parry, "Sport and Olympism," 197.
② International Olympic Committee, "Olympic Solidarity Commission," Olympic.org, 2011, accessed November 28, 2011, http://www.olympic.org/.
③ Andrew B. Bernard and Meghan R. Busse, "Who Wins the Olympic Games: Economic Resources and Medal Totals," *Review of Economics and Statistics* 86, no. 1 (2004): 413–17.

体育比喻来说——身处三垒（third base）站位就认为自己打出了三垒打的人。

　　同样值得记住的是，从文化的角度来看，西方特别是欧洲和美国的文化传统和理念继续主导着奥林匹克运动。身着比基尼的女性在运动场里打沙滩排球，男女观众在一旁共同观看，这一场面似乎象征了加州对待体育运动的悠闲态度。然而，在许多文化中，这种场面在最好的情况下是不道德的，在最坏的情况下甚至要受到严厉的惩罚。宣称这类文化压迫女性、剥夺了人的自由，应当被提升至国际社会的标准，这可能很诱人。但真正的风险在于，这种情绪最终会成为一种文化霸权——将主导阶级的价值观念强加于所有其他人。此外，文化霸权主义者需要谨慎对待其心愿，因为某种特定文化的主导地位——无论它多么丰富和有效——可能会导致其他地方文化和总体文化多样性的消亡。很难想象有哪一种文化能伟大到不需要或不渴望其他文化。我真的很喜欢意大利菜，但我绝不希望其他菜系都消失，只给我留下一种选择。正如我们重视烹饪风格和饮食传统的多样性一样，我们也会重视其他文化产品如艺术、音乐、文学甚至体育的多样性。

2. 路径：多元文化主义

　　多元文化主义是对全球化现象的一种回应，它强调欣赏并保护文化的多样性，即使在努力实现正义和公平之类的共同原则时也是如此。体育为此提供了一些很好的例子。例如，在世界杯足球赛中，来自世界各地的球队按照一套共同的规则进行比赛，同时又展现出各种不同的特定文化风格。正如第11章所述，南美球队在比赛中的打法更多地展现出审美价值而非实用价值。与此同时，来自北欧的球队则会更加保守和偏于防守。世界杯之所以独具魅力，部分原因就在于球队打法的多样性，如果为了获胜，大家都被迫采取单一的成功打法，那将是一种耻辱。

　　和体育一样，全球化也存在同质化的风险，尤其是它消除了共同体之间的区隔。来自共同体外部的文字和图像必然会进入内部，而来自内部的

第 15 章 体育与全球化

文字和图像也必然会走向外部。社交媒体的发展加速了这一现象，并有助于引起国际社会对世界各国过去被忽视的压迫现象的关注。但是，正如我们在第 5 章中了解到的，体育本身也是一个共同体——实践共同体，这表明体育可以重视这一共同体内的多样性，即使其边界仍模糊不清。也就是说，即使足球界在推广一个共同的比赛项目，它也可以重视并保留不同风格的踢法。

对陌生和差异进行区分是很重要的。宣称某个事物陌生或奇怪，不仅是指它是不同的，而且表达出某种困惑甚至排斥的情感。相反，重视多样性则涉及对新奇多样的方式的认可与好奇。在体育中，这首先意味着接受对一项体育比赛的多种解释。让南美踢"好看"的足球，而北欧踢保守的足球，并努力确保规则能够鼓励多样化的打法。我们不能称某种足球打法是奇怪的——即使事实证明它会导致更少的获胜。我们要试着欣赏不同的人赋予比赛不同的价值和目的。

[184]

多元文化主义可能还意味着要暂时搁置跨文化的论辩，从而使竞技互动成为可能。例如，伊朗女子足球队被迫取消了一场资格赛并放弃参加 2012 年奥林匹克运动会，因为她们坚持戴头巾，而这违反了国际足球联合会的规定。① 可以肯定的是，佩戴头巾并没有侵犯人权，而禁止戴头巾的规定也不是足球比赛的基本规则。那么，为什么规定不能有例外？又或者为什么不能修改规定，既允许穆斯林女性踢足球又允许她们谨守其宗教信仰？如果制定这一规定的动机是出于安全方面的考虑，那就应该设计一种安全的头巾。重视多样性和多元文化的体育共同体必须努力支持这种多样性。

奥林匹克运动当然似乎重视多样性，但它对自己理念的解释不能过于狭隘，否则这些理念会变成阻碍。吉姆·帕里坚持认为，在一种普遍性的高度上所理解的奥林匹克主义的观念（concept），可以包容各种不同的解释

---

① Thomas Erdbrink, "FIFA Bans Headscarves for Iranian Women's Soccer Team," *Washington Post*, June 6, 2011, http://www.washingtonpost.com/.

245

或构想（conception），从而使这一观念在特定的语境中具有生命力。[1] 奥林匹克运动中多元文化主义的实现需要齐心协力。不仅运动员、官员和国际奥委会成员应代表不同的文化背景和立场，体育运动的项目本身也应显示出更多的文化多样性。柔道和跆拳道是目前奥运会项目中仅有的两个非起源于西方的项目，但就连这两个项目也不得不适应西方评分系统，以挑选出明确的赢家和输家。

奥林匹克运动会一般会依据体育运动的历史和文化传统、普遍性和流行性等标准来考虑吸纳新的项目。从多元文化的角度来看，这一机制似乎有些本末倒置，因为体育项目被奥运会接纳后往往会变得流行起来，广为接纳。帕里建议制定一项补偿政策，将每一大洲的一个流行项目纳入奥林匹克运动会官方项目。[2] 这将有效对抗全球化背景下体育同质化的趋势，同时又能服务于奥林匹克运动的文化教育目标。这是从多元文化的角度为全球化问题之一提供的解决方案。

3. 共同的目的：可持续发展

[185]   古代奥林匹克运动能够成功统一和平定希腊各部族，原因之一是古希腊人具有一种为共同目的而奋斗的意识。就他们而言，这一目的是宗教性的。正如我们在第 1 章中所看到的，古代的体育比赛是一种崇拜形式，目的是安抚众神，从而获得粮食丰收和健康无虞等群体性利益。这一颇有价值的宗教目的促使人们禁止攻击前往该地的朝拜者，即所谓的"握手言和"或"奥林匹克休战"（ekecheiria）。后来，"奥林匹克休战"被扩大到暂时停止各部族军事敌对行动的层面。[3] 甚至即使战争还在继续，各部族的代表

---

[1] Parry, "Sport and Olympism," 191.
[2] Parry, "Sport and Olympism," 202.
[3] Nigel Crowther, "The Ancient Olympics and Their Ideals," in *Athletika: Studies on the Olympic Games and Greek Athletics*, ed. W. Decker and I. Weiler, 1–11 (Hildesheim, Germany: Weidemann, 2004), 11.

团也可以安全地在奥林匹亚会面,因此那里是谈判和平条约的好地方。

事实上,形形色色的知识分子和政治家都会聚集在古代奥林匹克运动会上,讨论一些共同的问题。许多最具盛名的演讲都精确地论述了泛希腊的团结合作而非互相对抗的重要性。① 奥林匹克休战仍然每四年举行一次,联合国也通过了一项决议予以支持,但它在阻止战争方面所取得的成功是有限的。奥林匹克运动会将受益于一个共同的全球性规划,具有类似于团结古希腊的宗教目的的那种功能。环境的可持续发展问题似乎是完美的全球规划,实际上,它已被这场运动采纳为与体育、文化并列的第三个目标。

可持续发展可被定义为这样一种战略,即"在不损害子孙后代满足其自身需求的能力的前提下,满足当前需求"②。鉴于环境恶化的全球性影响,可持续发展需要全球性的对策。用威廉·舒尔曼(William Scheuerman)的话来说,"教条式地坚持国家主权神圣不可侵犯,可能会成为那些不负责任行为的玩世不恭的遮羞布,这些行为的影响已经远远超出那些最直接负责的国家所能承受的限度"。③ 如果全世界要找到一个有效的解决环境问题的方法,就必须找到各个国家之间的共同点,包括有关道德责任本性方面的一些共识。

局限于单一民族国家的自由民主制度并不能很好地解决这个问题。事实上,环境的持续恶化可能会破坏民主的合法性和公认的有效性,从而败坏民主。④ 这似乎是一个远离体育和奥林匹克主义的问题,但在联合国之后,奥林匹克运动会可能是进行国际讨论与辩论的最佳论坛之一。国际奥委会运动与环境委员会力求将奥林匹克运动会打造成可持续发展的典范,特别是将环境问题纳入主办城市的甄选过程中,并让奥林匹克运动会接受

[186]

---

① 了解更多关于古代奥运会的内容,请参阅 Heather L. Reid, "The Political Heritage of the Olympic Games: Relevance, Risks, and Possible Rewards," *Sport, Ethics and Philosophy: Special Issue on the Olympic Games* 6, no. 2 (2012): 108 – 20。

② World Commission on Environment and Development, *Our Common Future* (Oxford: Oxford University Press, 1987), 8.

③ Scheuerman, "Globalization."

④ Scheuerman, "Globalization."

非政府组织和媒体的监督。①

当然,模拟是一种教育形式,体育实践本身就可以较好地模拟可持续发展的理想。西格蒙德·洛兰德注意到,奥林匹克格言"更快、更高、更强"表明,尽管人类的生物运动能力有限,但人类的体育成绩能无限提升,他认为其中反映了某种生态危机,即在一个自然资源有限的星球上追求财富和人口的无限增长所造成的危机。②那些注重绝对记录的运动项目,如100米短跑、50米自由泳或自行车公里计时是最不可持续的,因为它们最不复杂。它们采取相同的测试条件,将纯粹的成绩作为唯一变量。这类体育运动增加了服用兴奋剂和其他提高成绩手段的发生率,并非偶然。像篮球这样需要多种技能和技术的体育运动才更可持续。

洛兰德认为,解决这一问题的办法是增加不可持续运动项目的多样性和复杂性。③例如,为什么不改变短跑运动员所面临的表面条件和其他外部条件呢?为什么仅仅在游泳池而不在开阔水域测试游泳选手呢?与其根据单项记录的成绩对运动员进行排名,为什么不跟踪记录他们在整个赛季不同条件下的稳定性呢?以这种方式重新思考体育运动将使我们不仅有机会提高可持续性,而且有机会解决经济差距等附带问题。为什么不优先考虑那些需要较少设备和设施的运动项目,而取消类似马术等只有富人才能参加的运动项目?体育改革的指导原则根本不必追求原创。它完全可以是公平竞争等体育的内在价值,这些价值只需在全球范围内重新被思考即可。

实现环境可持续发展所需的价值观与体育的内在美德及价值观能够很好地融为一体。联合国环境规划署(UNEP)的克劳斯·托普弗(Klaus Topfer)在其奥林匹克运动《21世纪议程》(*Agenda 21*)关于体育促进可持续发展的声明前言中指出,环境就像体育一样无国界,并且超越意识形态

---

① International Olympic Committee, "The Sport and Environment Commission," Olympic.org, 2009, accessed December 5, 2011, http://www.olympic.org/.

② Sigmund Loland, "Record Sports: An Ecological Critique and a Reconstruction," *Journal of the Philosophy of Sport* 27, no. 2 (2001): 130.

③ Loland, "Record Sports," 138.

的藩篱，不承认北方与南方或东方与西方之间的人为区分，因为环境是不可分割的整体。① 但仅仅要求体育像环境一样对所有人开放是不够的。机会均等和公平竞争等基本体育原则需要在全球范围内被重新考虑。要通过努力改善弱势群体的社会经济条件来克服社会的不平等。

《21世纪议程》的首要目标表明"只有在满足所有人有尊严地生活并在社会中发挥积极作用所必需的文化和物质条件下，可持续发展才有可能实现"。②《21世纪议程》也要求体育通过"促使因经济资源、性别、种族或种姓等原因而被排斥在体育之外的群体开展体育活动的方式"，与社会排斥进行斗争。③ 包容不仅是体育逻辑的一部分——因为只有在全部候选人都参与比赛的情况下才能找出最具能力的获胜者——而且是可持续发展的基础，可持续发展要求对资源进行管理，从而使所有人都能有尊严地生活。体育在国际上的知名度使其处于树立可持续发展价值观的理想地位，这些价值观在任何情况下都是体育的典型特征。

[187]

4. 我们的目标：和平

奥林匹克运动以及最终一切国际体育的政治目标都是和平。这个目标被看作是对古代奥林匹克运动的继承，正如前文所述，它宣布了有效的休战来保护出行者，并在古希腊的统一和内部稳定方面发挥了重要作用。我认为，奥林匹克运动与和平之间的这种联系，更多的是体育与人际交往之社会动态系统的副产品，而非这一古老庆典有意识的目标。④ 具体来说，奥林匹克运动要求人们至少在一段有限的时间内将矛盾放在一边。它还要求

---

① International Olympic Committee (IOC), *Olympic Movement's Agenda 21: Sport for Sustainable Development* (Lausanne, Switzerland: Author, 1999). http://www.olympic.org/.
② IOC, *Agenda 21*, 23–24.
③ IOC, *Agenda 21*, 26–27.
④ Heather L. Reid, "Olympic Sport and Its Lessons for Peace," *Journal of the Philosophy of Sport* 33, no. 2 (2006): 205–13.

249

人们平等对待陌生人和竞争对手——至少在某些特定比赛规则方面如此。它鼓励他们容忍彼此的差异，至少足以在夏季酷暑时能够近距离地共同居住在一个小河谷中。简而言之，古代奥林匹克运动利用运动激励人们做出特别的努力，以便能在狭小空间里共同生活。鉴于全球化代表着社会空间的实际缩小，奥林匹克运动的价值观可能有助于我们应对这一挑战。但这在实践层面到底意味着什么呢？

首要原则是划分一个搁置政治冲突的公共空间。正如第6章中对体育和艺术的比较中所看到的，这些特别的空间是比赛活动不可或缺的一部分——也就是说，这些空间是从普通的日常世界中分离出来的。在古代奥林匹亚，与之相关的空间是宗教空间，是被一个名为阿尔蒂斯（Altis）的墙所包围的庇护所。现代奥林匹克运动会利用装饰和隆重的仪式——尤其是开幕式、闭幕式以及奥运圣火的燃烧——至少是暂时地将整个城市转变为特殊的场所和空间。任何参加过奥林匹克运动会的人都可以证明这一转变。在未来，相关的空间可能是虚拟的而非物理现实的。重要的是它被认可为一个暂时搁置世俗冲突的地方，尽管人类存在差异，但人们还是努力进行竞争性与合作性的互动。希望当我们身居这一跨文化空间时，能够欣赏这些差异或至少从中受益。最重要的是，在体育领域，无论个人喜欢与否我们都必须在规则下平等待人。

必须指出的是，根据实际经验，国际体育可以更好地吸引运动员、教练、官员甚至观众关注体育在促进世界和平方面的作用。正如布鲁斯·基德（Bruce Kidd）所言，奥林匹克运动提供了丰富的文化教育和文化交流的机会，但很少有运动员被鼓励参与其中。[①] 早期参加赛事的运动员通常不会参加开幕式，而且往往会在闭幕式前离开。许多人拒绝住在奥运村，而奥运村本可以使不同国家的运动员通过一起生活实现更好地融合。医务人员

[①] Bruce Kidd, "Taking the Rhetoric Seriously: Proposals for Olympic Education," *Quest* 48 (1996): 85.

甚至建议有些人不要与竞争对手握手，以免感染疾病。①

一个明显的障碍是，许多运动员过于关注自己的比赛成绩，以至于回避任何可能干扰成绩的因素，无论其文化价值如何。颇具讽刺意味的是，一些职业明星运动员似乎充分利用了奥林匹克运动会带来的文化机遇，但参加奥林匹克运动会却并非其主要的体育生涯目标。然而，这并不全是运动员的错。正如基德所指出的，"相对来说，人们很少运用奥林匹克运动共同的语言和经验帮助参与者自觉迈出跨越文化鸿沟的第一步，这些鸿沟是由宗教、种族、阶级或性别构成的"。② 体育的教育潜力，无论是在国际层面还是在本地，都不是自发而成的，必须以追求胜利的热情去有意识地追求。

基德为此提出开设一门"奥林匹克课程"作为解决方案，该课程不仅关注竞争，也关注教育，并强调公平竞争等体育的内在价值。课程要包括来自不同背景的竞争者，对运动员高强度训练所存在的健康风险进行指导；培养他们对体育的历史、地理和环境影响的认识，培养其包括外语在内的跨文化交流技能。课程还将包括社区服务，荣誉和排名将基于整体成就，而不仅仅是运动成绩。③ 那些认为这种体育变革难以置信的人应该问问自己为什么，因为在大学里就已经对运动员提出了学习这些课程的要求。明显的反对意见认为，精英运动员过于关注成绩，无法利用国际体育提供的跨文化交流机会。当然，这引出了国际体育的宗旨问题。如果它的目标是和平，而其促进和平的能力取决于不同文化间的交流，那我们为什么要为了取得更好的成绩而忽视这一点呢？撑竿跳高纪录再增加一厘米对社会真的有什么好处吗？如果要求精英运动员应关注高水平体育运动与政治和平之间的关系是过分的，那么也许在某种程度上奥林匹克运动在他们身上就被浪费掉了。

[189]

---

① Glen Levy, "British Athletes Told to Avoid Shaking Hands at the Olympics," *Time Newsfeed*, March 6, 2012, accessed March 7, 2012, http://newsfeed.time.com/.
② Kidd, "Taking the Rhetoric Seriously," 86.
③ Kidd, "Taking the Rhetoric Seriously," 89.

国际奥林匹克学院（IOA）提供了一种非常成功的促进世界和平的教育形式。该学院位于希腊古老的奥林匹亚，每年夏天来自世界各地的学生在此聚集，在很长一段时间内一起生活和比赛。我曾经参加过该学院三个不同场合的研究生会议，根据我的经验，可以说，国际体育促进世界和平的理想在那里得到了有效传播。首先，该学院的校园相当漂亮，不同于古老的克鲁尼翁山（Mount Chronion）脚下平淡无奇的生活。学生们明白在学院时要放下他们之间的分歧。室友通常来自有过冲突和竞争历史的国家。早上一般在教室里度过，下午则有各种各样的体育活动。在这些活动中，学生们平等地对待彼此，不管他们的学术储备、语言能力和运动能力有何不同。与奥林匹克运动会不同，在国际奥林匹克学院男性和女性可以同台比赛。晚上专门进行文化交流，学生们介绍自己祖国的历史、传统、食物和饮品。尽管他们并不总是互相喜欢，但他们学会了和睦相处甚至欣赏彼此的差异；他们还建立了密切的关系，即使在离开学院后也仍然保持联系。

重点在于，体育运动对全球化的应对不必局限于奥林匹克运动会闭幕式的乌托邦形象，可以采取更具体的行动。全球化不仅为体育提供了巨大机遇，也带来了严峻挑战。机会均等是重要的体育价值观念，但全球化历来更青睐富人和强者。体育应当有意识地抵制这种趋势，为那些不太幸运的人提供机会，并将那些根据惯例被排除在外的人纳入其中。全球化的另一个主要风险是多样性的丧失，这使得体育和文化更普遍地趋于同质化。体育可以被形而上学地理解为共同体，而作为共同体，体育有能力重视并促进多样性的形成。足球比赛应当继续支持各种不同的比赛踢法；像奥林匹克运动会这样的多运动项目庆典（multisport festival）则应探求推广非传统运动项目。

体育应该成为可持续发展等全球项目的合作伙伴和典范。这就需要更少地强调体育选择锥的窄端——追求破记录，而更多地强调体育选择锥的宽端——包容性参与。最后，体育运动应该为和平而努力，通过提供一个适当的空间，使人们可以平等聚会、搁置冲突、相互容忍甚至庆祝彼此的

[190]

差异。应鼓励运动员利用这些机会进行文化交流；同时，这些机会不应仅限于运动员。正如国际奥林匹克学院的例子所示，体育运动的国际政治潜力可以通过非精英运动员甚至心怀奥运梦想的非运动员之间的比赛和互动得到最好体现。

5. 讨论问题

（1）在 2012 年伦敦奥林匹克运动会上，沙滩排球放宽了女子身着比基尼比赛的要求。这体现了对文化多样性的关注。这种变化反映了全球化的力量吗？你认为它对这项运动有好处吗？

（2）体育运动中的多元文化主义意味着对多样性的重视，不仅是比赛风格的多样性，还有运动项目的多样性——但空间和资金总是有限的。看看由你的学校或奥林匹克运动会所提供的运动项目列表，从中删除一项再增加一项以增加体育运动的多样性。

（3）使全球体育更具可持续性意味着使其更复杂、更便宜。足球就是复杂而便宜的体育运动的典型范例。其他体育运动如何才能变得更可持续？有些体育运动真的是不可持续的吗？

（4）运动员在奥林匹克运动会上不愿意握手或不愿住在奥运村等例子表明，过分强调成绩可能会损害奥林匹克运动会促进和平的潜力。奥林匹克委员会应如何解决这个问题？是否应该按照既作为国家大使又作为运动员的能力标准来训练和选拔奥运选手？

结论：体育的十大内在价值

[191]　　在教授体育哲学课程的时候，我通常会让学生通过描述他们的运动经历来介绍自己。一开始，他们似乎觉得不同的运动经历会促使他们的体育哲学有很大的不同，但到最后，即使是足球运动员和舞蹈队成员也发现了他们有多少共同点。尽管在定义体育方面存在着形而上学的困难，尽管像公平竞赛这样的概念在伦理上是模糊的，尽管与体育联系在一起的政治信仰存在着多样性，但体育的哲学确实将我们引向了某些统一的理念。虽然说"体育"具有某些价值可能是不正确的，但我认为我们可以说，重视体育并从哲学上理解它的人也应该重视某些东西，因为它们在某种程度上是体育所固有的。作为对体育哲学进行探索的结论，让我试着从正文中收集各种观点，并将它们归纳成体育的十大内在价值。

自目的性

　　正如柏拉图和亚里士多德所做的那样，我们从对体育的自目的性的欣赏开始——体育（至少在理想情况下）本身就是一种目的，是为了自身目的而进行的，不需要外在目的或证明。在体育中，我们制作非必要的障碍并试图克服它们，只是因为它使这项活动成为可能。学者们有时称其为"非必要的本性"（gratuitous nature），这种内在的目的性阻止了人们将体育[192]　还原为一种获取权力、声望或财富等外在利益的手段。像我们讨论的相扑界"假球"丑闻，以及足球和板球的类似案例，都不是因为球员获利而受到谴责——他们已是职业运动员。问题是，这样的丑闻表明，他们将获利内嵌于游戏，为了外在的利益而出卖了游戏内在的原则。一个真正的职业人士,一个重视并认同某一特定活动的人,不会把该活动还原为达到其他目的的手段。就像艺术、诗歌和凝望日落一样,体育是一项主要因其自身之故而被看重的活动。

界限

操纵比赛的丑闻违反了自目的性,也可以被理解为侵犯了体育的界限——侵犯了将其与日常实践区分开来的极限,也侵犯了基于规则的限制,这些限制致力于创设一个开放的回应性空间。当裁判吹响三次哨子,标志着一场足球比赛结束时,我们知道一段特殊的时光已经结束,伴随而来的是体育特有的那种超凡的自由感和可能性。真正的界限,如哨声和球场边线,就像剧院的幕布或寺庙的门,作为以一种特殊的方式采取特定态度或"构筑"即将到来的体验的信号——无论是作为运动员、裁判员还是观众。通过在构想上将体育与日常生活分离开来,我们可以暂时将自己从日常劳作事务中解脱出来,并创设出一个空间来测验和超越我们日常的局限性,去探寻最好的自我。

自由

在体育的边界之内,我们也发现了一种看似矛盾其实有道理的自由感。这种自由并非源自没有约束;要从事一项运动,我们必须遵守一套复杂的规则。然而,因为我们自愿地接受这些规则,所以我们获得了自由的心理感受。此外,由于我们共同接受这些规则,体育共同体实现了约翰·斯图尔特·密尔所认定的作为创造力与繁荣之基础的自由。我们发现,在体育中缺乏约束——比如废除兴奋剂规定或执行不力——实际上会削弱运动员的自由感,因为他们会觉得要被迫服用兴奋剂。与此同时,规则对简单任务的定义,比如跑 100 米,给了我们在这一项目中全力以赴的自由——为技能和能力的完美结合创造了条件,这种特殊的自由体验被称为

[193]

"酣畅感"或"在状态"。

挑战

体育的许多内在价值来自它所带来的挑战。体育挑战（相对于日常劳作生活）通常是非必要的，而且是人为设计的（在400米赛跑中，从起点跑到终点，绕着跑道跑几乎是没有必要的）。但恰恰是体育中对低效地完成目标做出的人为规定，创造了挑战，从而产生了诸如比赛享受和美德培养等善品。在体育中，要重视挑战，就必须真诚地全力以赴去赢得比赛，因为竞争者为他们的对手提供了非同寻常的挑战。但是，胜利不应该通过技术效率来获取。正如水动力泳衣的传奇所显示的那样，破坏一项运动内在挑战的效率，可能会侵蚀它的价值。正是训练和拼搏的规程赋予了更快的游泳时间以价值，通过水动力泳衣或任何其他技巧固然可以立即同样获胜，但如此获胜最终会破坏这项运动固有的挑战性，其价值表现也就会被非法剥夺；技巧一旦被广泛使用，体育也就失去了其独特价值。

公平

事实上，我们注意到，在体育中寻求装备优势是不合逻辑的，因为一旦这种行为被普遍采纳，根据伊曼努尔·康德的定言命令，其所获得的任何优势就会立即被抵消。公平的基本原则——机会均等和按绩奖励——被写入体育规则和逻辑中。只有在比赛本身是公平的，没有一个潜在的优秀运动员被排除在外的情况下，获胜才意味着运动优势。正因如此，按种族、性别、残疾等社会类别对比赛进行分类，就挑战了体育的公平性。这些分类对体育来说并不重要，这提醒我们，公平也是人类和社会的一种属性。在高尔夫运动中，我们发现球员们为了维护比赛的公正性而惩罚自己，这是一种来自社会期望和个人美德的传统。其他运动团体容忍甚至鼓励故意犯规，欺骗裁判，或故意错位竞争，冒着羞辱失败者的风险。正如棒球的

"松焦油事件"所表明的那样,公平是一种必须超越书面规则的精神,以表达人类对一场善好比赛本性的欣赏。

[194]

不确定性

结果的不确定性是善好比赛的首要品质。在罗马角斗、武术比赛和高中篮球等多样化的活动中,分组错配的比赛受到了谴责。我们看到,对比赛结果的真诚怀疑是古希腊奥运风格运动的一项关键创新——它可能激发了哲学的出现。此外,不确定性是体育吸引我们的地方,它让我们从每天的可预测性中解脱出来。大学橄榄球队通常出于战略考虑,在赛季的第一场比赛中安排实力较弱的对手,但这些比赛对球队或观众来说很少是好的体验。一旦比赛结果似乎已定,观众往往会离开体育场;当事件的审美价值取决于可能性的感觉时,这种价值就会随着结果的可预测性的增加而减少。在2006年的玫瑰碗比赛中,我父亲本希望能大获全胜,但结果却是一场势均力敌的比赛,直到最后一分钟才决定胜负。我们得到了他不想要的"善好游戏"(和他不想要的结果),但持续的不确定性使它成为一场伟大的比赛。

学习

不确定性也是学习的基础,正如苏格拉底对自知自己无知的著名论述如此巧妙地表明的那样。哲学始于怀疑和不确定性,就像体育一样,它追求真理和知识。如同学者通过质疑来检验理论,科学家通过双盲试验来检验药物一样,体育也通过公开和公正的竞赛机制来检视运动员的表现。所以体育本身是一个寻求真理的过程,然后我们通过体育的体验来学习。他们说你可以从人们要玩游戏的方式中了解他们——我们也可以了解自己。在体育中,我们以一种身心结合的整全方式经验性地学习。伦理观念体现在行为上,使体育具有作为道德实验室的教育潜力。这个世界甚至正在从体育中学习全球化。但是，从体育中学习并不是无意识的，它的教训并不总是积极的。经由体育的教育可以超越理论，但必须有意为之。我们需要把学习作为体育的首要目标，而不是以提高成绩的名义轻易地牺牲学习。

卓越

[195]　　理解运动表现与卓越之间的区别是很重要的。柏拉图对技能（technē）和美德（aretē）的辨别表明，前者的价值来自后者。换句话说，网球选手高速发球的能力对人类的价值不如获得这种技能所需的谦逊、勇气、自制和坚毅。体育中卓越需要美德；事实上，美德和卓越都是译自 aretē——在体育和教育中备受珍视的希腊理念。aretē 是善好行为的品质，按照亚里士多德的说法，必须通过其表现来实现。荷马所说的"阿里斯蒂亚"（aristeia），在体育中之所以被重视，不是因为特定的运动技能是值得的，而是因为促成这种表现的美德可以迁移到人类的其他奋斗之中。正如我的学生运动员例子所显示的，在体育中展示的积极的品质，如专注和耐力，如果运动员不能在其他活动中践行它们，那它们就不是美德。当运动员为奥运金牌而拼搏之时，他们真正应该追求的是成为一名值得获得金牌的人——一名不仅在体育运动中而且在许多活动中都能产生善好的品行的人。

共同体

通过体育来培育人的美德，进一步表明了体育是一项团体活动。麦金太尔的社会实践理论揭示了体育最终是共同体的重要意义。我们通过体育获得美德，与其说是通过训练和提高个人表现获得美德，不如说是通过积极地、深思熟虑地参与具有历史、传统和共享卓越标准的体育共同体获得美德。要想成为一名优秀的自行车手，不仅仅是踩一辆自行车：你必须进入一个共同体，了解它的历史和卓越的标准；你必须谦虚地接受公认专家的指导；你必须为自己的行为对共同体产生的影响负责。体育的共同体面向与威廉·摩根所认为的在市场激发下一些运动员所表现出的超级个人主义形成了对比。运动员自主权的自命不凡很快就被揭穿了。一个热门的体育明星如果没有他的团队会是什么样子？没有他的青年队教练，他又会是什么样子？没有那些把他所参赛的运动项目带入公众视野的历史上伟大的运动员，他又会是什么样子？将体育理解为具有特定运动价值的共同体，可以让他们抵制机构的工具化趋势，也可以展示诸如多样性、平等机会和共享内在善好等价值。

[196]

美

众所周知，要阐明体育的内在善好是非常困难的，因为对它们的欣赏取决于主要通过参与经验获得的对特定运动的理解。从这个意义上说，它们与美没有什么不同——事实上，美可能是对具有不同表达方式的内在价值的一种恰如其分的无定形的描述。我们已经讨论过各种各样的例子，从奥林匹克运动会高台滑雪的凌空纪录，到罗杰·班尼斯特的 4 分钟 1 英里跑，到鲁伦·加德纳在雅典的退役举止，到排球中完美扣球动作所获得的单纯成就感。我们也讨论过一些不怎么美的事件——通常是因为它们缺乏"公平"，一个既具有审美意义又具有道德内涵的词——本·约翰逊在冲刺中服用类固醇的胜利，迭戈·马拉多纳"上帝之手"的进球，莎拉·贝斯比斯拒绝举起她的花剑。体育中的美不仅仅是审美愉悦的问题。就像塞涅卡对古罗马奥林匹克运动会的描述和迈克尔·约翰逊的鸭子式跑步表演一样，体育之美至少部分源于对体育的哲学理解。

从某种意义上说，上面列出的所有价值观都与体育中的美有关。体育之美部分来源于它的自目的性；就像大多数艺术，甚至像哲学这样的学科一样，它主要是因其自身之故而被人们耍玩。体育之美部分来自它的架构——来自我们将它与日常的生活区分开来，并期待在这个架构之内发生超凡的、美妙的事情。体验自由的美在于对可能性的高度认识，或者通过动作完美执行的流畅表现，比如纳迪娅·科默内奇在高低杠上"完美 10

分"。公平是美的同义词，它体现了审美价值的伦理层面；古希腊尽善尽美（kalokagathia）的理念不仅在艺术上而且在体育和教育上连接着美和善。不确定性赋予体育以戏剧性的美，也许比戏剧或文学更真实，因为最终结果是真正未知的。体育的戏剧性反过来又是我们学习的核心，对体育中道德行为的审美欣赏对道德教育很重要。体育之美不是流于表面的，而是在理念层面反映了训练和比赛所要求的美德。最后，体育共同体也有美，尤其是国际体育运动可以使我们建立一个和谐而多样的全球共同体。

[197]　　体育的哲学研究不仅有助于我们学习和解释形而上学、伦理学和社会政治哲学中的重要概念，而且有助于我们更好地理解人类的这项重要活动。人们喜欢说，体育反映了社会，的确，体育包含着对人性的种种反映——既有好的一面，也有坏的一面。然而，我们了解到，体育也有它自己的本性和逻辑——它值得我们去理解、欣赏和保护，这样体育就不仅是一项重要的人类活动，它还是一项有意义和有价值的活动。

附录：作为学术议题的体育哲学

努力融合哲学与体育的奥林匹克复兴运动（在第 2 章讨论过）发生在现代学院之外。在学院之内，体育和哲学各有所好，很少共处一室。大学体育被认为是与学术分离的东西，哲学家们普遍回避体育，认为它是一个不值得认真研究的课题。正是约翰·赫伊津哈的《玩耍的人》(Homo Ludens) 这部关于玩耍的文化史，播下了日后发展成为我们现在称之为体育哲学这一学科的学术种子。[1] 赫伊津哈的书首版于 1938 年，并在 20 世纪 50 年代以英语广为流传。在书中他声称，玩耍不仅先于体育，而且先于文化和文明。他进一步将玩耍定性为非严正的、非必要的（即为了生存），从而与日常生活分离开来。赫伊津哈讨论体育只是为了指出它在现代世界中正在失去它的玩耍特征，但他至少承认体育是玩耍的后嗣，从而为对体育本性的形而上学讨论奠定了基础。

这种讨论始于 20 世纪 60 年代初。社会学家罗杰·凯洛伊斯的著作《人、玩耍和游戏》(Man, Play, and Games) 将赫伊津哈的玩耍理论应用到游戏包括体育中，并启发了许多人开始思考体育的形而上学本质。[2] 其中一位是小约翰·W. 洛伊，他在 1968 年发表了《体育的本性：一种定义的尝试》("The Nature of Sport: A Definitional Effort") 一文。[3] 另一位是谈笑风生的逻辑学家伯纳德·休茨，他于 1967 年在《科学哲学》(Philosophy of Science) 杂志上发表了文章《什么是游戏?》("What Is Game?")。[4] 这篇文

[199]

---

[1] Johan Huizinga, *Homo Ludens: A Study of the Play Element in Culture* (Boston: Beacon Press, [1944] 1955).

[2] Roger Caillois, *Man, Play, and Games*, trans. Meyer Berlash (Urbana: University of Illinois Press, [1958] 2001).

[3] John W. Loy Jr., "The Nature of Sport: A Definitional Effort," *Quest* 10, no. 1 (May 1968): 1–15.

[4] Bernard Suits, "What Is A Game?" *Philosophy of Science* 34, no. 1 (June 1967), 148–56.

章预告了后来成为体育哲学中最具影响的作品之一的《蚱蜢：游戏、生活与乌托邦》（在第 4 章讨论过）。① 除了哲学家，体育教育的学者们开始把玩耍理论和体育理论联系起来。1961 年，艾伦·萨波拉（Allen V. Sapora）和埃尔默·米切尔（Elmer D. Mitchell）出版了《玩耍和消遣理论》（*The Theory of Play and Recreation*），将玩耍理论应用于体育和消遣项目的管理。② 与此同时，埃莉诺·梅思尼开始在体育教育杂志上发表理论文章，如《所谓体育的这个'东西'》（"This 'Thing' Called Sport"）。③ 事实上，梅思尼的作品激励了许多人，她可以被视为现代体育哲学之母。

也是在 20 世纪 60 年代，哲学家开始探究体育在人类生活中的作用。1964 年，詹姆斯·基廷（James W. Keating）在哲学期刊《伦理学》（*Ethics*）上发表了《作为道德规范的体育精神》（"Sportsmanship as a Moral Category"）一文，这或许是自柏拉图以来主流哲学第一次将体育作为道德思考的主题。④ 基廷的一个做法是把"体育"（sport）从"竞技"（athletics）中区分出来，然后根据活动的目标对不同的道德期望进行论证。

体育的耍玩性和竞赛性特征之间的紧张关系继续在体育伦理中产生重要的影响。1967 年，霍华德·斯莱舍尔（Howard Slusher）在其著作《人、体育与存在》（*Man, Sport, and Existence*）中将存在主义哲学及其本真性（authenticity）的伦理目标引入体育主题中。⑤ 存在主义和现象学继续为体育的哲学分析提供流行的模式，尤其是通过莫里斯·梅洛－庞蒂和加布里埃尔·马塞尔（Gabriel Marcel）的具身性理论，让－保罗·萨特关于玩耍与自由的讨论，以及西蒙娜·德博维奥（Simone DeBeauvior）关于女性身体与

---

① Bernard Suits, *The Grasshopper: Games, Life, and Utopia*, 2nd ed. （Peterborough, Ontario: Broadview, [1978] 2005）.
② Allen V. Sapora and Elmer D. Mitchell, *The Theory of Play and Recreation* （New York: Ronald Press, 1961）.
③ Eleanor Metheny, "This 'Thing' Called Sport," *Journal of Health, Physical Education, and Recreation* 40 （March 1969）: 59 - 60.
④ James W. Keating, "Sportsmanship as a Moral Category," *Ethics* 75 （October 1964）: 25 - 35.
⑤ Howard S. Slusher, *Man, Sport, and Existence* （Philadelphia: Lea & Febiger, 1967）.

女性压迫之间联系的讨论。在体育教育研究的学者中，厄尔·齐格勒（Earle F. Zeigler）在1964年出版了《体育教育、健康教育和消遣教育的哲学基础》（*Philosophical Foundations for Physical, Health, and Recreation Education*）一书，开始了他那异常多产的体育哲学出版生涯。①

然而，保罗·维斯《体育：一种哲学探究》一书在1969年的出版，标志着体育作为学术哲学中的一个主题真正登台亮相。② 维斯是耶鲁大学哲学系的成员，他在形而上学领域的突出地位几乎立刻为体育哲学研究带来了可信度。维斯既不是专业体育人也不是体育从业者，他的书以"我不是运动员"开头。然而，他卓越的研究与推理能力结合，形成了一种体育哲学风格，这种哲学可以追溯到古希腊，并直接应用到现代体育实践中。这本书不仅考虑了体育的形而上的本性，还考虑了"身体的挑战"和竞技运动的教育潜力。毫无疑问，他关于女性和业余爱好的章节已经过时，与现代读者格格不入，实际上，他的作品在今天的体育哲学文献中很少被引用。然而，这本书标志着现代体育哲学的开始，不仅仅是因为维斯在成立第一个致力于研究体育哲学的学术团体方面扮演了开启者的角色。

当然，开创学术领域的是人而不是书——更具体地说，是一群人对更好地理解某些东西的渴望，在这里指的是体育。1972年12月28日，国际体育哲学协会（IAPS）正式诞生，当时该协会被称为体育哲学研究协会（PSSS）。纽约州立大学布罗克波特分校教授沃伦·弗雷利被公认为该组织之父（他至今仍活跃在IAPS中），然而他承认来自世界各地的教师和学者才是这个学会得以成立的奠基者，其中包括康涅狄格州三一学院的德鲁·海兰、德国卡尔斯鲁厄大学的汉斯·伦克、南加州大学的埃莉诺·梅思尼和霍华德·斯莱舍尔、马萨诸塞大学的埃伦·格伯（Ellen Gerber）和哈罗德·范德·泽瓦格（Harold VanderZwaag）、来自日本体育大学的阿布忍

[201]

---

① Earle F. Zeigler, *Philosophical Foundations for Physical, Health, and Recreation Education* (Englewood Cliffs, NJ: Prentice Hall, 1964).
② Paul Weiss, *Sport: A Philosophic Inquiry* (Carbondale: Southern Illinois University Press, 1969).

(Shinobu Abe)、英国邓弗姆林学院的彼得·阿诺德以及弗雷利在纽约州立大学的几位同事,包括罗伯特·奥斯特豪特(Robert Osterhoudt)、克劳斯·迈耶、卡罗兰·托马斯(Carolyn Thomas)和斯科特·克雷奇马尔。①

20 世纪 60 年代末到 70 年代初,这些人一直忙于教授课程、组织会议、出版和发表有关体育哲学的著作和文章。1972 年,在布罗克波特举行了关于体育哲学和体育与伦理的学术研讨会,而关于体育哲学和神学的会议是慕尼黑奥林匹克运动会前举办的体育科学大会的一部分。正是在这些会议上制订了体育哲学研究协会的成立计划,体育哲学研究协会的成立大会在波士顿喜来登酒店与美国哲学协会的东部分会一起举行。保罗·维斯当选为该组织首任主席,沃伦·弗雷利当选为该组织候任主席,该组织同时还有一个代表四个不同国家的董事会。从此开始,IAPS 在北美和欧洲的不同地点主办年度会议,并在四年一度的国际体育运动科学大会以及每五年举行一次的世界哲学大会上赞助举办系列会议。自 2000 年以来,IAPS 已经在澳大利亚、美国、英国、捷克、加拿大、斯洛文尼亚、日本和意大利举行了会议。

第一期《体育哲学杂志》(*JPS*)于 1974 年出版。早期,《体育哲学杂志》步履蹒跚、踯躅前行,但在十年期结束之前,它已经确立了自己作为该领域颇有建树的学术研究的主要来源的地位。与该领域的一般情况一样,该期刊的特点是对不同的方法和主题采取包容的态度。早期的问题主要集中在美学和形而上学上。斯科特·克雷奇马尔 1975 年发表的文章《从测试到比赛:体育中的两种对位分析》("From Test to Contest: An Analysis of Two Kinds of Counterpoint in Sport")至今仍经常被引用。② 随着更多关于东方武术和女性在体育中作用的文章发表,20 世纪 80 年代人们对多样性问题产生了新的兴趣。波斯托的"女子和男性体育"("Women and Masculine Sports")是

[202]

---

① Warren P. Fraleigh, "The Philosophic Society for the Study of Sport, 1972 – 1983," *Journal of the Philosophy of Sport* 10 (1984): 3 – 7.
② R. Scott Kretchmar, "From Test to Contest: An Analysis of Two Kinds of Counterpoint in Sport," *Journal of the Philosophy of Sport* 1 (1975): 23 – 30.

这一流派的基础性文章。① 伦理学也是很多人讨论的主题，克雷格·莱曼（Craig Lehman）1981 年发表的文章《骗子能玩游戏吗?》（"Can Cheaters Play the Game?"）提出了一个基础性问题。② 兴奋剂的使用和禁令的伦理问题也在米勒·布朗、沃伦·弗雷利和罗伯特·西蒙等学者中引起了广泛的争论。

到 20 世纪 80 年代末，《体育哲学杂志》上发表了相当多的文章，在体育哲学学科中建立了二级研究领域，并形成了适合学生课程的选集——威廉·摩根和克劳斯·迈耶主编的《体育中的哲学探究》（Philosophic Inquiry in Sport），这本选集初版于 1988 年，再版于 1995 年，对该领域重要专著的出版进行了补充，如伯纳德·休茨的《蚱蜢：游戏、生活与乌托邦》（前面已提到）、沃伦·弗雷利的《体育中的正确行动：参赛者的伦理》③ 和威廉·摩根的《体育左翼理论：批判与重建》④。这些著作代表了已经扎根的体育哲学的三个一般子领域：形而上学、伦理学和政治学。然而，值得注意的是，IAPS 和《体育哲学杂志》强调的是跨学科交流。虽然体育哲学家的兴趣和专业各不相同，但该领域的趋势是熟悉各个方面并欢迎各界讨论。这种包容性当然是该领域得以发展的原因之一。

2000 年以后，《体育哲学杂志》从每年出版一期发展到每年出版两期。这一变化是由英国和北美以及更远地区学者们迅速增长的兴趣所推动的。在某种程度上，它的发展更普遍地反映了体育科学的发展，但体育哲学家也通过为图书馆和课堂教学出版论著以及在传统哲学和体育教育期刊上发表文章，使他们的领域更加引人注目。德鲁·海兰的《体育哲学》、罗伯

---

① B. C. Postow, "Women and Masculine Sports," *Journal of the Philosophy of Sport* 7 (1980): 51–58.
② Craig Lehman, "Can Cheaters Play the Game?" *Journal of the Philosophy of Sport* 8 (1981): 41–46.
③ Warren P. Fraleigh, *Right Actions in Sport: Ethics for Contestants* (Champaign, IL: Human Kinetics, 1984).
④ William J. Morgan, *Leftist Theories of Sport: A Critique and Reconstruction* (Chicago: University of Illinois Press, 1994).

特·西蒙的《公平竞争：体育、价值和社会》和我的《哲学运动员》都是适合体育主题的哲学本科课程的专著。① 与此同时，斯科特·克雷奇马尔的《体育的实践哲学》② 和雪莉·伯格曼·德鲁（Sheryle Bergmann Drewe）的《为什么是体育？》（*Why Sport?*）③ 是为体育教育和运动机能学专业的学生量身定做的。从选集的多样性来看，体育伦理学也成为一门颇受欢迎的课程。④ 此外，安德鲁·霍洛切克在普伦提斯·霍尔（Prentice Hall）出版的《体育哲学：批判性阅读，关键性议题》一书是一本适合本科生阅读的一般选集。⑤ 1998 年，迈克·麦克纳米和吉姆·帕里在英国出版了《伦理与体育》（*Ethics and Sports*）。这本选集后来衍生出劳特利奇（Routledge）的"伦理与体育"系列丛书，现在已经有二十多本了。

尽管大多数体育哲学的学者来自哲学系或教育系，但宾夕法尼亚州立大学在 20 世纪 90 年代早期建立了一个结合体育史和体育哲学的博士项目。这个项目连同俄亥俄州、田纳西州和西安大略大学的项目，已经培养出几位体育哲学家，不仅如此，在传统哲学系接受培训的学者数量也在增加。在美国哲学学会和世界哲学大会的会议上，也恢复了关于体育哲学的会议。哲学在更大的体育研究领域的作用也在增强。然而，最重要的是该学科的持续国际化。日本的体育哲学学会自 1978 年开始活跃，英国体育哲学学会（BPSA）于 2002 年、欧洲体育哲学学会（EAPS）于 2009 年分别成立。中国也对体育哲学表现出了兴趣。2008 年，我受邀到北京体育大学做了系列

---

① Drew A. Hyland, *Philosophy of Sport* (New York: Paragon, 1990); Robert Simon, *Fair Play: Sports, Values, and Society* (Boulder, CO: Westview, 1991); Heather L. Reid, *The Philosophical Athlete* (Durham, NC: Carolina Academic Press, 2002).

② R. Scott Kretchmar, *Practical Philosophy of Sport* (Champaign, IL: Human Kinetics, 1994).

③ Sheryle Bergmann Drewe, *Why Sport?* (Toronto: Thompson, 2003).

④ William J. Morgan, Klaus V. Meier, and Angela J. Schneider, eds., *Ethics in Sport* (Champaign, IL: Human Kinetics, 2001), with a second edition in 2007; Jan Boxill, ed., *Sports Ethics* (Malden, MA: Blackwell, 2003); Mike McNamee, ed., *The Ethics of Sports: A Reader* (London: Routledge, 2010).

⑤ M. Andrew Holowchak, ed., *Philosophy of Sport: Critical Readings, Crucial Issues* (Upper Saddle River, NJ: Prentice Hall, 2002).

讲座。

这一学科日益国际化的趋势反映在它最近出版的出版物上。2007年，一份名为《体育、伦理与哲学》（Sport, Ethics and Philosophy）的新杂志创刊，其部分目的是希望——用编辑迈克·麦克纳米的话来说——"该杂志可以在激发迄今未被充分展现的哲学兴趣领域发挥作用"。[1] 他说，这不仅意味着该杂志将扩大其"体育"的概念，将诸如"身体文化"或"运动文化"等领域包括在内，而且意味着它将扩大可接受的方法论，使之超越三十年来主导体育哲学文献的英美分析传统。《体育、伦理与哲学》每年出版三期，包括对重点专题的聚焦，其中一些已经作为"伦理与体育"丛书再编发行，取得了巨大的成功。该杂志包含英文、西班牙文、德文、法文和中文的摘要，这进一步表明了该杂志的国际定位。

当然，这一切只不过是一个开始。鉴于体育的国际性以及当代的多元文化和全球化现象，体育哲学必然要拓展其文化视角。尽管这一主题在亚洲有着悠久的传统——多年来日本体育哲学学会扬言其会员数量一直超过国际同行——但要在东西方截然不同的哲学传统之间进行商谈，还需要付出更多努力。[2] 另外，来自更本土化的哲学传统的声音也需要为这个领域贡献他们的观点。这种情况已经发生，《体育哲学杂志》专门为被忽视的民族传统发行了特刊，会议参与者和撰稿人的群体也越来越多样化，尤其是在《体育、伦理与哲学》杂志上。由于现代精英体育日益成为一种全球现象，甚至草根体育项目也在满足普遍的需求，因此体育哲学不能仅仅是一门以英美学科占据主导地位的学科。国际体育哲学协会的历史是一种宽容和包容的历史。体育哲学的未来，就像体育的未来一样，将建立在加强国际合作的基础上。

---

[1] Mike McNamee, "Sport, Ethics and Philosophy: Context, History and Prospects," Sport, Ethics and Philosophy 1, no. 1 (2007): 5.

[2] 海瑟·里德尝试将中西方哲学应用于对体育运动的研究，见 Heather L. Reid, "Athletic Virtue: Between East and West," Sport, Ethics and Philosophy 4, no. 1 (2010): 16–26.

名词术语表

amateurism，业余体育精神。认为像体育这样的活动应该出于对游戏的热爱而不是出于对任何的外部报酬，尤其是金钱的热爱而被从事的信念。

aretē，美德。古希腊语，意为精神上和肉体上的卓越，通常译为德性。

aristeia，卓越。"做最好的，胜过所有其他人"的英雄理念，常在荷马史诗中被引用。

autotelic，自目的性的。作为目的本身的性质；不需要外在的目的或理由。对比"工具主义"（instrumentalism）。

consequentialist，效果论。道德理论的一类，如功利主义，关注行为的结果而不是原则或美德。对比美德伦理学（virtue ethics）、义务论的（deontological）。

constitutive rules，构成性规则。用来定义一个游戏并区别于其他游戏的规则。

cosmopolitanism，世界主义。该理论认为，除了他们的特定民族或国家外，人们还应该把自己看作一个世界共同体的公民。

deontological，义务论的。伦理理论的范畴，如伊曼努尔·康德的伦理理论，它关注道德法则或原则，而非美德或效果。对比美德伦理学（virtue ethics）、效果论（consequentialist）。

dualism，二元论。该理论认为，心灵和身体在形而上学上是截然不同的。通常身体被认为是物质的，而心灵是非物质的。

ekecheiria，休战日。古希腊禁止攻击参加奥林匹克运动会的出行者，有时还会扩展到暂停军事敌对行动，被称为奥林匹克休战。

empiricism，经验论。该理论认为知识主要是通过感官获得的。对比唯理论（rationalism）。

ethics，伦理学。研究正确与错误理论的哲学分支，亦称道德哲学。

ethos，风尚。蕴含在体育中的社会期望和习俗，与体育的正式规则相对。

eudaimonia，幸福。亚里士多德意指伦理人格之至善或目的的术语，它是一种只有在完整的一生中才能被充分理解的快乐（happiness）或兴旺（thriving）。

external goods，外在善品。善品，如财富或名誉，不是针对某一特定的行为，而是可以通过各种各样的活动来实现。对比内在善品（internal goods）。

flow，流畅性，或译心流。一种完美控制和毫不费力的感觉，也被描述为"在状态"（in the zone）。

formalism，形式主义。仅根据其形式规则对作为游戏的体育进行定义，并做出理解。

globalization，全球化。是指在交往和交流技术方面的变化进程，尽管地理和文化距离遥远，但它增进了人们之间的联系。

golden mean，中道。在亚里士多德的伦理学中，表示介于过度和不足之间的中间状态的美德。例如，勇敢是鲁莽和怯懦之间的中道。

gymnastikē，体操。希腊语，是指与体育馆联系在一起的竞技训练与操练。

hegemony，霸权。将一个更强大阶层的价值观和世界观作为一种社会规范强加于他人。

holism，整体论。一种形而上学的方法，关注事物之间的联系而不是它们之间的区别。对比二元论（dualism）。

hylomorphism，形式质料说。关于人的形而上学理论，它基于希腊人的质料（hyle）和形式（morphē，由心灵给予质料以形式或结构），从心灵重塑身体以达至卓越（aretē）的角度来理解体育运动。

idealism，观念论，亦即唯心主义。只肯定观念存在而否定物质存在的形而上学理论。

instrumentalism，工具主义。认为游戏应该被用来获得外在善品，如奖金和薪金的信念。对比自目的性的（autoletic）。

internal goods，内在善品。根据内在于特定社会实践中的卓越标准，通过成就而体验到的善品。对比外在善品（external goods）。

internal logic of sport，体育的内在逻辑。为创制游戏之故而设置非必需（unnecessary）或非必要（gratuitous）的障碍，如在足球中禁止用手持球。

isēgoria，平等机会权利。希腊语，意为机会均等，这个概念为体育和民主所共享。

isonomia，平权。希腊语，意为法律面前人人平等，这个概念为体育和民主所共享。

kalokagathia，尽善尽美。古希腊体操中美善合一的教育理念。

logical incompatibility thesis，逻辑不相容论题。主张一个人不能在故意打破规则的同时又在玩游戏。由于游戏只是规则的集合，根据形式主义，故意违反规则等于故意不玩游戏。

lusory attitude，嬉玩的态度或游戏的态度。在伯纳德·休茨对游戏的描述中，指玩家所表现出的态度，这种态度使他们能够采用更低效而不是更高效的手段来达至游戏目标。

lusory goal，游戏目标。在伯纳德·休茨对游戏的描述中，构成赢得某一游戏的那种事态。

metaphysics，形而上学。研究事物的根本本性的哲学分支。

moral relativism，道德相对论。认为在伦理中没有普遍的真理，道德原则是与特定的共同体，或者说，可能是与个人观点相关的。

multiculturalism，多元文化论。相信尽管全球化具有同质化的力量，但仍应珍视和维护多样性。

Olympism，奥林匹克主义。现代奥林匹克运动会背后的那套哲学原则。

ontological，本体论的。属于或关于事物的本性或存在。

paternalism，家长主义。通过违背人们的意志来限制人们的自由，尤其是为了保护他们自己。

phenomenology，现象学。关注人类经验之结构的哲学方法。

philosophical anthropology，哲学人类学。关心人类的本性与地位的哲学。

physicalism，物理主义。认为心灵和身体两者都只是物质的理论。

Platonic love，柏拉图式的爱情。无涉性爱关系而代之以教育和美德的深沉情感。

politics，政治。哲学的一个分支，对社会和共同体问题以及组织的研究。

postmodernism，后现代主义。对声称于每个人都有效的客观解释持怀疑态度的哲学方法。

psychē，灵魂。希腊语，包含生命（life）、心灵（mind）、精神（spirit）和情感（emotion）的理念。

rationalism，唯理论。知识主要基于内在推理的理论。对比经验论（empricism）。

segregation，隔离。把运动员按社会类别如性别或种族分成不同阶层的做法。废除隔离就是废除这种阶层。

social practice theory，社会实践理论。基于在相互珍视的实践中对卓越的共同追求，把体育（和其他活动）理解为共同体。

sōma，躯体。希腊语，物理身体，认为躯体是灵魂（psychē）离场的无生命之物。

sustainability，可持续性。既能满足我们当前的需要，又不损害子孙后代满足他们自己需要的能力。

technē，技艺。希腊语，实际技能或艺术，与诸如美德（aretē）等道德品质形成对比。

telos，目的。希腊语，表示目的（end）或目标（goal），用来描述一项活动的动机（motivation）和意图（purpose）。

utilitarianism，功利主义。一种注重后果的道德哲学，为受到任何行动影响的最大多数人谋取最大幸福。

virtue ethics，美德伦理学。关注行为者的品格而不是原则或结果的道德哲学。

wide theory，广义理论。认为体育具有社会、文化和道德价值，而不仅仅只是关注诸如获胜和成绩这样的内在价值。

wu-wei，无为。东方哲学术语，表达无为或不争的价值。

yin-yang，阴阳。东方哲学中象征着完全对立面之间的和谐。

参考文献

Alves, Ryan. "Real Life Lessons from the Gridiron." *Eastern Progress*, October 12, 2011. Accessed October 20, 2011. http://www.easternprogress.com/.
American Israeli Cooperative Enterprise. "The Nazi Olympics." Jewish Virtual Library, 2001. Accessed November 25, 2011. http://www.jewishvirtuallibrary.org/.
Ansaldo, Marco. "Immobile in pedana, tunisina boicatta Israele ai Mondiali." *La Stampa*, October 11, 2011. http://www3.lastampa.it/.
Aristophanes. "Clouds." In *The Comedies of Aristophanes*, translated by William James Hickie. London: Bohn, 1853.
Aristotle. *The Athenian Constitution*. Translated by Sir Frederic G. Kenyon. Washington, DC: Merchant Books, 2009.
———.*Complete Works*. Edited by Jonathan Barnes. 2 vols. Princeton, NJ: Princeton University Press, 1984.
———. *Nicomachean Ethics*. Translated by Terence Irwin. 2nd ed. Indianapolis: Hackett, 1999.
———. *Poetics*. Translated by Malcom Heath. London: Penguin, 1997.
———. *Politics*. Translated by C. D. C. Reeve. Indianapolis: Hackett, 1998.
Arnold, Peter J. "Democracy, Education and Sport." *Journal of the Philosophy of Sport* 16 (1989): 100–110.
———. "Sport and Moral Education." *Journal of Moral Education* 23, no. 1 (1994): 75–90.
Associated Press. "FINA Moves Up Bodysuit Ban." *ESPN Olympic Sports*, July 31, 2009. Accessed October 20, 2011. http://sports.espn.go.com/.
Athenaeus. "The Deipnosophists." In *The Smell of Sweat: Greek Athletics, Olympics and Culture*, edited by W. B. Tyrell. Wauconda, IL: Bolchazy-Carducci, 2004.
Bäck, Allan. "The *Way* to Virtue in Sport." *Journal of the Philosophy of Sport* 36 (2009): 217–37.
Becker, Carl B. "Philosophical Perspectives on the Martial Arts in America." *Journal of the Philosophy of Sport* 19, no. 1 (1982): 19–29.
Berkeley, George. *A Treatise Concerning the Principles of Human Knowledge*. Stilwell, KS: Digireads, [1734] 2006.
Bernard, Andrew B., and Meghan R. Busse. "Who Wins the Olympic Games: Economic Resources and Medal Totals." *Review of Economics and Statistics* 86, no. 1 (2004): 413–17.
Best, David. "The Aesthetic in Sport." In *Philosophic Inquiry in Sport*, edited by W. Morgan and K. Meier, 377–89. 2nd ed. Champaign, IL: Human Kinetics, 1995.
Bok, Derek. "Can Higher Education Foster Higher Morals?" In *Social and Personal Ethics*, edited by W. H. Shaw, 494–503. Belmont, CA: Wadsworth, 1996.
Boxill, Jan, ed. *Sports Ethics*. Malden, MA: Blackwell, 2003.

Bradley, Bill. *Values of the Game*. New York: Broadway Books, 1998.
Branch, Taylor. "The Shame of College Sports." *Atlantic Monthly*, October 2011. http://www.theatlantic.com/.
Brand, Myles. "The Role and Value of Intercollegiate Athletics in Universities." *Journal of the Philosophy of Sport* 33, no. 1 (2006): 9–20.
British Broadcasting Service. "FINA Extends Swimsuit Regulations." *BBC Mobile Sport*, March 19, 2009. Accessed October 20, 2011. http://news.bbc.co.uk/.
Brown, Ben. "Homer, Funeral Contests and the Origins of the Greek City." In *Sport and Festival in the Ancient Greek World*, edited by David J. Phillips and David Pritchard, 123–62. Swansea: Classical Press of Wales, 2003.
Brown, W. M. "Paternalism, Drugs, and the Nature of Sports." *Journal of the Philosophy of Sport* 11, no. 1 (1985): 14–22.
———. "Practices and Prudence." *Journal of the Philosophy of Sport* 17, no. 1 (1990): 71–84.
Brownell, Susan. *Training the Body for China*. Chicago: University of Chicago Press, 1995.
Burkert, Walter. *Greek Religion*. Translated by J. Raffan. Cambridge, MA: Harvard University Press, 1985.
Busbee, Jay. "Davis Calls Penalty on Himself, Gives Up Shot at First PGA Win." Yahoo Sports, April 18, 2010. Accessed October 21, 2011. http://sports.yahoo.com/.
Butcher, Robert, and Angela Schneider. "Fair Play as Respect for the Game." *Journal of the Philosophy of Sport* 25, no. 1 (1998): 1–22.
Cable News Network. "Sumo 'Fixing' Scandal Rocks Japan." CNN International Edition, February 4, 2011. Accessed October 21, 2011. http://edition.cnn.com/.
Caillois, Roger. *Man, Play, and Games*. Translated by Meyer Berlash. Urbana: University of Illinois Press, [1958] 2001.
Camus, Albert. *The Myth of Sisyphus and Other Essays*. Translated by Justin O'Brien. New York: Random House, 1955.
———. "The Wager of Our Generation." In *Resistance, Rebellion, and Death*, translated by Justin O'Brien. New York: Vintage, 1960.
Carr, David. "What Moral Educational Significance Has Physical Education?" In *The Ethics of Sports: A Reader*, edited by Mike McNamee, 306–15. London: Routledge, 2010.
———. "Where's the Merit If the Best Man Wins?" *Journal of the Philosophy of Sport* 26, no. 1 (1999): 1–9.
Cassiodorus. "Variae." In *The Roman Games*, edited by Alison Futrell, 74. Malden, MA: Blackwell, 2006.
Cheng, Chung-Ying. "On the Metaphysical Significance of *ti* (Body-Embodiment) in Chinese Philosophy: *benti* (Origin-Substance) and *ti-yong* (Substance and Function)." *Journal of Chinese Philosophy* 29, no. 2 (2002): 145–61.
Ching, Gene, and Gigi Oh. "Where Wushu Went Wrong." *Kungfu Magazine*, November 3, 2006. Accessed October 21, 2011. http://ezine.kungfumagazine.com/.
Cicero, Marcus Tullius. *Tusculan Disputations*. Translated by J. King. Cambridge, MA: Loeb, 1927.
Clarey, Christopher. "A French Revolution in the Fast Lanes." *International Herald Tribune*, November 18, 2011. Kindle edition.
Confucius. *Analects*. Translated by E. Slingerland. Indianapolis: Hackett, 2003.
———. *The Analects of Confucius*. Translated by Arthur Waley. New York: Vintage, 1989.
Cordner, Christopher. "Differences between Sport and Art." In *Philosophic Inquiry in Sport*, edited by W. Morgan and K. Meier, 424–36. 2nd ed. Champaign, IL: Human Kinetics, 1995.
Cordner, C. D. "Grace and Functionality." In *Philosophic Inquiry in Sport*, edited by W. Morgan and K. Meier, 407–14. 2nd ed. Champaign, IL: Human Kinetics, 1995.
Coubertin, Pierre de. *Olympism: Selected Writings*. Edited by Norbert Müller. Lausanne, Switzerland: International Olympic Committee, 2000.
———. "The Olympic Games of 1896." In *The Olympic Idea: Pierre de Coubertin—Discourses and Essays*, edited by Carl-Diem Institut, 10–14. Stuttgart, Germany: Olympisher Sportverlag, 1966.

Crowther, Nigel. "The Ancient Olympics and Their Ideals." In *Athletika: Studies on the Olympic Games and Greek Athletics*, edited by W. Decker and I. Weiler, 1–11. Hildesheim, Germany: Weidemann, 2004.
Cudd, Ann E. "Sporting Metaphors: Competition and the Ethos of Capitalism." *Journal of the Philosophy of Sport* 34, no. 1 (2007): 52–67.
Curtis, Thomas P. "Amusing Then Amazing: American Wins 1896 Discus." *Technology Review*, July 24, 1924. Reprinted in *MIT News*, July 18, 1996. http://web.mit.edu/.
DaCosta, Lamartine. "A Never-Ending Story: The Philosophical Controversy over Olympism." *Journal of the Philosophy of Sport* 33, no. 2 (2006): 157–73.
D'Agostino, Fred. "The Ethos of Games." In *Philosophic Inquiry in Sport*, edited by W. Morgan and K. Meier, 48–49. 2nd ed. Champaign, IL: Human Kinetics, 1995.
Danto, Arthur. "The Artworld." *Journal of Philosophy* 61 (1964): 571–84.
Davis, Paul. "Ethical Issues in Boxing." *Journal of the Philosophy of Sport* 20–21 (1993–1994): 48–63.
Dean, Jeffry. "Aesthetics and Ethics: The State of the Art." *Aesthetics Online*, 2002. Accessed November 1, 2011. http://aesthetics-online.org/.
Delattre, Edwin J. "Some Reflections on Success and Failure in Competitive Athletics." *Journal of the Philosophy of Sport* 2, no. 1 (1975): 133–39.
Descartes, René. *The Philosophical Writings of Descartes*. Edited by J. Cottingham, R. Stoothoff, and D. Murdoch. 2 vols. Cambridge, UK: Cambridge University Press, 1985.
Diogenes Laertius. *Lives of Eminent Philosophers*. Translated by R. D. Hicks. Vol. 1. Cambridge, MA: Harvard University Press, 1972.
Dixon, Nicholas. "On Sportsmanship and Running Up the Score." *Journal of the Philosophy of Sport* 19 (1992): 1–13.
———. "On Winning and Athletic Superiority." *Journal of the Philosophy of Sport* 26, no. 1 (1999): 10–26.
———. "Why Losing by a Wide Margin Is Not in Itself a Disgrace." *Journal of the Philosophy of Sport* 25, no. 1 (1998): 61–79.
Dombrowski, Daniel. *Contemporary Athletics and Ancient Greek Ideals*. Chicago: University of Chicago Press, 2009.
Drewe, Sheryle Bergmann. *Why Sport?* Toronto: Thompson, 2003.
Durà-Vilà, Víctor. "Why Playing Beautifully Is Morally Better." In *Soccer and Philosophy: Beautiful Thoughts on the Beautiful Game*, edited by T. Richards, 141–48. Chicago: Open Court, 2010.
Eassom, Simon. "Games, Rules, and Contracts." In *Ethics and Sport*, edited by Mike McNamee and Jim Parry, 57–78. London: E & FN Spon, 1998.
Eaton, Marcia Muelder. *Merit, Aesthetic and Ethical*. New York: Oxford University Press, 2001.
Edelman, Robert. *Serious Fun: A History of Spectator Sports in the USSR*. New York: Oxford University Press, 1993.
English, Jane. "Sex Equality in Sports." *Philosophy and Public Affairs* 7 (1978): 269–77.
The Epic of Gilgamesh. Translated by N. K. Sandars. London: Penguin, 1960.
Epstein, David. "Double Amputee Pistorius Keeping Olympic Sprinting Dreams Alive." SI.com, June 11, 2011. Accessed November 22, 2011. http://sportsillustrated.cnn.com/.
Erdbrink, Thomas. "FIFA Bans Headscarves for Iranian Women's Soccer Team." *Washington Post*, June 6, 2011. http://www.washingtonpost.com/.
Evangeliou, C. *Hellenic Philosophy: Origin and Character*. Burlington, VT: Ashgate, 2006.
Feezell, Randolph. *Sport, Play and Ethical Reflection*. Urbana: University of Illinois Press, 2006.
Fischer, Norman. "Competitive Sport's Imitation of War: Imaging the Completeness of Virtue." *Journal of the Philosophy of Sport* 29, no. 1 (2002): 16–37.
Fisher, Marjorie. "Sport as an Aesthetic Experience." In *Sport and the Body: A Philosophical Symposium*, edited by Ellen Gerber, 315–21. Philadelphia: Lea & Febiger, 1974.
Foundation for the Hellenic World. "The Revival of the Ancient Olympic Games." From Ancient Olympia to Athens of 1896. Accessed December 12, 2011. http://www.fhw.gr.

Fraleigh, Warren P. "The Ends of the Sports Contest." In *The Ethics of Sports: A Reader*, edited by Mike McNamee, 106–15. London: Routledge, 2010.

———. "Performance-Enhancing Drugs in Sport: The Ethical Issue." *Journal of the Philosophy of Sport* 11, no. 1 (1985): 23–29.

———. "The Philosophic Society for the Study of Sport, 1972–1983." *Journal of the Philosophy of Sport* 10 (1984): 3–7.

———. *Right Actions in Sport: Ethics for Contestants*. Champaign, IL: Human Kinetics, 1984.

Franke, W., and B. Berendonk. "Hormonal Doping and Androgenization of Athletes: A Secret Program of the German Democratic Republic Government." *Clinical Chemistry* 43, no. 7 (1997): 1262–79.

Futrell, Alison, ed. *The Roman Games*. Malden, MA: Blackwell, 2006.

Gerber, Ellen, ed. *Sport and the Body: A Philosophical Symposium*. Philadelphia: Lea & Febiger, 1974.

Gleaves, John. "Too Fit to Fly: How Female Nordic Ski Jumping Challenges the IOC's Approach to Gender Equality." In *Rethinking Matters Olympic: Investigations into the Socio-Cultural Study of the Modern Olympic Movement*, edited by International Center for Olympic Studies, 278–88. London: University of Western Ontario, 2010.

Golden, Mark. *Greek Sport and Social Status*. Austin: University of Texas Press, 2008.

———. *Sport and Society in Ancient Greece*. Cambridge, UK: Cambridge University Press, 1998.

———. *Sport in the Ancient World from A to Z*. New York: Routledge, 2004.

Goldman, Tom. "Athlete's 'Nope to Dope' Became 'No to Sports.'" National Public Radio, 2011. http://www.npr.org/.

Groos, Karl. "Play from the Aesthetic Standpoint." In *The Play of Man*. New York: D. Appleton, 1901. Reprinted in Gerber, *Sport and the Body*, 302–4.

Hanley, Elizabeth A. "A Perennial Dilemma: Artistic Sports in the Olympic Games." Unpublished manuscript, 2000.

Hardman, Alun, Luanne Fox, Doug McLaughlin, and Kurt Zimmerman. "On Sportsmanship and Running Up the Score: Issues of Incompetence and Humiliation." *Journal of the Philosophy of Sport* 23: (1996): 58–69.

Heidegger, Martin. *Poetry, Language, Thought*. New York: Harper & Row, 1971.

Herodotus. *Histories*. Translated by A. D. Godley. Cambridge, MA: Harvard University Press, 1920.

Herrigel, Eugen. *Zen in the Art of Archery*. Translated by R. F. C. Hull. New York: Vintage, 1999.

Hoberman, John. *Darwin's Athletes: How Sport Has Damaged Black America and Preserved the Myth of Race*. Boston: Houghton Mifflin, 1997.

———. *Mortal Engines: The Science of Performance and the Dehumanization of Sport*. New York: Free Press, 1992.

Holowchak, M. Andrew. "'Aretism' and Pharmacological Ergogenic Aids in Sport: Taking a Shot at the Use of Steroids." *Journal of the Philosophy of Sport* 27, no. 1 (2000): 35–50.

———. "Fascistoid Heroism Revisited: A Deontological Twist in a Recent Debate." *Journal of the Philosophy of Sport* 32, no. 2 (2005): 96–104.

———, ed. *Philosophy of Sport: Critical Readings, Crucial Issues*. Upper Saddle River, NJ: Prentice Hall, 2002.

Holowchak, M. Andrew, and Heather L. Reid. *Aretism: An Ancient Sports Philosophy for the Modern Sports World*. Lanham, MD: Lexington Books, 2011.

Homer. *The Iliad and Odyssey*. Translated by Robert Fagles. New York: Penguin, 1990.

Huizinga, Johan. *Homo Ludens: A Study of the Play Element in Culture*. Boston: Beacon Press, [1944] 1955.

Hume, David. *A Treatise of Human Nature*. Edited by L. A. Selby-Bigge. 2nd ed. Oxford, UK: Clarendon, 1978.

Hyland, Drew A. 1978. "Competition and Friendship." *Journal of the Philosophy of Sport* 5, no. 1 (1978): 27–37.

———. "Paidia and Paideia: The Educational Power of Athletics." *Journal of Intercollegiate Sport* 1, no. 1 (2008): 66–71.

---. *Philosophy of Sport*. New York: Paragon, 1990.
---. *The Question of Play*. Lanham, MD: University Press of America, 1984.
---. "The Stance of Play." *Journal of the Philosophy of Sport* 7, no. 1 (1980): 87–99.
Iamblichus. *The Pythagorean Life*. Translated by Thomas Taylor. London: Watkins, 1818.
Inoue, Akio. "Critique of Modern Olympism: A Voice from the East." In *Sports: The East and the West*, edited by G. Pfister and L. Yueye, 163–67. Sant Agustin, Germany: Academia Verlag, 1999.
International Olympic Committee. *Factsheet on the Olympic Programme*. Lausanne, Switzerland: Author, 2007.
---. "The New Exhibition at the Olympic Museum on the Theme of Hope." Olympic.org, March 28, 2011. Accessed November 25, 2011. http://www.olympic.org/.
---. *The Olympic Charter*. Lausanne, Switzerland: Author, 2010.
---. *Olympic Movement's Agenda 21: Sport for Sustainable Development*. Lausanne, Switzerland: Author, 1999. http://www.olympic.org/.
---. "Olympic Solidarity Commission." Olympic.org, 2011. Accessed November 28, 2011. http://www.olympic.org/.
---. "The Sport and Environment Commission." Olympic.org, 2009. Accessed December 5, 2011. http://www.olympic.org/.
International Paralympic Committee. "Powerlifting on an Upswing." Paralympian Online, 2000. Accessed November 21, 2011. http://www.paralympic.org/.
Jackson, Phil. *Sacred Hoops: Spiritual Lessons of a Hardwood Warrior*. New York: Hyperion, 1995.
Jackson, Susan A., and Mihaly Csikszentmihalyi. *Flow in Sports*. Champaign, IL: Human Kinetics, 1999.
Jones, Carwyn. "Character, Virtue, and Physical Education." *European Physical Education Review* 11, no. 2 (2005): 140–42.
Jones, Carwyn, and P. David Howe. "The Conceptual Boundaries of Sport for the Disabled: Classification and Athletic Performance." *Journal of the Philosophy of Sport* 32, no. 2 (2005): 133–46.
Kant, Immanuel. *Groundwork for the Metaphysic of Morals*. Translated by H. J. Paton. New York: Harper and Row, 1948.
Keating, James W. "Sportsmanship as a Moral Category." *Ethics* 75 (October 1964): 25–35.
Kennell, Nigel M. *The Gymnasium of Virtue: Education and Culture in Ancient Sparta*. Chapel Hill: University of North Carolina Press, 1995.
Kidd, Bruce. "Taking the Rhetoric Seriously: Proposals for Olympic Education." *Quest* 48 (1996): 82–92.
King, Martin Luther, Jr. *I Have a Dream: Writings and Speeches that Changed the World*. New York: Harper Collins, 1992.
King, Winston. *Zen and the Way of the Sword*. New York: Oxford University Press, 1993.
Kramer, S. K. "Hymn of Praise to Shulgi." In *History Begins at Sumer*, 285–88. Philadelphia: University of Pennsylvania Press, 1981.
Kretchmar, R. Scott. "Beautiful Games." *Journal of the Philosophy of Sport* 16, no. 1 (1989): 34–43.
---. "Ethics and Sport: An Overview." *Journal of the Philosophy of Sport* 10, no. 1 (1984): 21–32.
---. "From Test to Contest: An Analysis of Two Kinds of Counterpoint in Sport." *Journal of the Philosophy of Sport* 1 (1975): 23–30.
---. *Practical Philosophy of Sport*. Champaign, IL: Human Kinetics, 1994.
Kuhn, Anthony. "Chinese Martial Art Form Sports Less Threatening Moves." *Los Angeles Times*, October 16, 1988. Accessed October 21, 2011. http://articles.latimes.com/.
Kupfer, Joseph. "Sport: The Body Electric." In *Philosophic Inquiry in Sport*, edited by W. Morgan and K. Meier, 390–406. 2nd ed. Champaign, IL: Human Kinetics, 1995.
Kyle, Donald G. *Spectacles of Death in Ancient Rome*. New York: Routledge, 1998.
---. *Sport and Spectacle in the Ancient World*. Malden, MA: Blackwell, 2007.

Lacerda, Teresa, and Stephen Mumford. "The Genius in Art and in Sport: A Contribution to the Investigation of Aesthetics of Sport." *Journal of the Philosophy of Sport* 37, no. 2 (2010): 182–93.

Lao-Tzu. *Tao Te Ching*. Translated by S. Addiss and S. Lombardo. Indianapolis: Hackett, 2003.

Laozi. "Daodejing." In *Readings in Classical Chinese Philosophy*, edited by P. Ivanhoe and B. Van Norden, 161–206. 2nd ed. Indianapolis: Hackett, 2001.

Lapchick, Richard. *2010 Racial and Gender Report Card*. Chicago: Institute for Diversity and Ethics in Sport, 2010.

Lasch, Christopher. "The Degradation of Sport." *New York Review of Books* 24, no. 7 (1977). Reprinted in *The Ethics of Sports: A Reader*, edited by Mike McNamee, 369–81. London: Routledge, 2010.

Lehman, Craig. "Can Cheaters Play the Game?" *Journal of the Philosophy of Sport* 8 (1981): 41–46.

Lenk, Hans. "Towards a Philosophical Anthropology of the Olympic Athletes and the Achieving Being." In *International Olympic Academy Report*, 163–77 (Ancient Olympia, Greece: 1982).

Levy, Glen. "British Athletes Told to Avoid Shaking Hands at the Olympics." *Time* Newsfeed. March 6, 2012. Accessed March 7, 2012. http://newsfeed.time.com/.

Litke, Jim. "Black Athletes Eased Obama's Presidential Path." *NBC Sports*, November 5, 2008. Accessed November 21, 2011. http://nbcsports.msnbc.com/.

Livingston, Gretchen, and D'Vera Cohn. "Childlessness Up among All Women, Down among Women with Advanced Degrees." Pew Research Center, June 25, 2010. Accessed November 21, 2011. http://www.pewsocialtrends.org/.

Locke, John. *An Essay Concerning Human Understanding*. Oxford, UK: Clarendon, 1975.

Loland, Sigmund. "The Ethics of Performance-Enhancing Technology in Sport." *Journal of the Philosophy of Sport* 36, no. 1 (2009): 152–61.

———. "Fairness in Sport: An Ideal and Its Consequences." In *The Ethics of Sports: A Reader*, edited by Mike McNamee, 116–24. London: Routledge, 2010.

———. *Fair Play in Sport: A Moral Norm System*. New York: Routledge, 2001.

———. "Record Sports: An Ecological Critique and a Reconstruction." *Journal of the Philosophy of Sport* 27, no. 2 (2001): 127–39.

Loy, John W., Jr. "The Nature of Sport: A Definitional Effort." *Quest* 10, no. 1 (May 1968): 1–15. Reprinted in Holowchak, *Philosophy of Sport*, 16–28.

MacIntyre, Alasdair. *After Virtue*. Notre Dame, IN: University of Notre Dame Press, 1981.

———. *Whose Justice? Which Rationality?* Notre Dame, IN: University of Notre Dame Press, 1989.

Maglo, Koffi N. "The Case against Biological Realism about Race: From Darwin to the Post-Genomic Era." *Perspectives on Science* 19, no. 4 (2011): 361–90.

Mandell, Richard. *The Nazi Olympics*. Champaign: University of Illinois Press, 1987.

McBride, Frank. "Toward a Non-Definition of Sport." *Journal of the Philosophy of Sport* 2 (1975): 4–11.

McCurry, Justin. "Sumo Threatened by Scandal and Crime." *Guardian*, July 4, 2010. Accessed October 21, 2011. http://www.guardian.co.uk/.

McDonagh, Eileen L., and Laura Pappano. *Playing with the Boys: Why Separate Is Not Equal in Sports*. New York: Oxford University Press, 2008.

McFee, Graham. "Spoiling: An Indirect Reflection of Sport's Moral Imperative?" In *The Ethics of Sports: A Reader*, edited by Mike McNamee, 145–52. London: Routledge, 2010.

———. *Sports, Rules and Values: Philosophical Investigations into the Nature of Sport*. London: Routledge, 2004.

McNamee, Mike, ed. *The Ethics of Sports: A Reader*. London: Routledge, 2010.

———. "Hubris, Humility, and Humiliation: Vice and Virtue in Sporting Communities." *Journal of the Philosophy of Sport* 29, no. 1 (2002): 38–53.

———. "Olympism, Eurocentricity, and Transcultural Virtues." *Journal of the Philosophy of Sport* 33, no. 2 (2006): 174–87.

———. "*Schadenfreude* in Sport: Envy, Justice, and Self-esteem." *Journal of the Philosophy of Sport* 30, no. 1 (2003): 1–16.
———. "*Sport, Ethics and Philosophy*: Context, History and Prospects." *Sport, Ethics and Philosophy* 1, no. 1 (2007): 1–6.
———. "Sporting Practices, Institutions and Virtues: A Critique and Restatement." *Journal of the Philosophy of Sport* 22, no. 1 (1995): 61–82.
———. *Sports, Virtues and Vices: Morality Plays*. London: Routledge, 2008.
Meier, Klaus V. "An Affair of Flutes: An Appreciation of Play." *Journal of the Philosophy of Sport* 7, no. 1 (1980): 24–45.
———. "Triad Trickery: Playing with Sport and Games." *Journal of the Philosophy of Sport* 15, no. 1 (1988): 11–30.
Mengzi. *Mencius*. Translated by Irene Bloom. New York: Columbia University Press, 2009.
Merleau-Ponty, Maurice. *The Phenomenology of Perception*. Translated by Colin Smith. London: Routledge and Kegan Paul, 1962.
Metheny, Eleanor. "The Symbolic Power of Sport." Presented to the Eastern District Association for Health, Physical Education and Recreation in Washington, DC, April 26, 1968. Reprinted in *Sport and the Body: A Philosophical Symposium*, edited by E. Gerber and W. J. Morgan, 231–36. Philadelphia: Lea & Febiger, 1979.
———. "This 'Thing' Called Sport." *Journal of Health, Physical Education, and Recreation* 40 (March 1969): 59–60.
Mikalson, J. *Ancient Greek Religion*. Malden, MA: Blackwell, 2005.
Mill, John Stuart. *On Liberty*. Indianapolis, IN: Hackett, 1978.
Miller, Stephen G. *Ancient Greek Athletics*. New Haven, CT: Yale University Press, 2004.
———, ed. *Arete: Greek Sports from Ancient Sources*. Berkeley: University of California Press, 1991.
———. "Naked Democracy." In *Polis and Politics*, edited by P. Flensted-Jensen and T. H. Nielsen, 277–96. Copenhagen: Festschrift, 2000.
Moller, Verner. "The Athlete's Viewpoint." In *The Ethics of Sports: A Reader*, edited by Mike McNamee, 160–68. London: Routledge, 2010.
Morgan, William J. "Cosmopolitanism, Olympism, and Nationalism: A Critical Interpretation of Coubertin's Ideal of International Sporting Life." *Olympika* 4 (1995): 79–91.
———. *Leftist Theories of Sport: A Critique and Reconstruction*. Chicago: University of Illinois Press, 1994.
———. "The Logical Incompatability Thesis and Rules: A Reconsideration of Formalism as an Account of Games." *Journal of the Philosophy of Sport* 14, no. 1 (1987): 1–20.
———. "Multinational Sport and Literary Practices and Their Communities: The Moral Salience of Cultural Narratives." In *Ethics and Sport*, edited by Mike McNamee and Jim Parry, 184–204. London: E & FN Spon, 1998.
———. *Why Sports Morally Matter*. Abingdon, UK: Routledge, 2006.
Morgan, William J., Klaus V. Meier, and Angela, J. Schneider, eds. *Ethics in Sport*. Champaign, IL: Human Kinetics, 2001. 2nd ed., 2007.
Morris, Ian. "Equality and the Origins of Greek Democracy." In *Ancient Greek Democracy*, edited by Eric W. Robinson, 45–73. Malden, MA: Blackwell, 2004.
Mouratidis, John. "Heracles at Olympia and the Exclusion of Women from the Ancient Olympic Games." *Journal of Sport History* 11, no. 3 (1984): 41–55.
Mumford, Stephen. *Watching Sport: Aesthetics, Ethics, and Emotion*. Abingdon, UK: Routledge, 2011.
Murray, Hugh. "Review of Hoberman's *The Olympic Crisis*." *Journal of Sport History* 16, no. 1 (1989): 104–8.
National Collegiate Athletic Association. "Estimated Probability of Competing in Athletics beyond the High School Interscholastic Level." NCAA.com, 2011. Accessed November 21, 2011. http://www.ncaa.org/.
———. *2009–2010 Student Athlete Ethnicity Report*. Indianapolis: Author, 2010.
Nicholson, Nigel James. *Aristocracy and Athletics in Archaic and Classical Greece*. Cambridge, UK: Cambridge University Press, 2005.

Nielsen Company. "Beijing Olympics Draw Largest Ever Global Television Audience." Nielsenwire, September 8, 2008. Accessed April 10, 2012. http://blog.nielsen.com/.

Nietzsche, Friedrich. *The Birth of Tragedy*. Translated by Shaun Whiteside. London: Penguin, 1994.

———. "Thus Spoke Zarathustra." In *The Portable Nietzsche*, edited by Walter Kaufmann, 146–47. New York: Viking, 1982.

Osterhoudt, R. G. "The Term 'Sport': Some Thoughts on a Proper Name." *International Journal of Physical Education* 14, no. 2 (1977): 11–16.

Parry, Jim. "Sport and Olympism: Universals and Multiculturalism." *Journal of the Philosophy of Sport* 33, no. 2 (2006): 188–204.

———. "Sport, Ethos and Education." In *The Ethics of Sports: A Reader*, edited by Mike McNamee, 316–26. London: Routledge, 2010.

Pausanias. *Description of Greece*. Translated by Peter Levi. 2 vols. New York: Penguin, 1979.

Pawlenka, Claudia. "The Idea of Fairness: A General Ethical Concept or One Particular to Sports Ethics." *Journal of the Philosophy of Sport* 32, no. 1 (2005): 49–64.

Percy, William A. *Pederasty and Pedagogy in Archaic Greece*. Urbana: University of Illinois Press, 1996.

Pindar. *The Complete Odes*. Translated by Anthony Verity. Oxford: Oxford University Press, 2007.

———. *Olympian Odes, Pythian Odes*. Translated by William H. Race. Cambridge, MA: Harvard University Press, 1997.

Pinter, Stanislav, Tjasa Filipcic, Ales Solar, and Maja Smrdu. "Integrating Children with Physical Impairments into Sports Activities: A 'Golden Sun' for All Children?" *Journal of the Philosophy of Sport* 32, no. 2 (2005): 147–54.

Pinto, Barbara, and Olivia Katrandjian. "Wrestler Joel Northup Forfeits to Female Opponent in Iowa State Championships." *ABC News*, February 18, 2011. Accessed November 21, 2011. http://abcnews.go.com/.

Plato. *Apology*. Translated by G. M. A. Grube. Indianapolis: Hackett, 1980.

———. *Complete Works*. Edited by John M. Cooper. Indianapolis: Hackett, 1997.

———. *Laws*. Translated by Trevor Saunders. London: Penguin, 1970.

———. *Republic*. Translated by G. M. A. Grube. Indianapolis: Hackett, 1992.

———. *Symposium*. Translated by Alexander Nehamas and Paul Woodruff. Indianapolis: Hackett, 1989.

———. *Two Comic Dialogues: Ion and Hippias Major*. Translated by Paul Woodruff. Indianapolis: Hackett, 1983.

Postow, B. C. "Masculine Sports Revisited." *Journal of the Philosophy of Sport* 8, no. 1 (1981): 60–63.

———. "Women and Masculine Sports." *Journal of the Philosophy of Sport* 7 (1980): 51–58.

Rawls, John. *A Theory of Justice*. Cambridge, MA: Harvard University Press, 1971.

Reid, Heather L. "Aristotle's Pentathlete." *Sport, Ethics and Philosophy* 4, no. 2 (2010): 183–94.

———. "Athletic Heroes." *Sport, Ethics and Philosophy* 4, no. 2 (2010): 125–35.

———. *Athletics and Philosophy in the Ancient World: Contests of Virtue*. London: Routledge, 2011.

———. "Athletic Virtue: Between East and West." *Sport, Ethics and Philosophy* 4, no. 1 (2010): 16–26. Reprinted in McNamee, *Ethics of Sports*, 340–47.

———. "Boxing with Tyrants." *Sport, Ethics and Philosophy* 4, no. 2 (2010): 146–56.

———. "East to Olympia: Recentering Olympic Philosophy between East and West." *Olympika: The International Journal of Olympic Studies* 19 (2010): 59–79.

———. "The Epicurean Spectator." *Sport, Ethics and Philosophy* 4, no. 2 (2010): 195–203. Reprinted in *Athletics and Philosophy in the Ancient World: Contests of Virtue*, 81–89. London: Routledge, 2011.

———. "Of Sport, Service, and Sacrifice: Rethinking the Religious Heritage of the Olympic Games." In *Cultural Imperialism in Action: Critiques in the Global Olympic Trust*, edited by N. Crowther, R. Barney, and M. Heine, 32–40. London, Ontario: International Centre for Olympic Studies, 2006.

———. "Olympia: Running towards Truth." *Sport, Ethics and Philosophy* 4, no. 2 (2010): 136–45.

———. "Olympic Sport and Its Lessons for Peace." *Journal of the Philosophy of Sport* 33, no. 2 (2006): 205–13. Reprinted with revisions in *Olympic Truce: Sport as a Platform for Peace*, edited by K. Georgiadis and A. Syrigos, 25–35. Athens: International Olympic Truce Center, 2009.

———. *The Philosophical Athlete*. Durham, NC: Carolina Academic Press, 2002.

———. "Plato's Gymnasium." *Sport, Ethics and Philosophy* 4, no. 2 (2010): 170–82.

———. "The Political Heritage of the Olympic Games: Relevance, Risks, and Possible Rewards." *Sport, Ethics and Philosophy: Special Issue on the Olympic Games* 6, no. 2 (2012): 108–20.

———. "Sport and Moral Education in Plato's *Republic*." *Journal of the Philosophy of Sport* 34, no. 2 (2007): 160–75.

———. "Sport, Philosophy, and the Quest for Knowledge." *Journal of the Philosophy of Sport* 36, no. 1 (2009): 40–49.

———. "Was the Roman Gladiator an Athlete?" *Journal of the Philosophy of Sport* 33, no. 1 (2006): 37–49.

———. "Wrestling with Socrates." *Sport, Ethics and Philosophy* 4, no. 2 (2010): 157–69.

Reid, Heather L., and Mike W. Austin, eds. *The Olympics and Philosophy*. Lexington: University Press of Kentucky, 2012.

Riordan, James. *Sport, Politics, and Communism*. Manchester, UK: Manchester University Press, 1991.

Roberts, Terence J. "Sport, Art, and Particularity: The Best Equivocation." In *Philosophic Inquiry in Sport*, edited by W. Morgan and K. Meier, 415–525. 2nd ed. Champaign, IL: Human Kinetics, 1995.

Rogge, Jacques. "An Apologia for Professionalism." *Olympic Review* 26, no. 4 (1995): 52.

Roochnik, David L. "Play and Sport." *Journal of the Philosophy of Sport* 2, no. 1 (1975): 36–44.

Russell, Bill. *Second Wind: The Memoirs of an Opinionated Man*. New York: Random House, 1979.

Russell, J. S. "Are Rules All an Umpire Has to Work With?" *Journal of the Philosophy of Sport* 25, no. 1 (1999): 27–40.

Russell, John. "The Value of Dangerous Sports." *Journal of the Philosophy of Sport* 32, no. 1 (2005): 1–19.

Sabo, Donald F., et al. "High School Athletic Participation, Sexual Behavior and Adolescent Pregnancy: A Regional Study." *Journal of Adolescent Health* 25, no. 3 (1999): 207–16.

Sansone, David. *Greek Athletics and the Genesis of Sport*. Berkeley: University of California Press, 1988.

Sapora, Allen V., and Elmer D. Mitchell. *The Theory of Play and Recreation*. New York: Ronald Press, 1961.

Sartre, Jean-Paul. *Being and Nothingness*. Translated by Hazel E. Barnes. New York: Philosophical Library, 1956.

Scanlon, Thomas F. *Eros and Greek Athletics*. New York: Oxford University Press, 2002.

Scheuerman, William. "Globalization." In *The Stanford Encyclopedia of Philosophy*, edited by Edward N. Zalta. Summer 2010 ed. Accessed December 5, 2011. http://plato.stanford.edu/.

Schmid, Stephen. "Reconsidering Autotelic Play." *Journal of the Philosophy of Sport* 36, no. 2 (2009): 238–57.

Schnee, Steven, and Astrid Rodrigues. "The Amputee Wrestler: Rohan Murphy Can Take You Down." *ABC Sports*, December 9, 2010. Accessed November 21, 2011. http://abcnews.go.com/.

Schneider, Angela J. "Fruits, Apples, and Category Mistakes: On Sport, Games, and Play." *Journal of the Philosophy of Sport* 28, no. 2 (2001): 151–59.

———. "On the Definition of 'Woman' in the Sport Context." In *Values in Sport*, edited by T. Tännsjö and C. Tamburrini, 123–38. London: Routledge, 2000.

Schneider, Angela, and Robert Butcher. "Why Olympic Athletes Should Avoid the Use and Seek the Elimination of Performance-Enhancing Substances and Practices from the Olympic Games." *Journal of the Philosophy of Sport* 20–21 (1993–1994): 64–81.
Seneca, Lucius Annaeus. *Letters from a Stoic (Epistulae Morales ad Lucilium)*. Translated by R. Campbell. London: Penguin, 1969.
Senn, Alfred Erich. *Power, Politics and the Olympic Games*. Champaign, IL: Human Kinetics, 1999.
Sheets-Johnstone, Maxine. "Rationality and Caring: An Ontogenetic and Phylogenetic Perspective." *Journal of the Philosophy of Sport* 29, no. 2 (2002): 136–48.
Simon, Robert. "Does Athletics Undermine Academics? Examining Some Issues." *Journal of Intercollegiate Sport* 1, no. 1 (2008): 40–58.
———. *Fair Play: Sports, Values, and Society*. Boulder, CO: Westview, 1991. 2nd ed., *Fair Play: The Ethics of Sport*, 2004.
———. "Good Competition and Drug-Enhanced Performance." *Journal of the Philosophy of Sport* 11, no. 1 (1985): 6–13.
Singer, Peter. "Is It Okay to Cheat in Football?" Project Syndicate, June 26, 2010. Accessed April 10, 2011. http://www.project-syndicate.org/.
Slusher, Howard S. *Man, Sport, and Existence*. Philadelphia: Lea & Febiger, 1967.
Smith, Nicholas D. "Plato and Aristotle on the Nature of Women." *Journal of the History of Philosophy* 21, no. 4 (1983): 467–78.
Snell, Bruno. *The Discovery of the Mind in Greek Philosophy and Literature*. New York: Dover, 1982.
Spivey, Nigel. *The Ancient Olympics: A History*. Oxford: Oxford University Press, 2004.
Stecker, Robert. *Aesthetics and the Philosophy of Art*. Lanham, MD: Rowman & Littlefield, 2005.
Stoll, Sharon K., and Jennifer M. Beller. "Do Sports Build Character?" In *Sports in School: The Future of an Institution*, edited by John Gerdy, 18–30. New York: Columbia University Press, 2000.
Strabo. *The Geography of Strabo*. Edited by H. L. Jones. Cambridge, MA: Harvard University Press, 1924.
Suits, Bernard. "The Elements of Sport." In *Philosophic Inquiry in Sport*, edited by W. J. Morgan and Klaus V. Meier, 39–48. Champaign, IL: Human Kinetics, 1988.
———. *The Grasshopper: Games, Life, and Utopia*. 2nd ed. Peterborough, Ontario: Broadview, [1978] 2005.
———. "The Tricky Triad: Games, Play and Sport." *Journal of the Philosophy of Sport* 15, no. 1 (1988): 1–9.
———. "Venn and the Art of Category Maintenance." *Journal of the Philosophy of Sport* 31, no. 1 (2004): 1–14.
———. "What Is a Game?" *Philosophy of Science* 34, no. 1 (June 1967): 148–56.
Sun Tzu. *The Art of War*. Translated by Lionel Giles. Hong Kong: Forgotten Books, 2007.
Tamburrini, Claudio. "Sport, Fascism and the Market." *Journal of the Philosophy of Sport* 25, no. 1 (1998): 35–47.
Tännsjö, Torbjörn. "Against Sexual Discrimination in Sports." In *Values in Sport*, edited by T. Tännsjö and C. Tamburrini, 101–15. London: Routledge, 2000.
———. "Is Our Admiration of Sports Heroes Fascistoid?" *Journal of the Philosophy of Sport* 25, no. 1 (1998): 23–34.
Thucydides. *History of the Peloponnesian War*. Translated by B. Jowett. Oxford, UK: Clarendon, 1900.
Torres, Cesar. "Furthering Interpretivism's Integrity: Bringing Together Ethics and Aesthetics." Presidential address to the International Association for the Philosophy of Sport, Rochester, New York, September 2011.
Ungerleider, Steven. *Faust's Gold*. New York: St. Martin's, 2001.
Valavanis, Panos. "Thoughts on the Historical Origins of the Olympic Games and the Cult of Pelops in Olympia." *Nikephoros* 19 (2006): 137–52.
Van Hilvoorde, Ivo, and Laurens Landerweerd. "Disability or Extraordinary Talent?" In *The Ethics of Sports*, edited by Mike McNamee, 231–41. London: Routledge, 2010.

Vannata, Seth. "A Phenomenology of Sport: Playing and Passive Synthesis." *Journal of the Philosophy of Sport* 35, no. 1 (2008): 63–72.

Von Schiller, Friedrich. "Letter XV." In *Essays and Letters*, translated by A. Lodge, E. B. Eastwick, and A. J. W. Morrison. Vol. 8. London: Anthological Society, 1882. Reprinted in Gerber, *Sport and the Body*, 299–301.

Voy, Robert. *Drugs, Sport, and Politics*. Champaign, IL: Human Kinetics, 1991.

Wafi, Aymen. "Sarra Besbes: je m'en fiche . . . j'ai fait mon devoir." Koora.com, October 19, 2011. Accessed October 20, 2011. http://www.koora.com/.

Waley, Arthur. *Three Ways of Thought in Ancient China*. Stanford, CA: Stanford University Press, 2002.

Walton, Gary M. *Beyond Winning: The Timeless Wisdom of Great Philosopher Coaches*. Champaign, IL: Leisure Press, 1992.

Weinberg, Rick. "Pine Tar Nullifies Home Run, So Brett Goes Ballistic." *ESPN*, 2009. Accessed October 20, 2011. http://sports.espn.go.com/.

Weiss, Paul. *Sport: A Philosophic Inquiry*. Carbondale: Southern Illinois University Press, 1969.

Wertz, Spencer K. "The Capriciousness of Play: Collingwood's Insight." *Journal of the Philosophy of Sport* 30, no. 1 (2003): 159–65.

———. "Is Sport Unique? A Question of Definability." *Journal of the Philosophy of Sport* 22, no. 1 (1995): 83–93.

———. "Representation and Expression in Sport and Art." *Journal of the Philosophy of Sport* 12 (1985): 8–25.

Wing, John Ian. "Letter Saved the Games." National Library of Australia, Papers of Sir Wilfrid Kent Hughes, NS 4856/series 19. Accessed December 5, 2011. http://www.johnwing.co.uk/.

World Commission on Environment and Development. *Our Common Future*. Oxford: Oxford University Press, 1987.

Wright, Lesley. "Aesthetic Implicitness in Sport and the Role of Aesthetic Concepts." *Journal of the Philosophy of Sport* 30, no. 1 (2003): 83–92.

Young, David C. *A Brief History of the Olympic Games*. Malden, MA: Blackwell, 2004.

———. "Mens Sana in Corpore Sano? Body and Mind in Greek Literature." *Proceedings of the North American Society for Sport History* (1998): 60–61.

———. *The Olympic Myth of Greek Amateur Athletics*. Chicago: Ares, 1984.

Yuasa, Yasuo. *The Body, Self-Cultivation and Ki-Energy*. Albany: State University of New York Press, 1993.

———. *The Body: Toward an Eastern Mind-Body Theory*. Edited by Thomas P. Kasulis. Albany: State University of New York Press, 1987.

Zeigler, Earle F. *Philosophical Foundations for Physical, Health, and Recreation Education*. Englewood Cliffs, NJ: Prentice Hall, 1964.

索 引[*]

aesthetics, 69–79, 133–142, 194, 196, 213n40, 214n6, 222n25
amateurism, 17, 22–23, 39, 101–102, 153, 155–156
ancient sport, 3–15, 136–137, 141, 145–146, 156–157, 167–171; see also Olympic Games, ancient
aretē, 1.10-1.13 1.18 2.12 5.24 7.13-7.14 12.12 D01.16 10n8 11n13: and democracy, 168–170; education for, 9–11, 12–13, 14, 83, 146, 147; see also virtue
aristocracy, 4, 8–9, 157; see also social class
Aristotle, 8, 13–15, 59, 72, 84, 120, 121, 123, 124, 130, 146, 206n14, 215n4; on autotelicity and play, 32, 38, 98, 137, 140; on the doctrine of the mean, 127; on females, 13–14, 160; on humans as political animals, 89, 121, 122
Arnold, Peter J., 65, 169–170, 201
autotelicity, 38–43, 74–76, 97–98, 101, 103–105, 137–139, 168, 191–192

beauty, 13, 69–72, 74, 75–79, 137–139, 140–142, 146, 196, 222n39; see also *kalokagathia*
Berkeley, George, 86
blowouts, 125–126
boundaries, 33, 27–38, 71–72, 76, 99–100, 101, 129, 135, 192

Brown, W. Miller, 60–61, 65, 99, 102, 202
Caillois, Roger, 33–34, 35–36, 37, 38, 40, 42, 199
Camus, Albert, 36, 130, 149
capitalism, 63, 175–177
cheating, 54, 60, 112–114, 122; see also rule-breaking
children, 14, 34–35, 43, 99, 101, 125, 147, 149, 158
class, socioeconomic, 4, 8–9, 102, 155–158, 168, 171, 174, 183, 188, 206n19, 225n41; see also aristocracy
classification, for competition, 7, 160–166, 193
coaches, 64, 108–110, 121–122, 148, 150, 151–154, 195, 223n11
commercialism, 24, 46, 59–61, 62–64, 65, 76, 103, 136, 138, 176–177
communism, 168, 173–175
Confucius, 23, 120, 121, 124, 219n29
courage, 12, 23–24, 60, 62, 63, 64–65, 78, 104, 126–128, 149

Daoism, 19, 25, 120; see also Laozi
de Coubertin, Pierre, 18, 20–21, 26, 148, 171
deception, 121–123, 149
defining sport, 34, 45–55, 57–58, 70
democracy, 3–4, 8–9, 157–158, 168–170, 181, 185

---

[*] 索引中的页码为英文原著页码，即本书边码。

284

deontology, 107–117
Descartes, Rene, 19, 83–84, 86, 91, 181, 208n4, 215n6
disability, 92, 156, 163–166, 174
Dombrowski, Dan, 85
doping, 45, 53, 60–61, 97–105, 222n39, 174
dualism, 82–84, 85, 91–92, 146, 147

Eastern philosophy, 23, 25, 42–43, 82, 89–90, 91–92, 120–131, 148, 209n28, 216n27; *see also* Confucius; Daoism; Laozi
education,1.42 3.1 3.34 5.11-5.12 12.0-12.26 13.9 13.15-13.16 13.20-13.21 13.25 14.24: ancient, 9–11, 11–12, 14, 83–84, 145–146; academic, 151–153; moral, 65, 77–80, 85, 110, 136, 141, 149–150; Olympic, 19, 23, 186, 188–189; physical, 81, 84, 147–148, 173
empiricism, 86
equipment, 49, 54, 107–108, 111–112, 33, 38, 186
ethos, 14, 51–52, 54, 108, 114, 120, 176
external goods, 39, 59–66, 104, 121, 131, 192

fair play, 5–6, 23, 26, 107–117, 150, 182
fascism, 171–173
Feezell, Randolph, 34, 36, 39, 40–42, 101, 102
females, 85, 92, 174, 189, 200, 201–202; in ancient sport, 9, 13, 13–14, 83, 224n4; in the Olympic Games, 21–23, 78, 182–183, 184; and segregation in sport, 34–36, 163–164
flow, 42–43, 104, 125, 192–193
formalism, 50–52, 53, 54, 112–113, 114; *see also* logical incompatibility thesis
Fraleigh, Warren, 49, 53, 54, 100, 109, 120, 131, 201–202
freedom, 9, 35–37, 70, 72, 98–101, 105, 135, 169–170, 192–193, 200; *see also* liberty, voluntariness
fun, 40–42, 43, 70, 104, 109

games, 32, 35, 35–36, 42, 65, 73, 141, 183–184, 212n7; ancient, 5, 9; ethical implications of, 108–117, 122–123, 135–137, 139; nature and definition of, 45–47, 50–55, 63; relation to sport, 47–49
gender, 13–14, 21, 81–82, 156, 156–163, 174; *see also* females
gladiators, 134, 141–142, 157, 167, 169
globalization, 26, 92, 179–190, 203
goals, 12, 38–40, 42, 43–33, 58, 65–67, 103–104, 130, 176

Heidegger, Martin, 180
Hobbes, Thomas, xii, 25, 58
Holowchak, M. Andrew, 100, 120, 131, 173, 202
Homer, 4–6, 9, 48, 157, 195, 205n6, 206n10
honesty, 59–60, 64–65, 121–123, 129, 153, 219n17
hubris, 126–128
Huizinga, Johan, 33, 35, 37, 38, 40, 42, 199
Hume, David, 86
Husserl, Edmund, 42, 43
Hyland, Drew, 34, 35–36, 38, 40, 42, 72, 91, 100, 104, 151–153, 159

idealism, 82, 86
institutions, 48–49, 62–64, 124, 131, 146, 151–153, 177, 211n20
instrumentalism, 39, 103, 105, 137, 138–139, 175, 177; *see also* external goods
integrity, 66, 128–130
internal goods, 38–39, 57, 59–65, 103, 124, 125, 137, 141, 175, 196, 212n7, 213n35
International Olympic Academy, 189
International Olympic Committee, 24, 24–26, 48, 102, 158–167, 181, 182, 184, 186

justice, 7, 13, 62, 64, 124–126, 163, 165, 182, 183, 219n27
Juvenal, 21, 84

kalokagathia, 12, 69, 71, 77–79, 140, 196
Kant, Immanuel, 22, 23, 78, 91, 107–108, 109, 111, 112, 115, 116, 153, 173, 181, 228n8

285

Kretchmar, R. Scott, 49, 88, 201, 202

Laozi, 23, 42–43, 113–114, 120, 128; see also Daoism
liberty, 8–9, 36, 64, 99–100, 169, 192; see also freedom, voluntariness
logical incompatibility thesis, 51, 112
Locke, John, 36
Loland, Sigmund, 103–104, 110–111, 112, 156, 186

MacIntyre, Alasdair, 57–67, 120–121, 124, 126, 129–131, 148, 149, 176–177
martial arts, 89–90, 92, 119–131, 147, 194, 201, 219n21, 220n38
McFee, Graham, 50, 54–55, 58, 61, 67, 114, 116, 134, 150
McNamee, Mike, 61, 120, 125, 128, 131, 134, 202, 203
metaphysics, xiii, 20–21, 81–88, 108–109, 116, 120, 147, 168, 189, 199–200
Mill, John Stuart, 98–99, 120, 192
Miller, Stephen, 9, 168–169, 170, 206n23, 222n3, 224n5
mind and body, 9–10, 21, 81–92, 146–149, 153–154, 194, 215n4
moral laboratory, xii, 134, 141, 150, 154, 156, 194
moral relativism, 182
Morgan, William, 52–53, 63–64, 134, 136–137, 139, 140, 176–177, 195, 202
multiculturalism, 26, 183–185, 190
Mumford, Stephen, 77, 134, 135, 139, 141

Nietzsche, Friedrich, 72, 87

officials, 7, 53, 64, 114, 121–122, 123, 169–170, 181, 188
Olympic Games: ancient, 3–4, 6–9, 10, 13, 14, 24, 66, 69, 83, 145, 156–157, 185; modern, 53–54, 62, 72–74, 78, 101–102, 110, 113, 119, 161, 164; nineteenth century revival, 17–27, 48, 59, 98, 171, 180; politics, 24, 25–26, 155, 158, 167–177, 179–183, 184–190; see also amateurism, International Olympic Committee, International Olympic Academy
Olympism, 18–27, 184

Parry, Jim, 148, 150, 181–182, 184, 202
peace, 7, 9–26, 27, 32, 73, 181, 185, 187–189, 190
performance enhancing technologies, 47, 61, 64, 110–112, 193; see also doping
phenomenology, 34, 42–43, 82, 90–91, 200
physicalism, 82, 86–89, 92
Pindar, 3, 8, 69
Pistorius, Oscar, 145, 163, 164–165
Plato, xii, 9, 98, 103, 123, 124, 127, 136, 160, 195; Academy of, 12, 13, 77, 78, 83, 120, 146, 207n30; on beauty, 71, 77–79, 141; on gymnastics in education, 12–13, 15, 83, 146–147, 149, 153; on play, 32, 37, 98, 103; see also kalokagathia, Socrates
play, 31–44, 46–48, 63, 70–71, 74–78, 97–105, 126, 129, 135, 136, 199–200
politics, 24–27, 78, 108, 167–178, 179–189
professionalism, 32, 38–40, 47, 61, 76, 98, 101–105, 136, 137, 158, 188, 192, 213n22
psychē. see soul
Pythagoras, 10, 12, 19, 83, 145–147, 153, 222n3

race, 21, 27, 145, 155–156, 158–160, 165–166, 168, 170, 171, 186, 193
rationalism, 19–20, 83, 86
Rawls, John, 58
religion, 6, 8, 15, 21, 24, 83, 119, 140, 153, 170, 177, 179, 184, 185, 188
respect, 64, 114–117, 124, 134, 161, 173, 176, 182, 212n10
risk, 62, 99, 100, 103, 105, 126–128, 138, 148, 172–173, 177, 188, 212n10, 220n39
rules, 5, 7, 9, 48, 73, 114, 147, 169–170, 176, 192, 193; and games, 45–47; and morality, 22–24, 98, 100–101, 107–108, 111, 116, 122–123, 149–150; and play, 33, 34, 35–37, 100; and social practices, 63–64, 65, 67; constitutive, 47, 49, 50, 52, 55; letter and spirit of, 53–55, 112–114, 116; unwritten, 51–52, 115; see also ethos, formalism, logical incompatibility thesis

running up the score. *see* blowouts
Russell, John, 112, 114, 127, 128

Sartre, Jean Paul, 73, 200
Schneider, Angela, 34, 60, 65, 115, 161
self-discipline, 12, 66, 83, 129, 149
Seneca, Lucius Annaeus, 133–134, 142, 196
Simon, Robert, 58, 100, 102, 113, 120, 131, 151, 153, 161, 175, 202
Singer, Peter, 115
skill, 42, 47–48, 49, 59, 63, 66, 104, 109, 111–112, 113, 116, 123, 186; vs. virtue (*technē* vs. aretē), 125, 149–150, 152–153, 195
social practice theory, 57–67, 103, 120, 121, 124–126, 148, 176–177, 195
Socrates, xii, 10–13, 23, 31, 83, 128, 192, 207n30
soul, 9–10, 12–13, 14, 82–83, 87, 146, 147, 206n26, 215n4
spectatorship, 69–70, 71, 72, 73–74, 75, 78, 133–142, 169, 180
Suits, Bernard, 39, 45–49, 63, 108, 111, 112, 114–116, 127, 136, 137, 199, 202
sustainability, 26, 185–186

Tännsjö, Torbjörn, 160, 162, 171–173
technē. *see* skill
telos. *see* goals
Torres, Cesar, 137–138, 139, 222n25

utilitarianism, 18, 23, 40, 97–99, 105, 120, 210n51

violence, 24–25, 126–128, 136–137, 142, 219n5
virtue, 90, 110, 111–112, 146, 195, 196; ancient link with athletics, 4, 5, 6, 7, 78, 157; -ethics, xii, 23–24, 57–67, 119–132, 149–150; sport as education, for, 11–13, 14–15, 85, 92, 134, 133–142, 147–149, 162; s*ee also aretē, courage, honesty, integrity, justice, respect, self-discipline wisdom*
voluntariness, 5, 33, 34–37, 43, 46–47, 53, 98–101, 169–170, 52, 192; s*ee also* freedom, liberty

Weiss, Paul, 34, 36, 37, 38, 42, 84–85, 101, 120, 148, 200, 201
Western philosophy, 21, 25, 43, 82–85, 89–93, 119–132, 181, 208n8, 209n28, 216n27, 219n17
winning, 60–61, 66, 75–76, 98, 137, 138, 184, 193; and virtue, 140, 149–150; importance of, 108–112, 115, 116, 117, 121, 124–126, 152; in ancient sport, 5, 7, 11, 14, 157, 173, 175–176; related to play, 32, 39; related to rules, 45–46, 50, 53, 134
wisdom, 10–11, 12, 19, 89–90, 127–128, 148
women. *see* females

Xenophanes, 7, 10

zone. *see* flow

译后记

《体育哲学导论》是海瑟·里德的代表作，她在体育与奥林匹克运动会的历史与哲学、古希腊和古罗马哲学、伦理与道德教育等方面有着持久而专深的研究。该书是作者 2012 年出版的一部著作，它旨在满足蓬勃发展的运动学、体育学学科本科生和研究生教科书需求，以及世界各地（特别是亚洲和东欧）体育科学学者的需求。作者希望这部著作也能够为哲学学科的发展提供助益，通过体育这一大众话题吸引学生进入哲学的沉思之域。

全书共分为四个部分，分别展现了体育文化的历史与遗产问题、体育中的形而上学问题、体育中的伦理问题、体育中的社会政治问题等，对体育本质论、体育认识论及体育价值论等做了详细而清晰的探讨，最后简要地勾勒出体育运动的十大内在价值。作者在每章之后附有"讨论问题"，引导读者作进一步的思考。本书可以作为高等学校体育哲学课程的教材使用。

体育哲学是对体育这一人类实践形式的哲学反思，它着力诠释体育实践对人之存在的意义和价值，以及人之存在对体育实践的意义和价值。海瑟·里德通过把体育铺陈在形而上学、心灵哲学、身体哲学等理论哲学以及艺术哲学、道德哲学、教育哲学、社会哲学、政治哲学等实践哲学的广阔视域之中，使体育实践的意涵得到极大的拓展，绘就了体育哲学作为哲学重要构成的初步蓝图。她的这一构想无论是促成体育走向哲学，还是吸引哲学进入体育都是颇有价值的探索。

本书的翻译缘起于 2019 年体育哲学博士生课程开设的需要。原初仅作为课程参考资料，后深感有引入的必要，遂组建团队进行翻译，联系作者撰写中文推介，并邀请体育人文社会学研究大家任海教授撰写序言。本书第 12 章由刘晓博士翻译，第 15 章由田艳博士翻译，其余章节均由蒋小杰博

译后记

士翻译，其中第 13 章由陈石军博士、郭婷婷硕士参与编校。全书由蒋小杰统稿校对，并负译责。

感谢北京体育大学人文学院张卓林书记、田青院长、教务处郑菲遐副处长的费心协调，感谢社会科学文献出版社当代世界出版分社祝得彬社长的耐心沟通，感谢张萍编辑的精心审校。译稿甫定，组织读书会进行细读，为数众多的老师参与研讨，并给出诸多修改建议，在此一并致谢。

译者深感译事不易，难于周全，又因事务繁杂，难于专注。译稿虽出，错漏恐难全免，诚望学界求知之士真诚指正，共惠爱智之业。

译　者

图书在版编目（CIP）数据

体育哲学导论／（美）海瑟·里德
（Heather Lynne Reid）著；蒋小杰，刘晓，田艳译.--
北京：社会科学文献出版社，2023.5（2023.11 重印）
（世界体育人文与社会经典译丛）
书名原文：Introduction to the Philosophy of Sport
ISBN 978-7-5228-1736-1

Ⅰ.①体… Ⅱ.①海…②蒋…③刘…④田… Ⅲ.
①体育–哲学理论 Ⅳ.①G80

中国国家版本馆 CIP 数据核字（2023）第 079563 号

世界体育人文与社会经典译丛
体育哲学导论

著　　者 /	［美］海瑟·里德（Heather Lynne Reid）
译　　者 /	蒋小杰　刘　晓　田　艳
出 版 人 /	冀祥德
组稿编辑 /	祝得彬
责任编辑 /	张　萍　王晓卿
责任印制 /	王京美
出　　版 /	社会科学文献出版社·当代世界出版分社（010）59367004 地址：北京市北三环中路甲 29 号院华龙大厦　邮编：100029 网址：www.ssap.com.cn
发　　行 /	社会科学文献出版社（010）59367028
印　　装 /	三河市龙林印务有限公司
规　　格 /	开　本：787mm×1092mm　1/16 印　张：19.25　字　数：276 千字
版　　次 /	2023 年 5 月第 1 版　2023 年 11 月第 2 次印刷
书　　号 /	ISBN 978-7-5228-1736-1
著作权合同 登 记 号 /	图字 01-2022-5798 号
定　　价 /	98.00 元

读者服务电话：4008918866

▲ 版权所有 翻印必究